古典文獻研究輯刊

十五編

潘美月・杜潔祥 主編

第 20 冊

殷墟考古發掘與甲骨文研究（下）

朱彥民 著

國家圖書館出版品預行編目資料

殷墟考古發掘與甲骨文研究（下）／朱彥民　著 — 初版 — 新
北市：花木蘭文化出版社，2012〔民101〕
目 8+266 面；19×26 公分
（古典文獻研究輯刊 十五編：第 20 冊）
ISBN：978-986-322-003-9（精裝）
1. 殷墟文物　2. 甲骨文　3. 文物研究
011.08　　　　　　　　　　　　　　　　　　101015068

ISBN-978-986-322-003-9

9 789863 220039

古典文獻研究輯刊
十五編　第二十冊　　　　　　　ISBN：978-986-322-003-9

殷墟考古發掘與甲骨文研究（下）

作　　者　朱彥民
主　　編　潘美月　杜潔祥
總 編 輯　杜潔祥
企劃出版　北京大學文化資源研究中心
出　　版　花木蘭文化出版社
發 行 所　花木蘭文化出版社
發 行 人　高小娟
聯絡地址　新北市永和區中正路五九五號七樓
　　　　　電話：02-2923-1455／傳真：02-2923-1452
網　　址　http://www.huamulan.tw 信箱 sut81518@gmail.com
印　　刷　普羅文化出版廣告事業
初　　版　2012 年 9 月
定　　價　十五編 26 冊（精裝）新台幣 42,000 元　　　版權所有·請勿翻印

殷墟考古發掘與甲骨文研究（下）

朱彥民　著

目次

本書附錄與附表

圖目錄

第十一章　西周甲骨的發現研究

第一節　西周甲骨發現

　　殷墟以外出土的甲骨文，除了上舉早於或大致同時於殷墟的甲骨文發現之外，更多的是晚於殷墟的西周甲骨文。西周甲骨文發現的地點廣、數量多、規模大，是甲骨文發現史上僅次於殷墟甲骨文史料的重要發現。

　　自從 1949 年以來，西周甲骨文在神州大地多處續有發現。茲略述如下：

　　1954 年，在山西洪趙縣坊堆村（現屬洪洞縣）周代遺址中，出土了兩塊卜骨（牛肩胛骨）。其中一塊小骨爲有字卜骨，骨的背面臼部被削去三分之一，靠近臼處有鑽窩 16 個，不規則排列成數行，中下部靠近左邊處另有鑽窩 5 個，形成縱向一列。卜骨正面相當於背面鑽窩處有經過灼燒後顯出的卜兆，兆旁刻有 8 個甲骨文字。〔註1〕

　　1956 年 1 月，陝西文管會在陝西西周的京畿腹地長安豐鎬遺址張家坡，發現了一些西周有字卜骨，有的爲牛肩胛骨，有的爲獸類肢骨。牛肩胛骨的柄部，背面靠邊處有三個鑽窩，鑽邊有極細的鑿孔，正面相當於鑽鑿處均有卜兆，卜兆附近並刻有極細的兩行文字，一豎行，一橫行。獸類肢骨，其上部相當於鑽孔的正面，也刻有筆道極細的文字。據統計，陝西長安張家坡遺址先後共發現 3 片有字甲骨，共刻有 30 字。〔註2〕

〔註1〕　暢文齋、顧鐵符：《山西洪趙縣坊堆村出土的卜骨》，《文物參考資料》，1956
　　　　年第 7 期。
〔註2〕　陝西省文物管理委員會：《長安張家村西周遺址的重要發現》，《文物參考資

1975 年，北京昌平白浮村西周初年燕國墓地也出土了兩批甲骨。其中一批出土於一座墓葬 M2 的人骨左上方，共 10 片，全是卜甲碎片，有腹甲也有背甲，甲片都經過修磨。其中刻有文字的共 2 片，分別刻有「貞」和「不止」等字。另一批出土於另一座墓葬 M3 的槨室右側中部，約有 100 多片，均爲卜甲殘片，腹甲、背甲兼有，甲片也都經過整治。其中刻有文字的共 3 片，一片刻有「其祀」二字，一片刻有「其尙上下韋馭」等字，另一片刻有「央告」等字。這一遺址共出土有字甲骨 5 片，共有 13 個文字。〔註3〕有學者認爲，這是研究古代占卜和思想意識的重要材料。〔註4〕

1977 年春天，陝西周原考古隊在對陝西省岐山縣京當公社鳳雛村西周宮殿建築基址進行發掘清理時，在該基址的西廂房 2 號房基內的 H11 和 H31 兩個窖藏中，發現了成批的卜用甲骨 17275 片。其中卜甲爲多，達 16731 片，均爲龜腹甲；卜骨較少，達 678 片，均爲牛肩胛骨。這批甲骨經過清洗整理，共發現有字甲骨 289 片，總共刻有 903 字，其中合文字 12 個。〔註5〕這是自從發現西周甲骨文以來出土最多的一次。

1979 年 9 月，在位於周「岐邑」手工業作坊和平民區範圍內的扶風縣雲塘齊家遺址屬西周中期的灰坑 H3、H4 內，發現甲骨和採集到西周甲骨 22 片；其中有字甲骨 6 片，有字卜甲一塊，有字卜骨 5 版，共有 102 字。尤爲重要的是，這裡出土的一塊帶有刻辭的較爲完整的龜腹甲，僅缺甲尾和甲橋部分。背面共有方形鑿孔 35 個，正面刻有卜辭 4 條 23 字，均在卜兆附近。〔註6〕

1991 年夏，河北省文物研究所會同邢臺市文物管理處，在邢臺市團結路北側南小汪 A 區 H75 遺跡中，發現了一片西周刻字卜骨。該卜骨爲牛肩胛骨，已殘，骨臼和骨扇缺失。現存長 8.7 釐米，寬 3.1 釐米。卜骨經過刮削、修磨，背面有規整的圓鑽，鑽窩底部三分之一處有與骨邊同向的小凹槽，有灼。這

料》，1956 年第 3 期；中國科學院考古研究所編著：《灃西發掘報告》，第 111 頁及圖版陸三 4，文物出版社 1962 年版。

〔註3〕 北京市文管處：《北京地區的又一重要考古收穫》，《考古》1976 年第 4 期。

〔註4〕 連劭名：《昌平白浮所出西周甲骨刻辭考釋》
北京文博網：http://www.bjww.gov.cn/2005/8-22/144225.html

〔註5〕 陝西周原考古隊：《陝西岐山鳳雛村發現周初甲骨文》，《文物》1979 年第 10 期；陳全方：《陝西岐山鳳雛村西周甲骨文概論》；《岐山鳳雛村兩次發現周初甲骨文》，《考古與文物》1982 年第 5 期。

〔註6〕 陝西周原考古隊：《扶風縣齊家村西周甲骨發掘簡報》，《文物》1981 年第 9 期。

片南小汪西周甲骨上正面共刻 11 字，分爲兩組卜辭，一組殘，僅剩一個「其」字；另一組爲四行十字，發掘者將其隸定爲「卲曰：巳四白馼騽陟其事」。〔註7〕這一發現對西周甲骨和西周歷史研究都具有十分重要的意義。〔註8〕

1995 年 10 月，在北京琉璃河西周燕都城內宮殿區西南部祭祀區，發現了帶有鑽、鑿的甲骨很多，但大多無字，祇發現三片龜甲上共有 8 個字，一片上殘存 2 字「用貞」，另一片上 4 字「其馭□□」，第二片上是「成周」2 字。〔註9〕其中以「成周」兩字的發現對於西周社會和燕國早期歷史的研究爲最重要。

1986 年至 1990 年，北京市文物研究所在北京市房山區鎮江營遺址進行發掘，在西周燕文化地層中，也發現了時代相當於西周中期偏晚的一件有字卜骨（FZT02266）。這是一版牛右肩胛骨，骨扇的邊緣被切掉，骨脊和邊緣最厚的部分被削平，使全片略呈斜三角形。骨臼由於折損已經不見，估計也做過較大的處理。反面靠近骨頸地方有兩個圓鑽，僅存一半，但可見鑽內一側有窄鑿，與上述扶風齊家村卜骨形似。正面上右端斷折處有另一淺鑽。卜骨殘長 13.1 釐米，最寬處 9.5 釐米。卜骨正面鑽的左下方，刻有兩組「筮數」：六六六六七七、七六八六五八。筆畫契刻纖細，小如粟米，不仔細辨認很難發現，與西周周原出土的甲骨文風格一致。〔註10〕

2002 年至 2003 年初，陝西省考古研究所與中國社會科學院考古研究所、北京大學考古文博學院組成聯合考古隊在齊家村北地一處西周時期的製石作坊遺址進行了考古發掘。本次發掘的最主要收穫之一是 H90 出土的西周卜骨。在該坑 13 片卜骨中，發現 1 片 02ZQIIA3H90:79 爲有字甲骨。該卜骨爲牛肩胛骨，出土時已經殘斷，殘長約 14 釐米，上端寬約 4 釐米，下部最寬處約 9 釐米。刻寫文字的部分沒有受殘斷的影響，保留完整。卜骨背面經過刮削加工，然後施鑽。鑽孔直徑約 1.5 釐米，孔深淺不同，約在 0.44～0.64 釐米之間。

〔註7〕 河北省文物管理處、邢臺市文物管理處：《邢臺南小汪周代遺址西周遺存的發掘》，《文物春秋》（1992 年增刊）總第 15 期，1992 年 8 月。
〔註8〕 王宇信：《邢臺南小汪西周甲骨出土的意義》，《史學月刊》1999 年第 1 期。
〔註9〕 《北京琉璃河遺址的發掘又獲重大成果》，《中國文物報》1997 年 1 月 12 日；琉璃河考古隊：《琉璃河遺址 1996 年度發掘簡報》，《文物》1997 年第 6 期。
〔註10〕 《十年來北京考古的新成果》，《文物考古工作》（1979～1989），文物出版社 1990 年版；北京市文物研究所：《鎮江營與塔照》，圖二六六、圖版壹佰三拾肆 3、壹佰零捌 2、3，《北京考古集成》第 10 輯，北京出版社 2000 年版。

卜骨殘存有 4 個鑽孔，其中 3 鑽完整，鑽底部較平，每鑽底部有與骨臼垂直的鑿痕一道，不見灼痕。在與 3 鑽相對的正面，有 37 字刻辭分為 6 行，由右向左排列，1、3、5 條是占卜之後的卜辭，2、4、6 條則是占筮之後的筮卦符號。〔註 11〕齊家村 H90 出土的西周甲骨文是在科學的發掘中取得的，不僅層位清楚，有可參考的層位關係，同時層位出土的包含物有明確的相對年代，這彌補了以前周原出土甲骨文在層位關係上的缺憾。這片西周卜骨的發現，更為了解西周時期的貞卜筮占活動增添了新的內容。

2003 年 12 月 14 日，北京大學考古文博學院師生在陝西省岐山縣周公廟遺址進行田野調查時，發現兩片有刻辭的西周卜甲，其中一號甲骨片大而字少，其上的兩條卜辭分別現存 8 字、9 字，共 17 字；二號甲骨片稍小而字多，兩條卜辭各存 23 字、16 字，共有 38 字。這兩片龜甲，都是改製背甲。在目前已知周人甲骨刻辭中，2 號卜甲是迄今為止所見字數最多的周代甲骨。〔註 12〕

這個重大的考古發現立即引起學術界高度關注。經國家文物局批准，陝西省考古研究所和北京大學考古文博學院聯合組成了周公廟考古隊，對這一帶進行了大面積的考古調查、鑽探和搶救性發掘，取得一批重大考古發現，其中包括 22 座西周時期最高等級墓葬的發現和 760 多片西周卜甲的出土。

2004 年 3 月 4 日，周公廟考古隊成員、陝西省考古研究所高級技師史浩善，在位於周公廟遺址西北部的鳳鳴鎮董家臺村山坡上一處稱作「渠南臺」的地方，發現了 4 塊有刻辭的卜甲片。從 3 月 27 日起，對「浩善坑」遺址進行了搶救性發掘清理，發掘面積達 120 平方米，清理出土卜甲 700 多片，已發現刻辭 350 字。這在西周考古中，係僅次於 1976 年以後周原遺址出土甲骨的重大考古新發現。截止到 2005 年底，在周公廟範圍內 3 處地方共發現卜甲 760 餘片，經過技術人員的拼對綴合為 500 多片，其中有刻辭者 99 片，經初步辨識共有文字 495 字。〔註 13〕……

〔註 11〕 曹瑋：《周原新出甲骨文研究》，《考古與文物》2003 年第 4 期。卜骨及文字彩版見國家文物局：《2002 中國重要考古發掘》，第 35～40 頁，文物出版社 2003 年版。

〔註 12〕 种建榮：《岐山周公廟遺址新出西周甲骨文》，《收藏》2004 年第 9 期。

〔註 13〕 种建榮：《岐山周公廟遺址新出西周甲骨文》，《收藏》2004 年第 9 期；种建榮、雷興山：《周公廟遺址甲骨坑 H1 發掘記》，《文博》2005 年第 1 期。

第二節　西周甲骨研究

由於西周甲骨文的出土，不僅豐富了甲骨學的內容，一改言甲骨必稱殷墟的局面，將甲骨學從商代擴大爲商、周兩代，而且在古典文獻之外，又爲商周之際和商周之間歷史的研究增添了新的可信史料。同時，西周甲骨文的發現，不僅可以通過比較與殷墟甲骨文的不同而推進殷墟甲骨文研究的深入，而且西周甲骨以其與殷墟甲骨迥異的特點、特徵，還促進產生了西周甲骨學這樣一個新的甲骨學重要分支領域。

一、西周甲骨研究歷史回顧

早在 1940 年，何天行先生曾根據文獻記載，推斷周人應該有甲骨文。〔註 14〕這可以算作是西周甲骨文研究的濫觴。

第一片可確定的西周卜骨實物，是 1951 年在陝西郃縣發現的，但是其上沒有文字。〔註 15〕

西周有字甲骨的首次出土，是 1954 年在山西洪趙坊堆村。對於這片甲骨的時代，學者間曾有不同看法，有人認爲是春秋或更晚時期的東西，有人認爲應屬西周初期。這是首次發現刻有文字的西周甲骨文，從此人們開始認識到甲骨文並不爲商代獨有。

（一）關於周原甲骨的研究

周原甲骨文發現後，很快就引起學者的注意和重視，有關周原和西周甲骨的討論和研究從各個角度迅速展開。在以往的研究中，取得了引人注目成績的眾多學者當中，尤以徐錫臺、陳全方、李學勤、王宇信等先生最爲顯著。徐先生和陳先生作爲發掘者在整理和公佈資料、分類、曆法與文字考釋，以及與考古結合等方面著力較多。李學勤、王宇信二位先生則從西周甲骨的角度，以及與殷商甲骨比較方面闡釋最多。此外，在 80 年代前後，老一代的學者如徐中舒、王玉哲、高明、田昌五、繆文遠、顧鐵符等，以及海外學者如臺灣朱歧祥以及美國夏含夷等許多知名學者都加入了研究討論的行列，使得西周甲骨學研究呈現出一派繁榮昌盛的局面。

〔註 14〕何天行：《甲骨文已現於古代說》、《陝西曾發現甲骨文之推測》，《學術》第 1 輯，1940 年。

〔註 15〕陳夢家：《解放後甲骨的新資料和整理研究》，《文物參考資料》1954 年第 5 期。

陝西古文字學家徐錫臺先生是最早且多年持續從事西周甲骨文研究的著名學者。1978 年 11 月，在長春召開的中國古文字研究會第一屆年會上，徐先生在提交的《周原出土的甲骨文所見人名、官名、方國、地名淺釋》的論文中，對周原甲骨文中的「成唐」、「大甲」、「畢公」、「宊」四個人名，「大保」、「師」兩個官名，「衣」、「蟲白」、「楚」、「蜀」、「巢」、「鬼」、「戓」、「微」、「邘」九個國名，「蒿」、「壴」、「帛」、「密」、「甾」等地名，「洛」、「沛」、「川」等河名進行了考釋，得出了卜辭中的「王」即商王、周原卜辭反映了商周之間的密切關係的結論。〔註16〕這篇論文拉開了西周甲骨文正式研究的序幕。會上，徐先生還提交了另一篇關於西周甲骨文曆法的論文，對周原甲骨所涉及到的紀年、閏月和周初月相進行了討論。〔註17〕1979 年 4 月，在西安召開的中國考古學會成立大會暨第一次年會上，徐錫臺與樓宇棟二位先生提交了《西周卦畫探源》的論文。該論文是受張政烺先生論點的啓示，對周原甲骨的數字卦進行了探討，得出周原卜辭中的數字是重卦、重卦是西周早期的卦形、此時陰陽並未出現等幾個結論。〔註18〕1980 年徐發表了《周原出土甲骨的字型與孔型》一文，文中將字型分爲大中小三型，對甲骨的孔型、孔的排列作了介紹，並著重強調了與商代甲骨的不同之處。〔註19〕這一點成爲徐先生以周原甲骨爲周人之物論點的論據之一。同年 9 月，在成都中國古文字研究會第三屆年會上，徐錫臺先生提交了《周原卜辭十篇選釋及斷代》一文，對周原甲骨的文字釋讀和斷代分期作了獨到的研究。〔註20〕

與此同時，李學勤、王宇信兩位著名甲骨學家也對周原甲骨的文字進行了考釋，對其時代問題和族屬問題作了有益的探索。

1979 年 12 月，中國古文字研究會第二屆年會在廣州召開。李學勤、王宇信二位先生提交的《周原卜辭選釋》的論文中，考釋了 H11：1、84、3、132、83 五片甲骨，將其與殷墟甲骨相比較，得出周原卜辭的「王」爲商王帝辛、「周

〔註16〕 徐錫臺：《周原出土的甲骨文所見人名、官名、方國、地名淺釋》，《古文字研究》第一輯，中華書局 1979 年版。

〔註17〕 徐錫臺：《探討周原甲骨文中有關周初的曆法問題》，《古文字研究》第一輯，中華書局 1979 年版。

〔註18〕 徐錫臺、樓宇棟：《周原卦畫研究——周原卜甲上卦畫初探》，《中國考古學會第一次年會論文集》1980 年 12 月；《中國哲學》第三輯，1980 年。

〔註19〕 徐錫臺：《周原出土甲骨的字型與孔型》，《考古與文物》1982 年第 2 期。

〔註20〕 徐錫臺：《周原卜辭十篇選釋與斷代》，《古文字研究》第 6 輯，中華書局 1981 年版。

方伯」是周文王、卜辭是在其他地方占卜後移到周原等幾個結論，〔註21〕引起了與會學者的關注，成爲研究的焦點。此後的一段時間裏，學者們圍繞著周原卜辭的族屬、來源、占卜的地點、王、周方伯等幾個問題，紛紛著文討論，逐漸掀起了周原甲骨研究的高潮。

扶風齊家西周甲骨材料公佈之後，西周甲骨學增添了新的研究內容。尤其是 H3[2]：1 完整甲骨的發表，不僅對認識西周甲骨文的行款、卦畫和內容有所幫助，而且豐富了對西周甲骨鑽鑿和修整方面的知識。根據這批材料，李學勤先生發表了《西周甲骨的幾點研究》一文，圍繞著「較完整的西周甲骨」、「商周甲骨的對比」、「鳳雛甲骨的年代」、「卜與筮的關係」等論題進行討論，指出了西周甲骨與商甲骨的不同之處：卜辭順著兆的走向即朝著「千里路」橫向縱行、貞問沒有正反對貞、胛骨以臼部向下爲正、肩胛骨的位置加鑽灼兆、西周甲骨的修治簡陋、卜甲上排列規則而密集的方鑿、卜辭簡略的格式等，並得出「商周的甲骨有許多根本性的差別，應該認爲是兩種不同傳統的卜法。西周甲骨不是殷墟甲骨的直接延續」。就其時代而言，「我們認爲這些是周人替商王占卜的龜甲，其年代可定爲周文王時，是這坑卜辭裏面最早的。」周原甲骨的年代當自文王至康昭時期。〔註22〕

對於西周甲骨的族屬、來源、方國地理及商周關係，學者們續有發明。如范毓周結合殷墟甲骨文和文獻資料對滅商以前商、周之間的關係進行了探討。〔註23〕仵君魁著文與范毓周先生商榷，認爲周原卜辭中的「王」和「周方伯」爲同一人，即周文王。〔註24〕顧鐵符對 H11：83 甲骨文的「楚子」作了考證，認爲楚子是鬻熊，於商末棄暗投明來到岐周，受到周文王的歡迎，鬻熊占卜，刻於卜甲上。文中對鬻熊的學術地位和「鬻熊居丹陽」的丹陽也進行了論證。〔註25〕吾師王玉哲先生對西周甲骨來源問題作了討論和研究，認爲周原甲骨不是周族的而是商王室的，甲骨是商末由「掌管占卜的卜人投奔周人時，攜帶過去的」。其論據是：商末時商周兩族矛盾尖銳，從祭祀傳統

〔註21〕李學勤、王宇信：《周原卜辭選釋》，《古文字研究》第 4 輯，中華書局 1986 年版。
〔註22〕李學勤：《西周甲骨的幾點研究》，《文物》1981 年第 9 期。
〔註23〕范毓周：《試論滅商以前的商周關係》，《史學月刊》1981 年第 1 期。
〔註24〕仵君魁：《試論「周方伯」》，《陝西省考古學會第一屆年會論文集》（《考古與文物叢刊》第 3 號）。
〔註25〕顧鐵符：《周原甲骨文「楚子來告」引證》，《考古與文物》1981 年第 1 期。

上，周人不會祭祀商王；「冊周方伯」意爲把周方伯作爲犧牲，祭祀商王祈求福祐；周原不是龜甲產地，也不會有東南沿海的部落向其進貢。〔註26〕

1982年5月，《四川大學學報叢刊》第十輯《古文字研究論文集》集中刊登了徐中舒、繆文遠、陳全方先生的三篇關於西周甲骨論文：徐中舒《周原甲骨初論》、繆文遠《周原甲骨所見諸方國考略》、陳全方《陝西岐山鳳雛村西周甲骨文概論》。在此論文集中，陳先生將兩次發現的周原甲骨全部公佈於世。陳先生把有字甲骨分卜祭、卜告、卜年、卜出入、卜田獵、地名、人名、官名、月相、雜卜十類作了考釋。徐先生的論文論證了周文化的兩個來源——姬姓族來源於東部的光社文化，姜姓族來源於西部的辛店文化和寺窪文化，並結合周原甲骨文、歷史文獻和銅器銘文論證了文王時代的殷周關係，指出「周原甲骨凡稱王的卜辭，皆指文王而言」，當時殷周關係穩定，周原甲骨文應出於殷人之手。繆先生在文章裏論證了殷周關係和蜀、巢、楚、微、鬼、蠱六個方國。〔註27〕

在1983年10月於寶雞和洛陽召開的中國先秦史學會上，陳全方先生提交論文，探討了周原卜辭中的河山、地名、人物、職官、動物、計時法、八卦符號及我國古代的數學等問題。徐錫臺先生論文則以齊家村出土的甲骨材料爲基礎，對西周甲骨的文字釋讀進行了研究。〔註28〕1983年《考古與文物叢刊》第2號《古文字論集》（一）集中刊登了陳全方、徐錫臺的兩篇有關周原甲骨研究的文章。陳先生文對西周甲骨文中出現的衣、微、楚、密須、巢、崇、胡、畢等地名和國名進行了文字學的考釋和歷史地理的研究。徐先生文，對292片甲骨中的21片甲骨進行了考證。〔註29〕該年，蕭良瓊女士也發表論文，比較了周原甲骨卜辭與殷墟甲骨卜辭在鑽鑿形態、占卜特徵、卜辭文例、用字用詞等諸方面的異同。〔註30〕

〔註26〕王玉哲：《陝西周原所出甲骨文的來源度探》，《社會科學戰綫》1982年第1期。

〔註27〕徐中舒：《周原甲骨初論》、繆文遠《周原甲骨所見諸方國考略》、陳全方：《陝西岐山鳳雛村西周甲骨文概論》。《古文字研究論文集》，《四川大學學報叢刊》第十輯，1982年5月。

〔註28〕陳全方：《周原新出土卜甲研究》、徐錫臺《周原齊家村出土西周卜辭淺釋》，《西周史研究》，《人文雜誌叢刊》第二輯，1984年。

〔註29〕陳全方：《周原甲骨所見國名補釋》、徐錫臺《周原出土卜辭試釋》，《古文字論集》（一），《考古與文物叢刊》1983年第2號。

〔註30〕蕭良瓊：《周原卜辭和殷墟卜辭之異同初探》，《甲骨文與殷商史》，上海古籍

　　與此同時，西周甲骨研究也吸引了一些外國學者的關注目光，他們也先後撰文參加了討論。如美國甲骨學家吉德煒（David N. Keightley）〔註31〕、夏含夷（Edward L.Shanghnessy）〔註32〕等人都有專門研究論文發表。美國漢學雜誌《古代中國》（Early China）還專門邀請吉德煒、夏含夷、李學勤、王宇信、范毓周等人就周原甲骨文研究中的有關問題展開了討論。〔註33〕此外，臺灣甲骨學家嚴一萍也對周原甲骨文的　些問題進行了探討。〔註34〕

　　1984 年是西周甲骨研究史上的重要一年。4 月，王宇信先生的《西周甲骨探論》〔註35〕一書出版。這是關於西周甲骨研究的第一部專著。全書 16 萬字，分七篇：第一篇簡要地敘述了西周甲骨的發現與研究；第二篇對山西洪趙坊堆村、陝西長安張家坡、北京昌平白浮村、陝西岐山鳳雛村、陝西扶風齊家村等地出土的西周甲骨進行了彙釋；第三篇為作者對西周甲骨的研究；第四篇通過對「王」字的分析，並結合史籍及字型書體對西周甲骨進行分期（文王時期有 23 片，其餘都為武、成、康時期之物）；第五篇簡論了西周甲骨的價值；第六篇收集了 1982 年 5 月以前所公佈的西周甲骨摹本 301 片；附錄中收錄了西周甲骨文中的重要文字索引和論著簡目。王先生的著作是對前一階段西周甲骨研究的總結，同時「又為今後的深入研究提供了基礎，指明了方向」（李學勤序言中語）。

　　王宇信先生《西周甲骨述論》〔註36〕一文可以說是《西周甲骨探論》一書的簡寫本。文章的第二部分回顧了西周甲骨發現、認識和研究的歷史，揭示了學術界對西周甲骨有一個循序漸進的認識過程。以 1956 年和 1986 年為分界點，將這一認識過程分為三段：第一階段是從不認識西周甲骨到認識的

　　　出版社 1983 年版。
〔註31〕 David N. Keightley, Oracle- Bone Inscriptions From the Homeland of the Chou, Paper Presemted to the 190th Meeting of the American Oriental Society, San Francisco, 16 April 1980.
〔註32〕 夏含夷（Edward L. Shanghnessy）：《早期商周關係及其對武丁以後殷商王室勢力範圍的意義》，《古文字研究》第 13 輯，中華書局 1986 年版；《試論周原卜辭由字——簡論周代貞卜之性質》，《古文字研究》第 17 輯，中華書局 1989 年版。
〔註33〕 The Early China Forum, Early China, Vol.11～12, 1985～87.
〔註34〕 嚴一萍：《周原甲骨》，《中國文字》新 1 號，1980 年 3 月。
〔註35〕 王宇信：《西周甲骨探論》，中國社會科學出版社 1984 年版。
〔註36〕 王宇信：《西周甲骨述論》，《甲骨文與殷商史》第二輯，上海古籍出版社 1986 年版。

階段；第二階段是以出土、公佈新材料，考釋文字，探討分期與特徵爲內容的；第三階段是全面整理和利用西周甲骨研究周初歷史的階段。這個分期基本上反映了西周甲骨文發現、研究的過程。文章第三部分是從山西洪趙坊堆村、陝西長安張家坡、北京昌平白浮村、陝西岐山鳳雛村、陝西扶風齊家村等地出土的西周甲骨卜辭中選出了 52 片進行彙釋。文章第四部分闡述了西周甲骨的特徵及其與殷卜辭的關係。

同時，王先生還多次撰寫反映西周甲骨文發現與研究現狀的總結性文字，向學術界介紹這一甲骨學新學科的研究資訊，如《周代的甲骨》、《西周甲骨文的發現與研究》、《周原甲骨的發現、研究及其學術價值》〔註37〕等等。這些文章是初次接觸西周甲骨和進行深層次研究的必讀之物。

圖 11-1　岐山鳳雛甲骨文放大照片與摹本

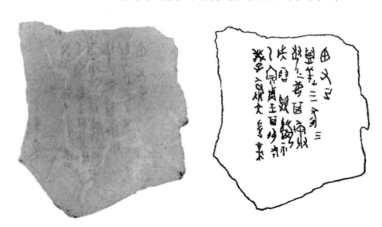

1984 年徐錫臺先生續有論文發表，其《周原出土卜辭選釋》一文從周原甲骨卜辭中選出了 H11：94、225、232、237、261、266、273，H31：3、4、5 共十片進行了考釋。〔註38〕在 1984 年於西安召開的中國古文字研究會第五屆年會上，徐先生宣讀了《試釋周原卜辭中的「由」字》一文，認爲周原甲骨中的「由」當釋成「西」字。〔註39〕在同一年會上，連劭名先生《讀周原

〔註37〕 王宇信：《周代的甲骨》，《中國史研究》1980 年 3 期；《西周甲骨文的發現與研究》，《史學月刊》1983 年 1 期；《周原甲骨的發現、研究及其學術價值》，《文史知識》1986 年 5 期。

〔註38〕 徐錫臺：《周原出土卜辭選釋》，《出土文獻研究》第一輯，文物出版社 1985年 6 月版。

〔註39〕 徐錫臺：《試釋周原卜辭中的「由」字》，《古文字研究》第十三輯，中華書局

出土甲骨刻辭》一文，結合古代文獻，並與殷墟甲骨文相比較，闡釋了周原甲骨文中的「彝」、「昭」、「中」、「正」、「省」、「尚」、「大作」、「見工」、「立」、「克事」、「亡左」、「永終」等字詞的含義。〔註40〕

　　關於西周甲骨族屬、方國地理及商周關係等問題，學者續有研究。高明先生《略論周原甲骨文的族屬》，以分析殷周甲骨的特點、區別及殷周關係爲切入點，分析了周原甲骨卜辭的內容及其背景，得出周原甲骨卜辭是周人卜辭，其中一部分是周文王被囚居殷時所占卜的卜辭，之後被帶回周原的結論。〔註41〕林向先生《周原卜辭中的「蜀」》，從周原甲骨文「蜀」字的斷代和字型分析入手，分析了「蜀」字的原意，最後運用考古學材料論證了商周之蜀是民族的一支——蠶叢氏在川西北岷江上游的山地建國，從而否定了蜀在山東境內的說法。〔註42〕唐嘉弘先生《試談周王和楚君的關係》一文，則否定了商周時期存在公侯伯子男五等爵制的說法，認爲周原卜辭中的「楚子」是周人養子部落的首領或酋豪。〔註43〕

　　到 1986 年，李學勤先生對西周甲骨的看法有了一些變化。他在《續論西周甲骨》一文中，從形制、辭例、「由」字的釋讀和對性質與年代的論述等幾個方面，全面地重新審視了周原甲骨卜辭，對過去自己的研究和論述作了補充，同時對認爲不確切和不當的地方作了修正。李先生指出西周甲骨雖然也用龜甲，但在龜甲的整治、鑽鑿和胛骨的方向等方面與殷墟甲骨有明顯不同，辭例上沒有兆辭，卻以小字卜辭守兆，或在兆旁劃「一」等形綫作爲標識，以及文字的方向、前辭中用「彝」字等都是殷墟甲骨所不見的，最後得出周原甲骨「爲周的卜辭」的結論。〔註44〕他在兩年後的另一篇文章《周文王時期卜甲與商周文化關係》中，又從分析周原甲骨 H11：1、82、84、112 四片卜辭的內容、辭例、鑽鑿等入手，得出結論：「（四片卜辭的內容）很可能就是命文王爲西伯之事，因而周人卜官也參與其禮，並將所卜之龜攜回周原」。〔註45〕同樣也是對 H11：1 和 H11：84 兩片甲骨卜辭的考證，孫斌來認爲「彝

　　　　1986 年版。
〔註40〕　連劭名：《讀周原出土的甲骨刻辭》，《古文字研究》第十三輯，中華書局 1986
　　　　年版。
〔註41〕　高明：《略論周原甲骨文的族屬》，《考古與文物》1984 年第 5 期。
〔註42〕　林向：《周原卜辭中的「蜀」》，《考古與文物》1986 年第 6 期。
〔註43〕　唐嘉弘：《試談周王和楚君的關係》，《文物》1985 年第 7 期。
〔註44〕　李學勤：《續論西周甲骨》，《人文雜誌》1986 年第 1 期。
〔註45〕　李學勤：《周文王時期卜甲與商周文化關係》，《人文雜誌》1988 年第 2 期。

文武帝乙宗」是「毀掉帝辛之父帝乙的宗廟」,「王」與「周方伯」都是指周文王。〔註46〕

　　1987 年,作爲扶風西周甲骨的考古發現者,羅西章、王均顯二位先生結合地層和考古發現,就這一地區出土的六十餘片甲骨中的有辭卜骨、有辭卜甲、無辭卜骨、無辭卜甲的整治特點、鑽鑿情況和文字記載,分別進行了闡述和考釋。〔註47〕但是這一年中,對於西周甲骨文研究的重點還在於對周原甲骨族屬的爭論。楊升南先生分析了 H11：1、82、84、112 四片爭議比較多的甲骨卜辭,指出了這四片甲骨卜辭在某些辭例、某些用語和祭祀名稱上具有殷人卜辭的特點,同時在某些辭例、某些用語、字跡風格和鑽鑿形態又強烈地呈現出周人的特徵。由此斷定「這幾片甲骨的文辭是商人,它是商王帝辛爲冊封周方伯這一典禮中,所進行的一系列占卜的卜辭,受封的周人把帝辛的占卜,用周人的語言記錄下來,模刻在周人的甲骨上。……由於是記錄的商王占卜事類,故辭例、用語、祭名、用牲等都保存了商人甲骨的一些特點。但因記錄者是周人的占卜人員,所以不僅甲骨的形制、字體風格是純係周人的,且其中還加入了周人的習慣用語,甲骨的格式與殷墟甲骨相比,也有了一些改變,其原因就在於此。」〔註 48〕徐錫臺先生從甲骨的鑽鑿形式,灼、兆枝、刻辭部位,刻辭特徵等闡明周原甲骨卜辭是周王室的產品,並從分析甲骨卜辭中的「王」字字形、甲骨卜辭的內容和同坑出土的其他器物入手,將周原甲骨分爲二期：王季晚期至文王中期；文王晚期至周公攝政時期。〔註 49〕與徐文收入同書的仵君魁文則對王玉哲先生提出來的周原甲骨「絕大多數是殷商末年商王室的遺物」的觀點提出異議。〔註50〕

　　也是在 1987 年,徐錫臺先生積多年潛心研究而成的專著《周原甲骨文綜述》付梓印行。〔註51〕這是關於西周甲骨研究的第二部專著的問世。全書分爲五章：第一章緒論,概述了周原的歷史地理沿革和周原甲骨出土簡況；第二章甲骨文考釋,這是全書的中心部分,篇幅也長；第三、四章是徐氏對周原甲骨多年研

〔註46〕孫斌來：《對兩片周原卜辭的釋讀》,《考古與文物》1986 年第 2 期。
〔註47〕羅西章、王均顯：《周原扶風地區出土西周甲骨的初步認識》,《文物》1987 年第 2 期。
〔註48〕楊升南：《周原甲骨族屬考辨》,《殷都學刊》1987 年第 4 期。
〔註49〕徐錫臺：《周原甲骨文族屬及時代的探討》,《中國考古學研究論集》,三秦出版社 1987 年版。
〔註50〕仵君魁：《周原甲骨來源辨》,《中國考古學研究論集》,三秦出版社 1987 年版。
〔註51〕徐錫臺：《周原甲骨文綜述》,三秦出版社 1987 年版。

究的總結；第五章評述了周原甲骨的學術價值。最後附有周原甲骨字型對照表、檢字筆畫索引、參考文獻、周原甲骨文論著目錄及部分甲骨的圖版。

　　周原出土的 H11：1、82、84、112 四片涉及祭祀商王的甲骨卜辭，是周原甲骨文的重要內容，也是對於周原出土甲骨的性質產生分歧的依據所在。這些甲骨究竟是屬於周王室，還是屬於商王朝，學者們的意見頗不一致，分歧較大，莫衷一是，成了研究的爭論焦點。1988 年研究的重頭戲，是王宇信先生連續發表的五篇相關文章，從不同的角度對周原出土的廟祭甲骨進行了分析和探討。在這些論文中：其一，論證了商王朝的貞人來源於各個方國，上述四片甲骨出自周族入朝商王室的卜官之手。其二，從祭祀傳統的習慣上，排除了周人祭祀商王、在周原立商王廟或周文王在商王宗廟舉行占卜的說法，並通過彙釋四片甲骨卜辭進一步闡明卜辭為商人占卜之辭，最後得出四片甲骨是滅商後「作為戰利品把商朝檔案庫中有關伐周的廟祭甲骨劫回周原」的結論。其三，梳理了殷墟甲骨在征伐方國中祭祀殷先王的所有卜辭，判定四片甲骨的性質是帝乙、帝辛時與周發生戰爭的最好記錄。其四，將周原甲骨刻辭行款分為四種類型，從而歸納出「周原出土較為典型的卜辭」都是商王朝之物，而周原出土的記事文字，基本上都是周族或西周王朝物。刻辭行款和用途的不同，或許反映了殷周兩大民族占卜方法和習俗的不同。其五，分析了殷墟卜辭中「冊某某方」的實例，以為「冊周方伯」應指冊伐周方伯的軍事行動，否定了「冊周方伯」是把周方伯作為祭牲，或認為是冊封周方伯的說法。〔註52〕

　　同一年，在陝西省考古研究所 30 華誕紀念國際學術討論會上，歷史學家田昌五先生提交了《周原出土甲骨中反映的商周關係》的論文。田先生認為 H11：82、84 甲骨卜辭中的「冊周方伯」是商王冊命周文王為西伯，H11：112「再中即再旗典禮，上述三條卜辭，反映了帝辛冊命文王為周方伯的全過程」，並依據「周人記商王卜辭多自左向右行，而周人記自己的事則是自右向左行」的原則，判斷 H11：1、3，H31：2 是周人卜辭。這些卜辭與文獻記載中的商周關係相符。〔註53〕

〔註52〕　王宇信：《周原出土商人廟祭甲骨來源芻議》，《史學月刊》1988 年第 1 期；《試論周原出土的商人廟祭甲骨》，《中國史研究》1988 年第 1 期；《周原出土廟祭甲骨商王考》，《考古與文物》1988 年第 2 期；《周原甲骨刻辭行款的初步分析》，《人文雜誌》1988 年第 3 期；《周原廟祭甲骨「冊周方伯」辨析》，《文物》1988 年第 6 期。
〔註53〕　田昌五：《周原出土甲骨中反映的商周關係》，《文物》1989 年第 10 期。

1988 年 9 月，周原甲骨發掘領導者陳全方先生出版了《周原與周文化》。〔註 54〕這是甲骨學界第三部關於西周甲骨文研究的專著。陳先生於書中專設一節討論西周甲骨文。書中將岐山扶風出土的有字甲骨分為卜祭、卜告、卜年、卜出入、卜田獵、地名、人名、官名、月相、雜卜十類，並考釋了卜辭記載的諸方國、山川、地名、官職、動物、天文、數學、八卦等。

第二年的 1989 年是紀念殷墟甲骨文發現九十週年的年頭，王宇信先生的甲骨學專著《甲骨學通論》〔註 55〕適時發行問世。在 50 萬字的著作中，有近四分之一是討論和介紹西周甲骨文的。王先生以周原出土甲骨卜辭為基礎材料，介紹了西周甲骨文的發現、研究、特徵、分期，同時論證了周原出土廟祭甲骨的族屬和時代。

1997 年，臺灣學者朱歧祥先生的《周原甲骨研究》出版，〔註 56〕這是繼王宇信、陳全方、徐錫臺三位先生專著面世之後，有關周原甲骨的第四部專著。該書分為上下編，上編按甲骨出土號的次序對鳳雛 Hll、H31 兩個窖藏出土的有字甲骨逐一作了考釋，並有斷代和語譯；下編是以分論的形式對周原甲骨的時代、字形源流、卦畫、字法及殷周關係等幾個方面作了論證和闡述；最後附有檢字筆畫索引和陳全方、徐錫臺二位先生描本的對照表。

從西周甲骨反映的祭祀內容而對商周祭禮的認識，也是較新的研究領域。早在 1989 年，葛志毅先生就從周原甲骨文中反映的祭祀材料來考察古代祭禮情況。〔註 57〕至 1998 年，王暉先生則對殷墟甲骨和西周甲骨作比較，考察了商周之際祭禮的發展變化。王暉的研究認為周原甲骨卜辭都是周人的遺物，甲骨卜辭中的「王」與「周方伯」是一人，「王」是貞人所用的稱謂，「周方伯」是對所祭的殷先王而言，以過去的君臣關係來稱呼，並將甲骨卜辭與文獻結合，從文武王時期行殷禮祭祀殷先王、成王時承認與殷人同一高祖，以及周人設立亳社祭祀殷人高祖，殷周通婚形成「甥舅之國」，帝辛棄祖先神祇不祀而遭文武二王征伐等角度，闡明了「民不祀外族，神不歆異類」的觀念在商周之際的變化。

對於西周甲骨中出現的「數字卦」與《易經》的關係問題，除徐錫臺、樓宇棟〔註 58〕、徐中舒〔註 59〕等學者的早期探索外，近年來也續有學者對此

〔註 54〕陳全方：《周原與周文化》，上海人民出版社 1988 年 9 月版。

〔註 55〕王宇信：《甲骨學通論》，中國社會科學出版社 1989 年版。

〔註 56〕朱歧祥：《周原甲骨研究》，臺灣學生書局 1997 年版。

〔註 57〕葛志毅：《周原甲骨與古代祭禮考辨》，《史學集刊》1989 年第 4 期。

〔註 58〕徐錫臺、樓宇棟：《西周卦畫試說——周原卜甲上卦畫初探》，《中國哲學》第

進行研究。如連劭名先生指出，陝西省扶風縣黃堆公社雲塘大隊齊家村出土
的西周甲骨刻辭中，有些內容與《周易》有關。（H3[2]・1）是一版龜腹甲，
上端刻有「思即于休命」、「思即于永冬（終）」。「休命」與「永終」相當於《易》
學中的「兩儀」，二者相合，就是見於《禮記・曲禮》中的「假爾泰龜有常」。
該版上的另外兩條刻辭，內容同於《周易・訟》九四和九二。（T1[4]・1）是
一塊牛胛骨，上有一行刻辭，命辭占卜「有言」與「毋有言」，「有言」屢見
於《周易》卦爻辭，都取象於坎卦。該版上的另外兩條刻辭，內容近於《周
易・訟》初六和六三。〔註60〕陳蔚松先生指出，周原出土帶字卜甲中有 6 片
刻有用六個數字組成的易卦。經考定，數字卦用陰爻−−、陽爻−表示，則在
《周易》中有相對應的卦。其中周原 85 號卜甲刻有數字卦及卦辭，其數字卦
與《周易・蠱卦》相對應；進一步考證，其卦辭也與《周易・蠱卦》初六爻辭
「厲終吉」相合。又周原 9 號卜甲有卜辭「大出于川」，可考與《周易・蠱卦》
卦辭「元亨，利涉大川」爲同一件事。在結合周原卜甲及其它典籍相互參證
的基礎上，對《周易・蠱卦》卦辭爻辭進行新的詮釋，並對相關的商周史事進
行考述。〔註61〕扶風齊家那片卜筮並占的刻字卜骨發現之後，引起了學術界
的極大興趣。曹瑋首先撰文介紹了這一重要西周甲骨，考證了卜筮的內容是
西周時期居住周原地區、與王室聯姻的異姓貴族貞卜和筮占病愈的記錄，與
文字相間而列的數字筮卦「八七五六八七」、「八六七六八八」、「八七六八六
七」分別相當於《周易》中的「隨卦」、「小畜」和「鼎卦」。卜骨上卜筮相間
的文字記錄，是周原第一次出土先秦時有關卜筮同位的記錄，爲研究先秦時
期的卜筮活動增添了珍貴的材料。〔註62〕李學勤先生則將該辭讀爲：「翌日甲
寅其商，由瘳／八七五六八七/其禱，／由又（有）瘳／八六七六八八／我既
商，禱，由又（有）。／八七六八六七」。「商」字在此應讀爲音近的「禳」，「由」
即「思」字，或寫作「斯」，虛詞，意近於「尚」。「瘳」字下從「羽」，甲骨
文「羽」爲「翏」的初文，作病愈講。卜辭先卜問次日甲寅是否舉行除災辟
邪的「禳」祭，其次問是否進行禱祝，即可告瘥，最後又問是否在「禳」祭
之後，再加上禱祝，纔能使疾病瘥愈。卜骨上刻有相應的筮數，是因爲當時

　　　三輯，三聯書店 1980 版。
〔註59〕 徐中舒：《數占法與周易的八卦》，《古文字研究》第十輯，中華書局 1983 年版。
〔註60〕 連劭名：《西周甲骨刻辭與〈周易〉》，《周易研究》1999 年第 2 期。
〔註61〕 陳蔚松：《周原卜甲與〈周易・蠱卦〉》，《周易研究》2003 年第 1 期。
〔註62〕 曹瑋：《周原新出西周甲骨文研究》，《考古與文物》2003 年第 4 期。

占問禍福往往以卜筮並用的方式。「八七五六八七」、「八六七六八八」、「八七六八六七」三個筮數轉化爲《周易》的卦，依次是《隨》、《豫》、《屯》，可以確定都是實占。對於鎮江營卜骨上的筮數「六六六六七七」、「七六八六五八」，李先生認爲如果轉寫爲《周易》易卦，可理解爲《臨》之蒙，係初、上二爻變。鎮江營卜骨的修治切削，鑽鑿形制與扶風齊家卜骨相同，字跡的微小以及「七七」中豎連筆，都說明了周朝與諸侯國燕在文化上的密切相關之處。〔註63〕但是李先生云《臨》之《蒙》，「係三爻變，但不知如何理解。」爲此，連劭名先生認爲鎮江營數字筮可以參閱《焦氏易林》來解釋，依據《焦氏易林》並結合《周易》，房山鎮江營卜骨所占卜的內容可能是疾病。〔註64〕

圖 11-2　西周甲骨中的數字易卦卜骨

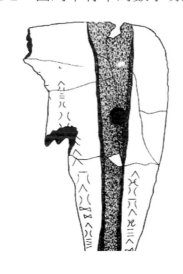

二、周原甲骨研究的爭論焦點

在上述數十年的西周甲骨文研究歷史中，研究的中心多在周原甲骨文的字義考釋、文字隸定、方國地理考證、商周關係研究幾個方面，爭論的焦點多集中在甲骨的族屬上，或認爲是商人所卜，或認爲是周人所卜，以及相關的一些歷史問題如何解釋等等，由此而形成了截然不同的觀點。總括起來，表現在以下幾個問題上分歧尤爲突出：

〔註63〕 李學勤：《新發現西周筮數的研究》，《周易研究》2003 年第 5 期。
〔註64〕 連劭名：《房山鎮江營西周卜骨與〈焦氏易林〉》，
　　　　《北京文博》bbs.gwsj.cn/viewthread.php?tid=82506 2009-6-29

1、王與周方伯

H11：1、82、84、112 四片甲骨中涉及祭祀成唐、大甲、文武帝乙、文武丁等商王的名號，對此學者們並無異議。H11：1 有「王其邵祭成唐」，H11：84 有「王其求又大甲冊周方伯」，H11：112 有「王翌日乙酉其求禺中□文武丁豐」，句中的「王」和「周方伯」是否爲一人、「王」爲商王或是周王等問題意見分歧較大。主張「王」爲商王的學者，依據「神不歆非類，民不祀非族」（《左傳》僖公十年），「鬼神非其族類，不歆其祀」（《左傳》僖公三十一年），「非我族類，其心必異」（《左傳》成公四年）等中國古代傳統的祭祀原則，認爲周人沒有必要也不可能在周人的宗廟裏祭祀商王，其甲骨卜辭必定是商人在自己的宗廟裏祭祀商王的。與其觀點相對立的學者主張「王」就是「周方伯」，「周方伯」就是「王」，即指周文王。這一派學者的論據是商末周初之時，周文王之父王季開始稱王，文王時繼其父又稱王，周原甲骨正是這一段時期之內的東西，反映的是這一時期的史實。

2、「宗」的位置

H11：1「文武帝乙宗」之「宗」，依殷墟甲骨「宗」的用例和先秦文獻當釋爲宗廟。多數學者主張「宗」是殷商王朝倒數第二個王——商王帝辛之父帝乙的宗廟，對此學者們異議不大，但對「宗」的位置究竟何在則意見分歧較大。主張周原甲骨（部分或全部）是商人之物的學者，以爲「宗」的位置在殷地，周原甲骨是商人於商周之際投奔周人帶來的，或是周人滅商後作爲戰利品帶回周原的，或是其他原因由殷地帶回。主張周原甲骨（部分或全部）是周人之物的學者，認爲「宗」的位置在岐邑，商是周的宗主國，作爲附屬國的周在岐邑立「文武帝乙宗」，祭祀商王，這種例子有如南匈奴立三龍寺祭祀天神、兼祀漢帝一樣。

3、「冊周方伯」之「冊」字的詮釋

H11：82、84 卜辭中有「冊周方伯」之句。主張周原甲骨（部分或全部）是商人之物的學者依據于省吾先生的考釋，「冊」是征伐、冊伐，或是與征伐有關的軍事行動。「冊周方伯」當是征伐周方伯，卜辭反映了商周之間的敵對關係。主張周原甲骨（部分或全部）是周人之物的學者，從《說文》等文獻中「冊」爲冊告、冊命之冊，認爲「冊周方伯」敘述了商王冊命周文王爲西伯之事，反映了商周之間相對穩定或友好的關係。

三、關於周原甲骨文族屬觀點的分歧

由於對上述關鍵詞語理解的乖違、詮釋的不同，對周原甲骨歸屬的認識自然會相距甚遠，大概有下述幾種觀點：

1、周原出土甲骨出自商人之手

以王玉哲先生爲代表，認爲 H11：1、82、84、112 等甲骨祭祀商王，在商末周初商周兩族矛盾極爲嚴重的情況下，周文王不可能祭祀殺父仇人的祖先；中國古代祭祀傳統的原則不會使用人祭祀異姓族之王；「冊周方伯，就是把周方伯作爲祭牲」；周原不是產龜之地。但這一派學者都遇到了一個無法逾越的困難，即周原甲骨的龜甲上成排密集而有序的方鑿，與殷墟龜甲的圓鑿截然不同，胛骨上平底的圓鑿與殷墟弧形底的圓鑿有明顯的區別，龜甲整治的粗疏、胛骨不鋸臼角、使用時臼部向下爲正、成 90 度角的文字等現象都與殷墟甲骨截然不同，二者形成了鮮明的對比。某些辭例不見於殷墟甲骨，正如李學勤先生指出的那樣，前辭裏的「彝」、「卟曰」等是殷墟卜辭所不見的。在這些明顯有分歧的問題上，這一派學者沒有做出令人信服的說明。

2、周原出土甲骨出自周人之手

以周原甲骨的發掘者陳全方、徐錫臺和徐中舒等先生爲代表，主張卜辭中的「王」就是周王，這是周人對自己領袖的稱呼；周方伯即周文王；「宗」的位置在岐邑，是周人在岐邑所立的商人宗廟，祭祀商人祖先；「冊」的含義是冊告，或是冊命，「冊周方伯」反映了商王冊命周文王爲西伯的史實；最有說服力的是周原甲骨上的方鑿、平底圓鑿等甲骨整治方法以及辭例上與殷商甲骨有明顯區別。雖說如此，但對周人爲什麼要在岐邑立商王廟，周人祭祀商王有悖於中國古代的祭祀傳統，「冊」字在殷墟甲骨文多用於冊伐、征伐的用例等問題上的回答也顯得缺乏說服力。

3、周原出土甲骨中廟祭甲骨卜辭出於商人之手，記事刻辭出自周人之手

以李學勤、王宇信先生爲代表，將周原甲骨分爲廟祭甲骨卜辭和記事刻辭兩種。廟祭甲骨卜辭爲殷人所爲，但出自周族入朝商王室的卜官之手，因此占卜時仍須遵用殷制，又不可避免地保留著周族占卜的某些作風，族屬上仍主張是周人甲骨。李先生還指出了西周甲骨與殷商甲骨的多處區別，認爲 H11：1、82、84、112 等幾片卜辭是周人卜官參加冊命周文王爲西伯之禮所記，後帶回

岐邑的。這是一個較爲折中的觀點，一方面對 H11：1、82、84、112 四片甲骨卜辭中祭祀商王的內容作了合理的說明，同時也闡釋了甲骨的整治上表現出周人所特有的鑽鑿特點與方法。但在論證的時候，也暴露出論據的不足，如認爲殷王朝的卜官來自許多方國，其中包括周，並論證周原甲骨的一部分是商中央王朝之物，但出於周人的卜官之手，所以不可避免地保留著周族占卜的某些作風，如方鑿卜辭例等等。雖說如此，我們現在所看到的祇有殷商甲骨和周特點的甲骨，並未發現其他方國的甲骨。如果說商王朝的卜官都來自各個方國，每個方國的卜官都像周卜官一樣用自己方國的方法治理甲骨和記述卜辭，爲什麼其他方國的甲骨與殷人相同，沒有自己的特點，唯獨周人例外呢？

四、周原甲骨研究爭議的癥結所在

目前，周原甲骨的研究仍在繼續，爭論也依然在進行之中。我們發現，在研究中存在著一些不足之處，如：

1、研究周原甲骨主要是圍繞著對甲骨文字的詮釋、字義的考證、甲骨的斷代、甲骨的族屬等方面進行，這無疑是必要的，但學者於研究時多囿於甲骨文字本身的研究，周原甲骨、西周甲骨、周原甲骨與殷商甲骨的比較等等，而 H11、H31 灰坑裏出土的 50 餘件玉石雕飾、752 件角質器、472 枚蚌殼，以及陶片都是有助於斷代的最佳材料，卻被擱置於一邊。

2、H11、H31 出土於鳳雛西周甲組建築遺址兩廂房 2 號房基址中，建築本身的性質目前還有爭論，建築的上下限年代尚未確定，西廂房的性質也有待於研究。這些無疑影響到周原甲骨的研究。

3、周原是周人的發祥地，文王遷豐之後，一直到平王東遷，周原仍是西周的重地，居住著西周王朝顯赫的達官貴族，並留下了大量的西周銅器，結合銅器來論證周原甲骨無疑是一種較好的方法，但至今未見到這方面的文章。周原在西周時期的性質有待於深入研究，這對周原甲骨族屬的研究也會帶來很大的影響。

2002 年，爲配合「夏商周斷代工程」的實施，曹瑋彙集所有出土的《周原甲骨文》〔註65〕爲一集出版，爲研究西周甲骨提供了極大的方便。該著錄正文部分展示了周原甲骨的放大照片，清晰地顯現出周原甲骨文的本來面

〔註65〕 曹瑋：《周原甲骨文》，世界圖書出版公司 2002 年版。

貌，它使學者在辨認周原甲骨文的同時，把研究引向深入。該書在參考性釋文中對過去的成果作了積極的肯定，並修正了因看不清楚造成的誤判。書後還將陳全方、王宇信、徐錫臺、朱歧祥四位學者的研究著作製成「周原甲骨文摹本著錄對照表」和「周原甲骨文釋文對照表」，以方便學者們查詢和辨別。最後附有周原甲骨研究文章目錄供學者們參考。該甲骨文著錄書的出版，受到學術界的普遍好評，必將推動周原甲骨文研究的進一步走向深入。

圖 11-3　琉璃河西周「成周」卜甲、邢臺南小汪西周甲骨文摹本

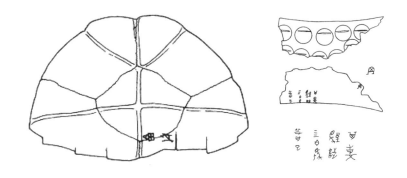

五、邢臺南小汪西周甲骨的研究

西周甲骨研究在經過了上個世紀八十年代的繁榮局面之後，頗有一段沉寂消停。直至九十年代發現河北邢臺南小汪西周甲骨之後，由於新材料的出現，纔使得西周甲骨研究有了新的起色。

1991 年夏，河北省文物研究所會同邢臺市文物管理處，在邢臺市南小汪遺址中發現了一片西周刻字卜骨。骨上正面共刻 11 字，發掘者將其中十字隸釋爲「孙曰：巳四白馼騽陟其事」。〔註66〕

對於該卜骨的出土情況，《發掘》指出：「字體小而纖細，與周原等地出土的西周甲骨文刻辭風格完全相同。同時，H75 出土不少典型的西周陶片，因此，這片卜骨的時代屬西周時代無疑。」〔註67〕這對判斷其時代和性質具有重要作用。發掘者劉順超先生經研究後進一步指出：「結合地層情況，該卜骨的時代應

〔註66〕河北省文物研究所、邢臺市文物管理處：《邢臺南小汪周代遺址西周遺存的發掘》，《文物春秋》（1992 年增刊）總第 15 期，1992 年 8 月。

〔註67〕河北省文物研究所、邢臺市文物管理處：《邢臺南小汪周代遺址西周遺存的發掘》，《文物春秋》1992 年增刊。

爲西周中期之物。」關於卜骨的鑽鑿形態，因是殘片，全貌難以確知。從保存的部分看，劉順超描述道：「卜骨有明顯的修治痕跡，卜骨背面削爲平面，亦有刮削的痕跡，施圓鑽十個，其中有三個完整，鑽徑 1.1 釐米，深 0.6 釐米，孔壁垂直並有鑽痕，鑽底呈平面，在三分之一處有刻槽，刻槽旁有灼點，灼點色呈淺黃，有的灼點已透過骨面，卜骨正面有兆枝呈丫形。」〔註68〕

王宇信先生以其學術研究的敏感，充分揭示了這一發現對西周甲骨和西周歷史乃至於甲骨學的研究所具有的重要意義。〔註 69〕王先生還比較了周原甲骨文和邢臺甲骨的異同，從周原甲骨 H11：6＋H11：32 入手分析，糾正了過去對 H31：4 甲骨卜辭的行款走向自左至右的錯誤識讀，這一點從河北邢臺南小汪西周遺址出土的西周甲骨卜辭上得到了證明。最後得出結論：「值得注意的是，在沒有爭議的較爲典型的西周卜辭中（無論是在周原，還是在幾千里外的邢臺），其刻辭行款幾乎毫無例外的都是自右向左行。而學者間關於族屬爭議較大的另一類典型卜辭（即周人之物，抑或商人之物），其行款走向都與典型的西周卜辭（即含貞辭、兆辭）不同，即均爲從左向右。」〔註 70〕在王先生依據新材料糾正舊說的同時，譚步雲先生也從周族貞人、字體、刻辭行款、周人祭祀商王、「冊」字、H11：1 等四片甲骨卜辭語法文例等六個方面對王宇信的觀點提出了不同的意見。〔註 71〕

李學勤先生全面解讀了這版西周甲骨文，認爲其鑽鑿形制及鑽鑿分佈情況和陝西周原扶風齊家卜骨基本一致。將卜辭隸釋爲：「叀曰：已，四白馴、騂陟其事」。「叀」字，從《說文》是「卜問也」，和「貞」字的意思相同，這在周原甲骨文中曾多次出現，商代卜辭中尙無此字。「已」是停止的意思。「馴」是牝馬專稱字，「騂」從《爾雅‧釋畜》爲黃白色馬，「陟」讀爲「騭」，從《說文》、《爾雅》而解爲牡馬。「其事」的「事」意思是用。這條占問用馬的卜辭可以語譯爲：「卜問說：停止，改用四匹白色的牝馬和黃白色的牡馬。」認爲這四匹馬是用來駕車的。並由此推測出土甲骨文的邢臺是西周所封邢國的所在。〔註72〕

〔註68〕 劉順超：《邢臺西周甲骨及其相關問題》，《西周史論文集》上冊第 278 頁，陝西人民教育出版社 1993 年。

〔註69〕 王宇信：《邢臺南小汪西周甲骨出土的意義》，《史學月刊》1999 年第 1 期。

〔註70〕 王宇信：《周原甲骨卜辭行款的再認識和邢臺西周卜辭的行款走向》，《華夏考古》1995 年第 2 期。

〔註71〕 譚步雲：《讀王宇信先生〈周原出土商人廟祭甲骨來源芻議〉等文後的思考》，《考古與文物》1996 年第 3 期。

〔註72〕 李學勤：《邢臺新發現的西周甲骨文》，《中國文物報》1993 年 3 月 7 日。

對於出現在西周甲骨中的「𠨘」，著名古文字學家裘錫圭先生在 1997 年 10 月香港召開的第三屆國際中國古文字學研討會上，提出「𠨘」字應讀爲卜兆之「兆」，周原甲骨中的「𠨘曰」應該看做占卜者據卜兆而做出判斷的占辭。〔註 73〕

但是對於南小汪西周甲骨的時代問題，曹定雲先生不同意劉順超的判斷，認爲邢臺甲骨時代屬於西周早期。他從對比殷墟卜骨與周原卜骨圓鑽形態的角度，指出邢臺南小汪所出有字卜骨的鑽鑿形態，既具有西周時期的特點，又具有殷墟後期卜骨圓鑽的特徵，說明它受殷墟後期卜骨的影響較深。這有兩方面的原因：一可能是時間上的原因，該卜骨的占卜時間離殷代相去不遠；二可能是地域上的原因，邢臺原是殷人聚居之地，卜骨製造可能受到殷人的影響。也可能這兩種因素兼有。認爲從鑽鑿形態上分析，邢臺西周卜骨的年代明顯早於周原齊家村卜骨的年代，而邢臺西周卜骨的年代當早於穆王。

邢臺西周卜骨文字發現之後，學術界對文字行款走向出現了不同的讀法。一種是從左向右讀，釋爲：「𠨘曰已四白駜驖陟其事」；一種是從右向左讀，釋爲：「其事驖陟四白駜𠨘曰已」。曹定雲先生認爲，邢臺西周卜辭應從左向右讀，隸定爲「𠨘曰：『已；四白駜驖陟其吏（使）。』」「𠨘」是「召」、「卜」二字合文，「𠨘」就是召公奭所卜。「已」即祭祀的「祀」。「四」即「駟馬」之「駟」，「四白駜驖陟其使」，就是將四匹（一乘）最漂亮、最高貴的「駜四驖」進獻給王使，供其使用。全辭的意思是：「召公奭占卜：進行祭祀；（將）四白駜驖進獻給王使。」邢臺西周卜辭中涉及三個重要人物：一是召公奭，他是卜辭的占卜者，又是卜辭中兩件大事的決定者；二是登程返京復命的王使；三是受召公之命，將「四驖」獻予王使的當地諸侯首領，從地理位置判斷，此首領非邢國國君莫屬。他由此推測這是關於西周初年邢國受封選址的占卜記錄。〔註 74〕

六、周公廟西周甲骨文的研究

2003 年 12 月 14 日，北京大學考古文博學院考古工作隊在陝西省岐山縣周公廟遺址進行田野考古調查時，發現西周甲骨兩片，其中一號甲骨上刻有 17 字，

〔註 73〕 裘錫圭：《釋西周甲骨文的「𠨘」字》，《香港第三屆中國古文字學研討會論文集》1997 年 10 月。

〔註 74〕 曹定雲：《河北邢臺市出土西周卜辭與邢國受封選址——召公奭參政占卜考》，《考古》2003 年第 1 期。

二號甲骨上刻有 38 字，共 55 字，後者是迄今爲止所見字數最多的周代甲骨。周公廟甲骨發現的消息經媒體披露後，立即引起海內外學術界的極大興趣。爲此，2004 年 2 月 21 日，北京大學中國考古學研究中心和北京大學考古文博學院聯合邀請近二十位在京的考古學、古文字學、天文學者和歷史學者，舉辦了「周公廟新出甲骨座談會」，對這兩片甲骨及其刻辭進行初步的鑒定和研究。〔註75〕

座談會上，首先請周公廟甲骨的發現者、北京大學考古文博學院徐天進教授介紹有關情況。徐先生首先強調了此次田野調查的緣起，之後著重介紹了周公廟甲骨的出土層位和伴出的陶器，認爲兩片甲骨所出層位的年代當在商末周初。

李學勤先生指出這兩片甲骨的鑽鑿形式表明它們屬周人甲骨應無疑義。從整治的痕跡來看，這兩片龜甲均是從背甲中綫對剖開的，這種切割方法也見於殷墟甲骨。他還指出，1977 年在岐山鳳雛村出土的周代甲骨，其卜的刻辭有大小兩類，以前受材料的限制，曾認爲小字甲骨的年代早而大字甲骨年代較晚，現在周公廟甲骨發現後，有了明確的層位關係和伴出陶器，說明大字甲骨的年代並不一定晚於小字者。

此外，李學勤先生還就兩片甲骨刻辭中的若干字進行了隸定，並特別強調了二號甲骨「哉死霸」這一月相詞的重要意義。陳美東也認爲「哉死霸」的發現非常重要，它的使用表明周初月相很可能是「定點」的，以後成爲「四分」，所以研究周代曆法一定要注意其曆法本身可能存在的改革。徐鳳先則根據「哉死霸」推測周初對月相的描述不一定是觀象，而可能採用了推步的方法。馮時先生在對若干文字的隸定發表意見後，著重談了「哉死霸」的問題，他認爲「既死霸」就是「朔」，而「哉死霸」爲「晦」，「旁死霸」爲朔日的第二天。馮時強調，在眉縣楊家村窖藏銅器銘文和周公廟甲骨刻辭發現後，舊有的月相四分說已經沒有成立的可能性。

劉緒先生對北京琉璃河、扶風齊家村和岐山周公廟所出周代甲骨的形制、整治方式和行文格式進行了比較，他認爲周公廟甲骨刻辭的書寫位置似無規律，和一般的西周甲骨不類。宋鎮豪首先強調了二號甲骨刻辭對於年代學研究的重要意義，並分析了兩片甲骨及其刻辭的若干特徵。他認爲像二號

〔註75〕孫慶偉：《「周公廟遺址新出甲骨座談會」綜述》，《中國文物報》2004 年 3 月 5 日發佈；《「周公廟遺址新出甲骨座談會」紀要》，北京大學震旦古代文明研究中心《古代文明研究通訊》第 20 期。

甲骨上如此長篇、嫻熟的刻辭在周代甲骨中是極其罕見的,而兩片龜甲的鑽鑿形式和刻辭文例均具有典型的周式風格,它們的發現證明了1977年鳳雛村所出的甲骨均屬周人。依據某些字的寫法和刻辭文例,宋鎮豪認為這兩片甲骨的年代應在商末周初。林小安先生認為兩片甲骨的年代以先周時期最為可能。鑒於二號甲骨上的刻辭筆道輕重差別較大,林小安推測它們可能不是同時所刻。根據兩片甲骨刻辭中「克」字的用法,他重申其以往有關克罍、克盉銘文中的「克」字是助詞而非人名的觀點。李零先生主要對兩片刻辭中若干關鍵文字進行了隸定。李零認為,儘管這兩片新出甲骨屬於周人甲骨是沒有疑問的,但似不能由此推斷鳳雛甲骨中的「王」就一定是指周王。他還建議盡快對這兩片甲骨進行鑒定,判斷它們是否同版,這當有利於其他相關研究。葛英會教授根據兩片甲骨刻辭的文例和內容,對其中的卜辭和占辭進行了區分,並由此推定當時的占法是按照先貞、後卜、再占的順序進行的。董珊則對兩片甲骨中的若干詞、字進行了解釋。

張長壽先生指出兩片甲骨發現地的層位堆積很厚,表明此處的堆積或有可能屬於一個大灰坑,建議進行更大規模的正式發掘以確定地層單位和層位關係。他還指出,目前對周原地區商文化和先周文化的認識上還存在著不同意見,這也需要有更多的考古資料來促進達成共識。王巍先生也主張應進行新的發掘,擴大發掘面積,獲得更多出土器物以判定年代。徐良高先生也表達了類似意見,他也認為與甲骨伴出的陶片確屬商末周初。

最後李伯謙先生作了總結發言,他在強調周公廟甲骨發現意義重大,希望能夠盡快地在周公廟遺址進行較大規模的正式發掘,以促進相關研究。

圖 11-4　陝西周公廟甲骨文照片

　　通過這次座談會，周公廟遺址新出甲骨的重要意義更加顯現出來，集中表現爲以下幾點：首先，周公廟甲骨出土層位明確、年代清楚，它的發現對於周代甲骨研究具有極大的促進作用；其次，周公廟甲骨刻辭內容豐富，尤其是其中的月相紀時內容爲首次發現，在很大程度上改變了學術界對於周初曆法的認識，是研究周代曆法的寶貴資料；同時，結合該遺址規模大、屢出銅器並多見建築遺存等特徵，均表明周公廟遺址是一處大型聚落遺址，爲從考古學上尋找周人早期都邑提供了至關重要的綫索。與會專家一致認爲，周公廟甲骨的發現對於周初歷史研究具有深遠的意義。

　　此後，李學勤先生發表四片周公廟甲骨的考釋文章：第一片 01 號卜甲有兩行 5 字：「□弔（叔）卜周公貞。」這祇是一條卜辭的前辭，沒有記內容的命辭。「□叔卜周公貞」，說明是由「□叔」其人爲周公卜問的。在這裡「□叔」是占卜的執行者，「周公」是卜問的主體，主體不是王，所以是「非王卜辭」。這裡的「周公」不管是哪一代周公，總是與「周公」家族有關。「周公」之「周」的寫法作梯形，方格中不加點，卜不從「口」。這與鳳雛卜甲「祠自蒿（郊）于周」的「周」類似。第二片 H1:82 卜甲，右邊靠下一行兩字：「新邑」。在周公廟這批卜甲中，有「新邑」一詞的辭例共計五條，是最常見的地名之一。「新邑」祇行用於一個很短的時期，這片卜甲屬於周初是肯定無疑的。「新邑」與琉璃河燕國卜甲「成周」類似，是甲骨卜辭的一種縮簡形式。第三片 0136 號卜甲，辭爲：「馬二百兩」。「二百」佔一字位置，係合文。「兩」爲馬的量詞，「馬二百兩」是四百匹馬，周公廟另一卜甲 H2:19 刻有「二百又五十兩」，是五百匹馬。馬群規模之大，可見當時經濟生活的發達程度。另一片周公廟卜甲發表於報端，〔註 76〕殘辭爲：「□由弗克……」、「由」。上部卜辭第一字不清楚，估計是人名。「由」應讀爲「思」、「斯」，釋讀應該可以確定。考察幾片卜甲，年代不會太晚。第二片肯定屬於西周初年。第一片「周」字的寫法，第三片「兩」字的使用，也指向西周早期這一時代。總的看來，包括第四片在內，這些卜甲都與鳳雛卜甲近似。〔註 77〕

　　最近，董珊先生也專門撰文，對這四條卜辭作了解釋，並附論一些相關問題，如周人卜辭的「由」字的爭議、從文獻學角度來討論周公廟遺址和墓葬的性質、有關卜甲年代和卜辭月相名稱的解釋等等，形成了自己的獨到見

〔註 76〕　《周公廟遺址慘遭嚴重盜掘》，《法制晚報》2004 年 6 月 8 日，A25 版。
〔註 77〕　李學勤：《周公廟卜甲四片試釋》，《西北大學學報》2005 年第 2 期。

解。〔註 78〕

　　據發掘者透露，目前從周公廟卜甲上已發現的重要人名有周公、王、太保，其中「周公」字樣出現 7 次，「王」和「太保」（即召公）各出現 3 次。作爲重要地名，「周」字出現 6 次，「新邑」出現 5 次。刻辭記載的事情多與行軍打仗有關，如出現 3 次的「戎斯弗克□□師」，即指攻克什麼地方的意思。這些材料非常重要，相信它們的公佈將爲西周甲骨文及西周歷史研究起到積極的推進作用。

〔註 78〕董珊：《試論周公廟龜甲卜辭及其相關問題》，北京大學中國考古學研究中心、北京大學震旦古代文明研究中心編《古代文明》第 5 卷，文物出版社 2006 年 12 月版。

第十二章　港臺學者的研究成績

　　除了中國大陸之外，我國的港臺地區，尤其是我國的寶島臺灣，也積聚了一大批頗有成就的甲骨學家，他們偏據海嶠，卻仍堅持不懈地研治斯學，在甲骨學的著錄、綴合、斷代、釋字與考史等方面都有重大的收穫。

第一節　臺灣甲骨學研究綜覽

　　臺灣甲骨學研究相對來說比較繁榮，人才輩出，成果纍纍。臺灣的甲骨學研究隊伍，主要是 1949 年從大陸撤走的一批中央研究院歷史語言研究所的甲骨學家，即著名的甲骨學大師董作賓先生和他的弟子與追隨者屈萬里、張秉權、李孝定、石璋如、嚴一萍、劉淵臨以及到臺以後培養和影響起來的一些新人，如金祥恒、許進雄、黃然偉、韓耀龍、鍾柏生、蔡哲茂、朱歧祥、李宗焜、魏慈德等。

　　分別而言，包括以下幾個方面：

一、臺灣甲骨文研究機構和學術活動

　　臺灣的甲骨文研究機構主要是歷史語言研究所下屬的考古與甲骨文研究組織。

　　1948 年冬，國民黨政府從大陸撤退到臺灣，中央研究院歷史語言研究所在傅斯年所長主持下，人員、圖書、標本、文物等由南京遷到臺灣。1954 年春，中央研究院決定在南港建設新院址，並開始建造歷史語言研究所大樓。歷史語言研究所的歷史文物陳列館於 1986 年竣工，樓高 7 層，1、2 層展覽室

陳列甲骨文、青銅器，每週星期三對外開放。爲了紀念殷墟 YH127 甲骨坑的發現這一甲骨學史上的盛事，在歷史語言研究所文物陳列室中，還專門開設了「殷墟 YH127 甲骨坑七十週年紀念特展」。

自 1955 年董作賓接替傅斯年任第二代所長，1973 年屈萬里擔任第四代所長，因爲董、屈兩人都是著名甲骨學家，在他們的影響和推動下，歷史語言研究所甲骨文研究不斷推出成果、推出新人，是甲骨文研究方面的一方重鎮。

中央研究院歷史語言研究所建所之初，按學科分爲四組，第一組從事史學及文籍考訂，第二組從事語言學及民間文藝，第三組從事考古學、人類學、民俗學，第四組從事民族學。其中第二組爲原來的漢字組與漢語組之合並，而該組一向以語言學研究見長；而以董作賓先生爲首的甲骨文研究隊伍歸在第三組的考古學組之中。所以在相當長的時間內，歷史語言研究所沒有專門研究甲骨文的組織。1958 年於四組之外，增設甲骨文研究室。董作賓爲首任甲骨文研究室主任（1958 年 1 月～1967 年 11 月），張秉權爲第二任甲骨文研究室主任（1967 年 12 月～1985 年 7 月），李孝定爲第三任甲骨文研究室主任（1985 年 8 月～1988 年 3 月），鍾柏生爲第四任甲骨文研究室主任（1988 年 4 月～1991 年 3 月）。到 1990 年 9 月甲骨文研究室改名爲歷史語言研究所第五組文字學組，鍾柏生爲文字學組主任（1990 年 9 月～1991 年 4 月；1994 年 1 月～1998 年 3 月），其中 1991 年 4 月～1993 年 12 月，林素清爲代理主任。1998 年 4 月～2001 年 3 月，林素清爲文字學組主任。2001 年 4 月～2002 年 12 月，王明珂爲歷史語言研究所副所長兼文字學門代主任。2003 年再改名爲文字學門。自 2003 年 5 月～2007 年 10 月，陳昭容爲文字學門召集人。2007 年 11 月至今，李宗焜爲文字學門召集人。現在歷史語言研究所文字學門中專門研究甲骨文的學者有蔡哲茂、李宗焜等人。

臺灣地區其他研究甲骨文的學術機構，主要是在臺灣的各大學中文系與歷史系，計有臺灣大學、政治大學、師範大學、文化大學、東吳大學、輔仁大學、中山大學、東海大學、靜宜大學、逢甲大學、中興大學、玄奘大學、成功大學、彰化師大、臺灣藝術大學、暨南國際大學、清華大學、高雄師範、臺北立教、淡江大學、中正大學、中央大學等 20 家之多。這些高校或自己有甲骨文研究學者，或聘請外單位甲骨文研究人員蔡哲茂、許錟輝、周鳳吾、金祥**恒**、許進雄、陳義裕、周何、季旭升、朱歧祥、王初慶、黃競新等，培養包括學士、碩士、博士等各層次的甲骨文研究人才。

1960 年 10 月，以發表甲骨文字研究成果為主的《中國文字》在臺北創刊。從此，《中國文字》與從大陸帶到臺灣的《中央研究院歷史語言研究所集刊》、《大陸雜誌》等刊物一起，成為集中報道臺灣甲骨學者研究成果的主要陣地。

中央研究院定期召開國際漢學會議，如 1989 年為慶祝中央研究院 60 週年召開第二屆國際漢學會議。2000 年召開第三屆國際漢學會議，會議分為歷史、文學、思想、文字學、語言學、族群關係等六組討論，之後各組出版專書。2000 年召開第一屆古文字與出土文獻學術研討會。2006 年 9 月歷史語言研究所獨立召開國際會議，即「第一屆古文字與古代史」學術研討會，專門探討古代文字與古代歷史。這些會議中都有甲骨文研究的論文。而 1998 年由歷史語言研究所與臺灣師範大學聯合舉行的「紀念殷墟甲骨文發現 100 週年學術研討會」，2005 年在臺東海大學召開了以花園莊東地甲骨為主體的學術研討會，則更是以甲骨文研究為主的學術盛會。前已略述，茲不贅言。

二、臺灣甲骨文收藏及資料整理

臺灣甲骨文公私機構共藏殷墟甲骨 30343 片。其中公家機構共有五家 30326 片：中央研究院歷史語言研究所藏 25836 片，歷史博物館藏 4378 片，中央圖書館藏 22 片，中央博物院藏 79 片，臺灣大學考古人類學系圖書館藏 11 片。私人收藏共有四家 17 片：莊尚嚴舊藏 7 片，金東溪舊藏 4 片，嚴一萍藏 4 片，方豪舊藏 2 片。另外去向不明兩宗 30 片〔註1〕。其中以中央研究院歷史語言研究所所藏為大宗。

1948 年國民黨政府撤離大陸，將殷墟十五次發掘所得甲骨全部運往臺灣。現在，這些甲骨實物都集中存放在中央研究院歷史語言研究所圖書館中。

中央研究院歷史語言研究所收藏甲骨文材料從來源看，可將其分為兩類：一是殷墟考古發掘所得；二是 1949 年以前購買所得和徵得的私人贈送。考古發掘的甲骨是 1928 年到 1937 年十年之間，中央研究院史語言研究所在河南安陽殷墟進行的 15 次考古發掘，共得甲骨二萬多片。這些甲骨文，先後都已經著錄發表，見之於董作賓主編的《小屯・第二本・殷虛文字・甲編・圖版》3942 片、《小屯・第二本・殷虛文字・乙編・圖版》2833 片、《小屯・第二本・殷虛文字・乙編・圖版》9105 複本、《小屯・第二本・殷虛文字・乙

〔註 1〕 孫亞冰：《百年來甲骨文材料的統計》，《故宮博物院院刊》2006 年第 1 期。

編‧補遺》7441 片、張秉權《小屯‧第二本‧殷虛文字‧丙編》417 片。

　　徵購所得的甲骨與拓片，是在傅斯年、李濟、董作賓等先生主持歷史語言研究所時，不惜巨資刻意收藏及徵得私人捐贈的傳世殷墟甲骨。這些甲骨大多數也墨拓成集，如《院藏甲骨文》47 片、《李濟董作賓購藏暨李啓生拾得甲骨片》115 片、《李濟董作賓購藏暨李啓生拾得甲骨片》115 複本、《史語所購藏甲骨》400 片、《史語所購藏甲骨》400 複本、《史語所購藏甲骨》396 複本、《冬飲廬藏甲骨文字》王伯沆舊藏 812 片、《冬飲廬藏甲骨文字》812 複本、《冬飲廬藏甲骨文字考釋》812 複本、《北京大學國學門研究所藏殷卜辭》629 片、《甲骨文九集》6656 片、《甲骨石片》3 片、《何敘甫藏甲骨文》134 片、《孫氏雪園藏物》孫壯舊藏 19 片、《殷虛文字存眞》600 片、《殷虛遺文》540 片、《鐵雲藏龜四百種》402 片、《施美士藏甲骨文》81 片等。目前歷史語言研究所傅斯年圖書館所藏甲骨文拓片 18 冊，加上考古學門庫房所藏《善齋藏殷墟甲骨》拓片九千多張，歷史語言研究所藏甲骨文拓片總共超過 45000 張〔註2〕。

　　2004 年以來，中央研究院歷史語言研究所古文字研究專家們對於這些珍貴的甲骨文資料進行數位化整理，作爲「數位典藏國家型科技計畫」的一部分，建立了「甲骨文片資料庫」。「甲骨文片資料庫」專家團隊包括：主持人袁國華，共同主持人陳昭容，協同主持人鍾柏生以及助理柯維盈等人員。「甲骨文片資料庫」是一個以甲骨片爲主的資料庫，數位化 40000 多張甲骨文拓片，提供圖文對照功能，並且包括考古、甲骨典藏、甲骨文片以及多種釋文信息，提供書目、編號、主題、釋文等檢索功能。此次整理將甲骨研究的成果以及相關學科的成果整合，爲日後甲骨文研究打下了一個良好的資料基礎。

三、董作賓在臺的甲骨文研究

　　1948 年，董作賓先生在大陸主持了《殷虛文字甲編》、《殷虛文字乙編》（上、中兩輯）等甲骨文著錄書的出版。到臺灣以後，他繼續負責殷墟甲骨文的整理與著錄出版工作。1953 年出版了《乙編》的下輯，共著錄甲骨 2831 片〔註3〕。1956 年又出版了《殷虛文字外編》，著錄甲骨 464 片。

　　董作賓先生早在大陸的最後幾年，主要專心研究殷代曆法。他利用甲骨文字與文獻記載相比證，花費了 13 年的功夫，於 1945 年在四川南溪李莊寫成了

〔註2〕 以上數據採自中央研究院歷史語言研究所網站發佈內容。
〔註3〕 董作賓：《殷虛文字乙編》下輯，中央研究院歷史語言研究所 1953 年版。

《殷曆譜》。這是一部關於商代曆法研究的大部頭著作。不過雖然用力甚勤，所據材料豐富，但祇用一兩年完整的曆譜來推斷整個商代的曆法，基礎並不堅實，引起了許多曆法研究者的非議。然而正是在《殷曆譜》中，董作賓先生提出了殷墟甲骨文的所謂「新派舊派說」，欲以補充修正他的甲骨分期理論，試圖解釋有些卜辭在分期時的矛盾現象。這在後來也引起了學術界的廣泛爭論。

到臺灣後，董作賓先生仍把主要精力集中在曆法研究上面，撰寫了人量的論文以補充、整理他的殷曆學說〔註4〕。但是實際上，董作賓先生之於商代曆法研究，可以說是出力不討好。因為當時要恢復商代曆法年譜，時機並不成熟，而且以一人之力，從一個學科的角度，也難以勝任如此艱巨的工程。前些年，大陸各學科學者通力合作，實施了著名的「夏商周斷代工程」，集中了甲骨文字、天文、考古、科技測年等幾個學科的優勢與智慧，對於商代的曆法與年代進行綜合研究，或許會有一個較為可靠的結果。

對於甲骨文的分期斷代，董作賓先生願擅首創之功。到臺以後，他也仍在這一方面進行探索，寫出了《甲骨文斷代研究的十個標準》、《殷代禮制中的新舊兩派》、《卜辭之時代區分》等論文〔註5〕。尤其是他提出的甲骨卜辭「新舊兩派說」，是他到臺灣後整理甲骨的指導理論。可能是這一理論太新奇，至今仍未被一般學者理解。除了他和自己的弟子嚴一萍等人信奉此說外，甲骨學界寧願接受他在大陸時創立的甲骨分期「五期說」。

在甲骨文知識介紹、以甲骨文字考證史地等方面，董作賓先生仍是不遺餘力。如他的《中國文字在殷商》、《從麼些文看甲骨文》、《殷代甲骨文字與古代文化》、《甲骨文中的地理問題》、《卜辭中的亳與商》〔註6〕等，都是這些

〔註4〕 董作賓：《甲午月食龜版》，《殷代月食考》，《中國古曆與世界古曆》，《大龜四版之四卜旬年代訂》，《武王伐紂年月日今考》，《西周與曆譜》，《國曆與國民曆》，《共和以前帝王之復原》，《卜辭中八月乙丑月食考》，《殷代的記日法》，《殷曆譜的自我檢討》，《談曆上》，《談曆下》，《堯典天文曆法新證》，《中國年曆總譜》，《關於中國年曆總譜》，《古史考年淺說》，《儒略周日與廿曆》等，詳見《董作賓先生全集》一書。

〔註5〕 董作賓：《關於貞人》，《大陸雜誌》第 3 卷第 11 期，1951 年版；《甲骨文斷代研究的十個標準》，《大陸雜誌》第 4 卷第 8 期，1952 年版；《殷代禮制中的新舊兩派》，《大陸雜誌》第 6 卷第 3 期，1953 年版；《五十年來考訂殷代世系的檢討》，《學術季刊》第 1 卷第 3 期，1953 年版；《卜辭之時代區分》，香港大學出版社 1956 年版。

〔註6〕 董作賓：《中國文字在殷商》，《天聲》第 1 卷第 1、2 期，1949 年版；《從麼些文看甲骨文》，《大陸雜誌》第 3 卷第 1、2、3 期，1951 年版；《甲骨文的初步研究》，

方面的用心之作。

　　像在大陸一樣，董作賓先生非常注重對甲骨學史的總結和甲骨學研究現狀的評述，先後寫成了《今日之甲骨學》、《最近十年之甲骨學》、《近年來甲骨學在東亞研究之成績》、《甲骨文材料的總估計》、《甲骨學前途之展望》〔註7〕等論文，並且在 1955 年著成了《甲骨學五十年》〔註8〕，1959 年與黃然偉合著成了《續甲骨年表》〔註9〕，1959 年又寫成了《甲骨學六十年》〔註10〕。其中《甲骨學六十年》是在前兩書的基礎上增訂而成的，詳細敘述了甲骨文發現和發掘歷史，並對出土甲骨材料進行了總估計。特別重要的是，他將甲骨學研究分為前後兩期，前期研究主要成就是字句的考釋和篇章的通讀，而後期研究的成就是分期的整理和分派的研究。這是基本正確的說法。

　　總的說來，董作賓到臺之後，生活條件、學術環境都較他在大陸時舒適優厚，但其在甲骨學研究上受到了一定程度的限制，成就遠不如在大陸時為盛。這一方面是由於他離開了大陸，脫離了殷墟甲骨文的考古發掘工作，沒有了過去在大陸時經常接觸第一手的新鮮甲骨資料的便利了。從董先生的這個變化也可以反證，殷墟考古發掘與甲骨文研究的關係是多麼地緊密！另一方面，由於他後期專致於商代曆法的重建，浪費了大量的精力和才智。這是非常可惜的。不過，作為一個偉大的甲骨學家，他仍關心著國內外甲骨學研究現狀和未來的發展，曾不止一次地為甲骨學研究提出設想，希望能把散落各地的甲骨材料集中起來，彙為一編。如今，大型甲骨著錄《甲骨文合集》、《殷墟甲骨刻辭摹釋總集》等已經編著完成，他的這一願望已經得到了實現，

　　　　《大陸雜誌》第 3 卷第 9、10 期，1951 年版；《武丁狩龜淺説》，《大陸雜誌》第8 卷第 12 期，1954 年版；《骨臼刻辭再考》，《中央研究院院刊》第 1 輯，1954年版；《殷代甲骨文字與古代文化》，《東方學》第 1 輯，1955 年版；《甲骨文中的地理問題》，《崇基校刊》第 8 期，1956 年版；《卜辭中的亳與商》，《大陸雜誌》第 6 卷第 1 期，1953 年版；《中國上古史新證》，《民間知識》第 9 期，1953 年版。

〔註7〕 董作賓：《今日之甲骨學》，《金匱論古》綜合刊第 1 期，1954 年版；《最近十年之甲骨學》，《大陸雜誌》第 21 卷第 1、2 期，1960 年版；《近年來甲骨學在東亞研究之成績》，《考古人類學》第 15、16 期，1960 年版；《甲骨文材料的總估計》，《大陸雜誌》第 6 卷第 12 期，1953 年版；《甲骨學前途之展望》，《李丙燾博士花甲紀念論叢》，1956 年版。

〔註8〕 董作賓：《甲骨學五十年》，藝文印書館 1955 年版。

〔註9〕 董作賓、黃然偉：《續甲骨年表》，《中央研究院歷史語言研究所單刊乙種》，1967 年版。

〔註10〕 董作賓：《甲骨學六十年》，藝文印書館 1965 年版。

可以告慰他的在天英靈了。

四、張秉權的甲骨文研究

張秉權（1919～1997），浙江吳興人，1936 年考入南京中央大學中文系，1944 年畢業，入中央研究院歷史語言研究所工作。1945 年 10 月～1949 年 7 月，爲中央研究院歷史語言研究所助理員；1949 年 8 月～1955 年 7 月，爲歷史語言研究所助理研究員；1955 年 8 月～1963 年 7 月，爲副研究員；1963 年 8 月～1989 年 11 月，任歷史語言研究所研究員；1967 年 12 月～1985 年 7 月，爲歷史語言研究所甲骨文研究室主任。

張秉權在大陸時即與李孝定一起，幫助董作賓編著《殷虛文字甲編》，並校對了胡厚宣所作的釋文，後來又參與了《殷虛文字乙編》的整理與編輯工作。

1949 年到臺灣以後，張秉權在中央研究院歷史語言研究所主要致力於甲骨文字的綴合，尤其是對 1936 年出土於殷墟第十三次發掘所得的 YH127 坑甲骨進行綴合。從 1954 年開始，張秉權在位於南港的中央研究院內整理這批甲骨，於 1957 年編著成了《殷虛文字丙編》。《丙編》共上、中、下三輯六冊，著錄甲骨 349 版，分別於 1957 年、1959 年、1962 年、1965 年、1967 年和 1972 年在臺灣印刷出版〔註11〕。

原來按照董作賓先生的計劃，《甲編》、《乙編》編著之後，《丙編》是準備編輯殷墟十五次發掘尤其是後三次對西北岡王陵大墓發掘所得的金、石、陶、玉器的銘刻文字的。但這些文字材料沒有整理出來，祇好將《乙編》中的碎小甲骨片綴合，編爲《丙編》。這批龜甲，是著名的 YH127 甲骨坑所得。出土後由於未能清理、墨拓，抗戰後又多次經歷搬運遷徙，大都破碎。《乙編》著錄時，也沒有時間綴合。張來到臺灣以後才開始有時間從事綴合。他花費了近二十年的時間，將《乙編》及編餘的碎片拼兌復原，重新傳拓，重加編輯，復原出較完整和較大的甲骨 300 多片，並對其中的一些文字加以考釋。張先生利用甲骨實物對《乙編》進行綴合，成果卓著，這對甲骨學研究來說，是一件極有意義的基礎性工作。

在綴合和著錄甲骨文材料之外，張秉權還非常注重對甲骨學本身的研究

〔註11〕 張秉權：《殷虛文字丙編》，中央研究院歷史語言研究所出版，上輯第一冊，1957 年版；上輯第二冊，1959 年版；中輯第一冊，1962 年；中輯第二冊，1965 年版；下輯第一冊，1967 年版；下輯第二冊，1972 年版。

和總結，著成了《甲骨文與甲骨學》〔註12〕，是一部非常重要的甲骨文通論性著作。

《甲骨文與甲骨學》一書，共二十章：第一章《緒論》，講什麼是甲骨文、什麼是甲骨學及甲骨文的字數和片數、甲骨文的字典和索引、甲骨學的分類和目錄等；第二章《甲骨文的發現與發掘》，講甲骨文出土以前的甲骨出土情形、甲骨文發現的經過、私人挖售的時期——爲古董商人的搜購而挖掘、公家發掘的時期——爲尋找科學研究的資料而發掘等；第三章《骨卜習慣的原始與分佈》，講骨卜習慣的原始、骨卜習慣的分佈、文獻記載以及調查記錄的骨卜習俗等；第四章《骨卜習慣的考證》，講占卜材料的搜集和積儲、卜用甲骨的攻治、貞問所卜的事情、灼兆及其所用的火種、辨兆及其斷定吉凶的因素、記兆與刻兆、卜辭的書契、記驗和歸檔等；第五章《甲骨學的建立與發展》，講甲骨學的萌芽、初期研究的灌漑和耕耘、全盛時期的多彩多姿、由絢爛歸於平淡的時期、最近的趨勢與前途的展望等；第六章《甲骨文材料的整理復原與流傳》，講甲骨出土以後的整理工作、拼兌與復原、傳統照相綫圖與編輯、流傳與著錄等；第七章《文字文例與文法》，講甲骨文的文字、文例、文法等；第八章《卜辭與記事刻辭》，講什麼是卜辭、什麼是記事刻辭等；第九章《成套卜辭與成套甲骨》，講什麼是成套卜辭與成套甲骨、成套甲骨與成套卜辭的發現、種類、價值等；第十章《斷代與分期》，講甲骨文斷代與分期研究的歷程、斷代的十種標準與五個時期、甲骨文中新舊兩派的差異等；第十一章《天文氣象與曆法》，講甲骨文中反映的天文、氣象、曆法等；第十二章《人名地名與方國》，講甲骨文中人地同名的現象、單純的人地同名例、複雜的人地同名例、人地同名現象可能的成因、方國等；第十三章《先公先王與世系》，講上甲以前的先公、上甲以後的先公先王、先妣、世系、一支貴族的世系——兒氏家譜等；第十四章《祭祀巫術與宗教信仰》，講祭祀的對象、祭祀的種類、祭祀禮制的新舊兩派、祭祀的犧牲、祭祀犧牲的來源、祭祀的場所、從祭祀用牲看殷人日常生活、巫術與宗教信仰等；第十五章《政治與官制》，講政治權力的來源、政權的轉移與運作、外服諸侯、內服百官等；第十六章《農業與社會》，講殷代的農業與社會鳥瞰、農業區域、農業技術、農業產品、農業管理、農業禮俗等；第十七章《田遊與征伐》，講田遊與征伐卜辭的形式、武丁也愛田遊、田獵區域與殷都東南地理、戰爭的記錄等；第十

〔註12〕張秉權：《甲骨文與甲骨學》，臺灣國立編譯館 1988 年出版。

八章《人口疆域與文化的接觸面》，論殷代地理之難治、政治力量達到的範圍、
人口的估計、文化的接觸面等；第十九章《技術與工業》，講甲骨文中的資料、
田野考古的發現等；第二十章《甲骨上粘附的棉布》，講棉布的發現、標本的
檢驗、粘附棉布的龜甲碎片、田野考古發現的棉布、文獻上記載唐以前的棉
布等。從甲骨文的發現到發掘，從甲骨文整理到研究，從甲骨文考釋到分期，
從甲骨學到殷商史，方方面面，內容宏富，頗有特色。對於甲骨學界分期研
究中爭議較大的「文武丁時代卜辭之謎」和「歷組卜辭」爭論，該書採用了
董作賓先生的觀點，將其視作新舊分派之物，晚期卜辭所以與早期卜辭風格
和內容相近，是因為作為舊派的武乙、文丁復古的結果。

　　張秉權先生還撰寫並發表了大量的與甲骨學相關的論文，產生了較大的
影響。其中關於甲骨文字考釋的論文，如《說「吉」》、《殷虛文字箚記》、《卜
辭甴正化說》、《甲骨文中所見的「數」》、《冬飲廬藏甲骨文字跋》〔註13〕等篇；
關於甲骨學研究的論文，如《甲骨文模擬研究例》、《殷虛卜龜之卜兆及其有
關問題》、《卜辭腹甲的序數》、《論成套卜辭》、《武丁時的一版復原龜甲》、《甲
骨文的發現與骨卜習慣的考證》、《董彥堂先生對甲骨學上的貢獻》、《記先師
董作賓先生手批殷虛書契前編附論前編的幾種版本》、《學習甲骨文的日子》
等篇〔註14〕。

〔註13〕　張秉權：《說「吉」》，《中央研究院歷史語言研究所集刊》第 23 本下冊，1952
　　　　年；《殷虛文字箚記》，《中央研究院歷史語言研究所集刊》第 25 本，1954 年；
　　　　《卜辭甴正化說》，《中央研究院歷史語言研究所集刊》第 29 本下冊，1957 年；
　　　　《甲骨文中所見的「數」》，《中央研究院歷史語言研究所集刊》第 46 本 3 分
　　　　冊，1975 年；《冬飲廬藏甲骨文字跋》，《中央研究院歷史語言研究所集刊》第
　　　　37 本下冊，1967 年。
〔註14〕　張秉權：《甲骨文模擬研究例》，《中央研究院歷史語言研究所集刊》第 20 本
　　　　下冊，1948 年；《殷虛卜龜之卜兆及其有關問題》，《中央研究院院刊》第 1
　　　　輯，1954 年；《卜辭腹甲的序數》，《中央研究院歷史語言研究所集刊》第 28
　　　　本上冊，1956 年；《論成套卜辭》，《慶祝董作賓先生六十五歲論文集》上冊，
　　　　《中央研究院歷史語言研究所集刊》外編第四種，1960 年；《武丁時的一版復
　　　　原龜甲》，《大陸雜誌》第 29 卷第 10、11 期，1964 年；《甲骨文的發現與骨卜
　　　　習慣的考證》，《中央研究院歷史語言研究所集刊》第 37 本下冊，1967 年；《董
　　　　彥堂先生對甲骨學上的貢獻》，《董作賓先生逝世三週年紀念集》，臺北藝文印
　　　　書館 1966 年版；《記先師董作賓先生手批殷虛書契前編附論前編的幾種版
　　　　本》，《中央研究院歷史語言研究所集刊》第 54 本 2 分冊，1983 年；《學習甲
　　　　骨文的日子》，《新學術之路——中央研究院歷史語言研究所七十週年紀念文
　　　　集》下冊，中央研究院歷史語言研究所 1998 年。

利用甲骨材料研究殷商歷史,更是張秉權先生的主要研究成績。其中關於甲骨文所反映的天文、曆法、氣象等內容,尤其是他研究商史的重點所在。如《卜辭癸未月食的新證據》、《卜辭甲申月食考》、《卜辭甲申月食考後記》、《論卜辭癸未月食的求證方法》、《甲骨文中的「甲午月食」問題》、《商代卜辭中氣象紀錄之商榷》、《殷代的農業與氣象》〔註15〕等篇,皆是其類。

此外,張秉權先生還以甲骨卜辭為材料,對甲骨文所反映的祭祀、祭牲、觀念、地理、疆域及甲骨文史料性質及使用方法等一些問題作了深入的考證,其觀點對於殷商歷史的復原和重構,頗有學術價值〔註16〕。

五、屈萬里的甲骨文研究

屈萬里(1907～1979),字翼鵬,山東魚臺人。1922 年入山東省立第七中學,1929 年,任魚臺公立圖書館館長,兼師範講習所國文教師。不久遊學北平,入私立郁文學院。1931 年 9 月退學返濟南,任職於山東省立圖書館,自館員而升任編藏部主任。1940 年冬,任職中央圖書館。1942 年尾,入中央研究院歷史語言研究所考古組,任職為甲骨文研究之助理員;一年後,改助理研究員。抗戰勝利,復任職於中央圖書館,歷任編纂、特藏組主任。1949 年間,任中央圖書館臺灣辦事處主任,同時應傅斯年聘請,任臺灣大學文書組主任、校長室秘書。1951 年秋,辭去兼職,專力於教學研究。1955 年,兼任中央研究院歷史語

〔註15〕 張秉權:《卜辭癸未月食的新證據》,《中央研究院院刊》第 3 輯,1956 年;《卜辭甲申月食考》,《中央研究院歷史語言研究所集刊》第 27 本,1956 年;《卜辭甲申月食考後記》,《大陸雜誌》第 12 卷第 6、7 期,1956 年;《論卜辭癸未月食的求證方法》,《大陸雜誌》第 13 卷第 8 期,1956;《甲骨文中的「甲午月食」問題》,《中央研究院歷史語言研究所集刊》第 58 本 4 分冊,1987 年;《商代卜辭中氣象紀錄之商榷》,《學術季刊》第 6 卷第 2 期,1958 年;《殷代的農業與氣象》,《中央研究院歷史語言研究所集刊》第 42 本 2 分冊,1970 年。

〔註16〕 張秉權:《卜辭中所見殷人的維新精神》,《公論報・史地週刊》第 16、17 期,1950 年;《甲骨文資料在古史研究上的應用問題》,《新時代》第六卷第二號,1964 年;《甲骨文史料性質之分析》,《中國學報》第五輯,韓國中國學會 1966 年;《甲骨文所見人地同名考》,《慶祝李濟先生七十歲論文集》下冊,臺北清華學報社 1967 年;《祭祀卜辭中的犧牲》,《中央研究院歷史語言研究所集刊》第 38 本,1968 年;《殷代的祭祀與巫術》,《中央研究院歷史語言研究所集刊》第 49 本 3 分冊,1978 年;《卜辭中所見殷商政治統一的力量及其達到的範圍》,《中央研究院歷史語言研究所集刊》第 50 本 1 分冊,1979 年;《小屯殷虛出土龜甲上所黏附的紡織品》,《第一屆國際漢學會議論文集:歷史與考古組》上冊,中央研究院 1981 年。

言研究所副研究員。1957 年，改專任研究員，仍兼任臺灣大學教授；1968～1973
年兼中國文學系暨研究所主任；1966～1968 年，出任國立中央圖書館館長；1972
年膺選中央研究院院士；1973 年～1978 年，出任歷史語言研究所所長。

圖 12-1　屈萬里與《殷虛文字甲編考釋》書影

　　屈萬里先生平生學問深湛，撰述甚勤，著作等身，成績非凡，對於傳統
經典文獻研究用力尤深，創獲頗多，有《漢魏石經殘字校錄》、《詩經釋義》、
《尚書釋義》、《圖書版本學要略》、《漢石經周易殘字集證》、《漢石經尚書殘
字集證》、《古籍導讀》、《先秦漢魏易例述評》、《書傭論學集》、《論語公山弗
擾章辨證》、《二戴記解題》、《先秦文史資料考辨》、《尚書異文彙錄》、《詩經
詮釋》、《讀易三種》等著作傳世。由其校注、編輯的書籍更多，計有《詩經
選注》、《中國文學史選例》、《史記今注》、《尚書今注今釋》、《雜著秘籍叢刊》、
《方忍齋所著書》、《冶麓山房叢書》、《漢魏石經殘字》、《清詒堂文集》等。

　　商量舊學之外，屈萬里先生也頗能涵養新知，對於甲骨文的研究亦洵為
一代名家。在大陸時，他即幫助董作賓先生整理編輯《殷虛文字乙編》，後來
因故停止，由張秉權、李孝定繼之。到臺灣以後的一段時間，他的甲骨文研
究工作，主要是從事對《殷虛文字甲編》釋文的編寫。《甲編》釋文原來由胡
厚宣先生寫成，但當時條件不備，時間倉促，未便與《甲編》合為一冊。屈
在胡氏所作釋文的基礎上重新寫成了《殷虛文字甲編考釋》〔註17〕。

　　《殷虛文字甲編考釋》一書，凡四十萬言，收錄甲骨 3900 餘片。屈氏對

〔註 17〕屈萬里：《殷虛文字甲編考釋》，《中國考古報告集之二·小屯第二本》，中央
　　　　研究院歷史語言研究所 1961 年版。

《甲編》各片都詳加考證，在文字方面多有發現，正如他在序言中所謙虛地說：「對於舊所未識或舊識未妥的字，本編中妄逞臆說的，共計有七十多個，其中較敢自信的，約有四十個字左右。」

在進行考釋的同時，屈氏在此書中還作了大量的甲骨綴合工作。他對大陸學者根據甲骨拓本進行的綴合進行修正和補充，共拼合甲骨拓本 223 版附於書後。用拓本綴合，祇考慮了平面形狀上的吻合，而屈氏依據實物拼兌時，發現《殷虛文字綴合》拼錯的多是甲骨骨版薄厚不同，或骨質堅朽各異，或部位不合。而最重要的條件，則是骨縫不能密接。爲此，他對那些以拓片或摹本互相拼合的甲骨學者，提出了嚴重的警告：一定要結合甲骨實物校勘核對。

值得注意的是，作者在本書中，根據自己對甲骨分期斷代的研究，將董氏認爲四期的甲骨——即所謂「文武丁時代卜辭之謎」的一批甲骨，都定爲第一期武丁時代。這一觀點與董作賓、嚴一萍等臺灣甲骨學家的意見大有歧異，而正與後來的大陸絕大多數甲骨學家對這一問題的看法冥合。

除《甲編考釋》之外，屈氏關於甲骨學方面的論文尚有：《𦥑不跽解》、《甲骨文從比二字辨》、《諡法濫觴於殷代論》、《易卦源於龜卜考》、《河字意義的演變》、《釋「荷」》、《釋㬎屯》、《甲骨金文與經學》、《甲骨文資料對於書本文獻之糾正與補闕》、《史記殷本紀及其他紀錄中所載殷商時代的史事》、《跋李棪齋先生綴合的兩版「用侯屯」牛骨卜辭》、《探討殷商文化的主要史料：甲骨文》、《甲骨文的發現、傳播及其對學術的貢獻》、《從甲骨文看殷商文化》、《董作賓先生對於甲骨文的貢獻》等〔註 18〕，分別對甲骨文字考釋、甲骨片

〔註 18〕 屈萬里：《𦥑不跽解》，《甲骨文從比二字辨》，《諡法濫觴於殷代論》，《中央研究院歷史語言研究所集刊》第 13 本，1948 年；又《六同別錄》中冊，中央研究院歷史語言研究所，1945 年；《易卦源於龜卜考》，《中央研究院歷史語言研究所集刊》第 27 本，1956 年；《甲骨金文與經學》，《學人——文史叢刊》第 1 輯，1957 年；《河字意義的演變》，《中央研究院歷史語言研究所集刊》第 30 本上冊，1959 年；《釋「荷」》，《慶祝董作賓先生六十五歲論文集》上冊，中央研究院歷史語言研究所集刊外編第四種，1960 年；《甲骨文資料對於書本文獻之糾正與補闕》，《大陸雜誌》第 28 卷第 11 號，1964 年；《史記殷本紀及其他紀錄中所載殷商時代的史事》，《文史哲學報》第 14 期，1965 年；《跋李棪齋先生綴合的兩版「用侯屯」牛骨卜辭》，《大陸雜誌》第 31 卷第 3 號，1965 年；《釋㬎屯》，《中央研究院歷史語言研究所集刊》第 37 本上冊，1967 年；《甲骨文的發現、傳播及其對學術的貢獻》，《中華文化復興月刊》第 2 期，1969 年；《探討殷商文化的主要史料：甲骨文》，臺灣教育部文化局 1969 年講授；《從甲骨文看殷商文化》，《海外文摘》第 170 卷，1970 年；《董作賓先生對於

綴合、甲骨學重建、甲骨占卜與易卦關係、從卜辭復原商代歷史以及利用甲骨文資料釐正經典文獻等方面，進行了有益的探索，多有高論。

六、李孝定的甲骨文研究

李孝定（1918～1997），字陸琦，湖南常德人。1935 年入南京中央大學中文系，從胡光煒（小石）先生習甲骨文。1939 年畢業，論文為《商承祚〈殷虛文字類編〉補》，此為一生致力古文字學之始。後隨中大遷重慶，與他人合作摹寫編定《中央大學史學系所藏甲骨文字》〔註 19〕。1940 年考取北京大學文科研究所，翌年入學，師從傅斯年和唐蘭先生。因赴四川南溪李莊中央研究院歷史語言研究所寄讀，從董作賓先生專攻殷契。依朱芳圃《甲骨學文字篇》例，並陳研契諸家考釋甲骨文字之說，而附以案語，歷三年而完成畢業論文《甲骨文字集釋》，共六十萬言，因此獲碩士學位。時戰亂初定，未及梓行，稿遺北平。1944 年畢業後受聘為歷史語言研究所考古組助理研究員。抗戰勝利，負責籌辦歷史語言研究所復員圖書古物運送工作，後年返抵南京。1947 年借調南京中央博物院籌備處為專門委員，襄助李濟先生。未幾，由歷史語言研究所派赴北平整理日人侵華時東方文科圖書館等處藏書。

1949 年歷史語言研究所遷臺，輾轉渡海回所，同年晉升副研究員。1950 年，被臺灣大學校長傅斯年先生聘為中文系合聘副教授兼校長秘書。1956 年出版《小屯陶文考釋》。1959 年辭去臺灣大學秘書兼職，開始重新撰著《甲骨文字集釋》。1963 年升任歷史語言研究所研究員，臺灣大學同時晉為中文系合聘教授。1965 年完成並出版《甲骨文字集釋》〔註 20〕。同年應新加坡南洋大學之聘，任中文系教授兼系主任。1978 年退休返臺，重任歷史語言研究所研究員。1985 年任歷史語言研究所甲骨文研究室主任。1988 年自中央研究院退休，任歷史語言研究所兼任研究員。東海大學禮聘先生為中文研究所講座教授兼所長。1991 年辭東海大學聘，應臺大中文研究所聘為兼任教授，講授文字學專題。1997 年 8 月 24 日因病逝世，享壽 80 歲。

甲骨文的貢獻》，《中原文獻》第 12 期，1980 年。

〔註 19〕金毓黻輯，李孝定摹寫，蔣維崧釋文：《中央大學史學系所藏甲骨文字》，國立中央大學史學系 1940 年；李孝定編，蔣維崧釋文：《中央大學史學系所藏甲骨文字題記》，北京圖書出版社 2000 年。

〔註 20〕李孝定：《甲骨文字集釋》，中央研究院歷史語言研究所專刊之 50，1965 年版。

　　李孝定到臺之後重要的甲骨文研究成績，就是 1965 年他編著成功並出版了《甲骨文字集釋》。這是一部大型文字考釋工具書。這本來是他在北京大學文科研究所時的碩士畢業論文選題。但因為將文稿遺失，於是決定重新編著該書。他從 1959 年 10 月開始收集資料，歷時兩年半，1962 年 5 月開始寫作，焚膏繼晷，又歷時三年半時間告成。本書為手抄本影印，蠅頭細畫，皆自手書，工程巨大，卷帙浩繁，平裝十六冊之多，共計 150 萬字，頗見作者功力的深湛與勞作的辛勤。

　　《甲骨文字集釋》以孫海波《甲骨文編》為底本，徵集了自孫詒讓《契文舉例》之後直到六十年代初期為止近 300 種甲骨文著述對甲骨文單字的考釋成果，博採眾說，輯錄而成。正編十四卷，補遺一卷，存疑一卷，待考一卷。正編共收甲骨文單字 1062 個，其中重文 75 個。存疑收字 136 個，待考收字 1612 個。正編分別部居，按《說文解字》部首編排，始一終亥，故分十四卷。編纂體例是「每字之下於眉端首列篆文，次舉甲骨文之諸種異體，其同形屢見者不悉錄，次列諸家考釋，並盡可能注明出處書名卷頁，後加按語，定以己意。」（見「凡例」4）也就是說每個字先錄甲骨文原形，再將各家考釋基本上按出版時間先後編排，作者也附錄了自己的觀點於後。「輯錄諸家著述力求詳盡，故多迻錄全文，其或原文過長，或則發為議論，與文字之研究無涉者，則加刪節。」（見「凡例」7）卷首一卷則包括序言、凡例、目錄、引書簡目、後記等等。

圖 12-2　《甲骨文字集釋》書影

　　這是甲骨文字考釋方面集大成的一部著作，基本上彙集了前六十年甲骨文字考釋成果，在編纂設計上具有開創之功，是對甲骨研究十分重要並很有用處的工具書。「檢一書而諸說並陳，考一字而淵源悉備。」學者要了解某一個字是什麼意思，前人對此字作怎麼樣的考釋，翻檢此書，即可達到目的，非常方便，省卻了許多翻檢之苦。既可為初學者升堂之階，又可為積學者商兌之資。1965 年出版之後，中央研究院歷史語言研究所曾再版、三版印刷發行，以滿足學界需求。

　　但此書也有其不足之處，如對一些文字考釋的各家說法收集不全，而且引摘各家考釋文字又核對不嚴，致使書中有不少錯字、漏字或出處不明之處。另外，書中對每字考釋所列各家說法，良莠不分，一並收錄，顯得有些龐雜繁蕪，按語也欠精到。這都是運用該書時應當注意的地方。那些當年早期甲骨學研究成果，都是散見在報章雜志中的斷篇零簡，或者是師友之間的片言隻語，或者是從人部頭的書中，節取得來的片段，每條之下，俱都注明出處，像這樣艱難的工作，要求十全，自不可能，滄海遺珠，在所難免。李孝定先生晚年曾率領歷史語言研究所同仁與弟子門生，從事對該書的增訂修正，惜乎志業未竟而歸道山。

　　李孝定對甲骨文字的考釋，除了收在《甲骨文字集釋》中的自己觀點之外，還有一些單篇論文及此，如《釋「礬」與「沬」》、《說異》、《讀契識小錄》、《讀契識小錄之二》、《殷契零拾》等〔註21〕，多有勝義，茲不贅述。

　　李孝定先生晚年，研究的對象由甲骨文字而擴展並轉移到古文字學理論和漢字起源問題上來。作為李濟主編的《中國上古史》課題之一部分，李孝定負責《中國文字的原始與演變》專題。他首先從甲骨文字造字原則分析入手，撰成《從六書觀點看甲骨文字》〔註22〕，闡明文字發展之過程，證明晚商適處於形聲字發軔之初期，確定甲骨文在漢字發展過程中之相對位置。以此為基點，上溯史前文字符號資料，博採新出田野考古報告，對於西安半坡

〔註21〕李孝定：《釋「礬」與「沬」》，《慶祝董作賓先生六十五歲論文集》，《中央研究院歷史語言研究所集刊》外編第四種，1961 年；《說異》，《中央研究院歷史語言研究所集刊》第 34 本下冊，1963 年；《讀契識小錄》，《中央研究院歷史語言研究所集刊》第 35 本，1964 年；《讀契識小錄之二》，《中央研究院歷史語言研究所集刊》第 36 本上冊，1965 年；《殷契零拾》，《慶祝李濟先生七十歲論文集》下冊，臺灣清華學報社 1967 年；《李光前文物館所藏甲骨文字簡釋》，《文物彙刊》1976 年第 2 期。
〔註22〕李孝定：《從六書觀點看甲骨文字》，《南洋大學學報》1968 年第 2 期。

仰韶文化遺址出土陶片上刻甚多符號，以爲當與早期漢字有關，遂廣收當時可見之仰韶文化、龍山文化、二里頭文化及殷墟小屯等陶器刻劃符號，對其文化類型、年代、有字陶片比例、刻劃習慣等，作縝密分析，遂撰成《從幾種史前和有史早期陶文的觀察蠡測中國文字的起源》〔註 23〕發表，指出陶文爲早期漢字之雛形，明示漢字起源探索之途徑。後來李先生著有《漢字的起源與演變》一文，收入《中國上古史》（待定稿）之中，即是合上兩篇而成。

對於早期陶器刻劃符號或陶文與漢字起源的研究，現在已經成爲探索漢字起源之重要課題，而這一研究實際上也是李孝定先生首先倡導的。李氏早年即留心陶文，曾撰《小屯陶文考釋》〔註 24〕，發現小屯殷墟陶文與甲骨文形體結構，幾於全同，因此認爲陶文與日用文字應有密切之關係。這一研究，實爲日後李孝定先生倡議從陶器刻劃符號探索漢字起源之工作開啓先路。後來，隨著田野考古出土陶文材料日多，李孝定先生陸續撰成《再論史前陶文和漢字起源問題》、《符號與文字——三論史前陶文和漢字起源問題》、《從史前陶器上的刻劃符號探索漢字起源問題的回顧》、《漢字起源的一元說和二元說》〔註 25〕等系列論文，論證陶器刻劃符號性質及與漢字起源之關係，宏觀微察，爲討論漢字起源及演變，奠定重要的基礎。

關於漢字發展演變過程與規律的探討，李先生又撰著了《從中國文字的結構和演變過程泛論漢字的整理》、《中國文字的原始與演變》、《從金文的圖畫文字看漢字文字化過程》、《戴君仁先生同形異字說平議》、《從小屯陶文、甲骨文、金文、小篆、宋代楷書的六書分類比較看漢字發展的大趨勢》、《研究漢字起源與演變的幾點心得》、《殷商甲骨文字在漢字發展史上的相對位置》

〔註 23〕 李孝定：《從幾種史前和有史早期陶文的觀察蠡測中國文字的起源》，《南洋大學學報》1969 年，第 3 期。

〔註 24〕 李孝定：《小屯陶文考釋》，收入《小屯》考古報告《殷虛器物甲編·陶器》上輯以爲附錄，1945 年。

〔註 25〕 李孝定：《從六書觀點看甲骨文字》，《南洋大學學報》1968 年第 2 期；《中國文字的原始與演變》（上篇），《中央研究院歷史語言研究所集刊》第 45 本 2 分冊，1974 年；《中國文字的原始與演變》（下篇），《中央研究院歷史語言研究所集刊》第 45 本 3 分冊，1974 年；《再論史前陶文和漢字起源問題》，《中央研究院歷史語言研究所集刊》第 50 本 3 分冊，1979 年；《符號與文字——三論史前陶文和漢字起源問題》，《第二屆國際漢學會議論文集：語言與文字組》下冊，中央研究院 1989 年；《殷商甲骨文字在漢字發展史上的相對位置》，《中央研究院歷史語言研究所集刊》第 64 本 4 分冊，1993 年；《試論文字學研究的新方向》，《中央研究院歷史語言研究所集刊》第 66 本 4 分冊，1995 年。

及《試論文字學研究的新方向》等論文，強調文字演變，有其條理脈絡可尋，主張文字學之研究發展，需持動態觀點，由不同時代之文字，全面觀察，系統描述，不拘定例，識其變遷，則於中國文字之發展，蓋可得其軌轍。

　　李先生關於漢字起源與漢字發展演變研究的一系列論文，後來結集出版，題爲《漢字的起源與演變論叢》〔註26〕。在《漢字的起源與演變論叢》一書中，作者認爲一般論及漢字的起源大都追溯到甲骨文，但是去今三千五百年的甲骨文，已經是發展得極爲成熟完美的文字，在甲骨文之前，必然經歷相當漫長的發展期；但查閱典籍所載，傳說所述，卻難以獲致圓滿的解答，欲探求漢字發展的信史，卻又苦於文獻不足，地下材料更是缺乏。所以作者就嘗試將甲骨文的全部數據，做分析與綜合的工作，以期能從中獲得漢字起源與發展的具體認識。作者用六書的觀點將個別的甲骨文字加以分析，然後將全部甲骨文字按六書標準分爲六類，由此對六書的先後順序有一合理的認識，發現甲骨文在中國文字發展史上的相對位置，同時對甲骨文以前的文字起源以及甲骨文後的文字演變得到粗具輪廓的了解。其次，作者確定陶文即爲中國文字的雛形，依據西安半坡陶文、山東城子崖陶文、河南偃師二里頭陶文、小屯殷墟陶文等四種，提出幾項相關的重要問題加以探討，例如年代問題、陶片數量和有字陶片的比例、刻劃文字習慣的推測、所刻文字的意義及其與甲骨文字的比較等，再依據前述的幾項綜合因素觀察，來推測中國文字的起源。再者，對於中國文字的結構和演變過程，認爲文字演變情形雖然極爲錯綜複雜，但大體的途徑有三：其一是由不定型趨向於大致定型；其二是整齊劃一的趨勢；其三是訛變。再次，作者述及文字學史上幾次整理文字的記錄，此可視爲簡短精要的文字學史。同時，作者在考察金文中的圖畫文字時，深入考察蘊含其中的文字演變過程，歸納爲抽象化、簡化、繁化、聲化等四個方面的規律，於行文中並列舉若干金文的圖畫文字詳加說解。最後，作者又提出關於整理中國文字的構想，並分成「分期研究」與「文字分類方法的探討」兩部分，談了作者的看法。

　　除了以上所述甲骨文研究及漢字起源理論學說之外，李孝定先生的學術著作尚有《漢字史話》、《金文詁林附錄》、《金文詁林讀後記》、《讀說文記》、回憶錄《逝者如斯》〔註27〕等出版行世，涉及到漢字發展歷史、金文考釋與

〔註26〕李孝定：《漢字的起源與演變論叢》，臺灣聯經出版公司1986年版。
〔註27〕李孝定：《漢字史話》，臺灣聯經出版公司1977年版；《金文詁林附錄》（與周法高、張日升合編），1977年版；《金文詁林讀後記》，中央研究院歷史語言研

許愼說文學等，其中關於金文的研究，也頗能貫聯甲骨文字，縷析文字繁衍變革，從而論定眾說，創見尤多，茲不一一。

七、劉淵臨的甲骨文研究

劉淵臨是四川李莊鎮人，在中央研究院歷史語言研究所遷到此地時，他考入了設在鎮西張家祠的中央博物院。後來他被歷史語言研究所錄用爲綫作拓片技工和倉庫保管員，曾在板栗坳戲樓院跟從董作賓整理墨拓甲骨文。劉淵臨雖然是所裏雇佣的臨時技工，但由於他聰穎好學，細心觀察，認眞琢磨，長期接觸這些出土的甲骨片，又經常聽到董作賓與其他學者談論甲骨之事，耳濡目染，他漸漸地也成爲甲骨文研究的行家裏手。

1949 年跟隨董先生奔赴臺灣後，劉淵臨仍在歷史語言研究所做技工，主要從事甲骨文的墨拓和綴合工作。歷史語言研究所出版的《殷虛文字乙編》一部分和《殷虛文字丙編》大部分，都是由劉淵臨先生拓綫的。爲此，他還撰文介紹了拓綫甲骨文拓片的方法〔註28〕，令人佩服。

劉淵臨到臺灣以後，他認眞閱讀了有關書籍，對甲骨文研究漸有心得，寫出了一篇總結研究甲骨整治、鑽鑿技術的專門性論文《卜骨的攻治技術演變過程之探討》〔註29〕，受到學術界的好評。

後來，劉氏在此文的基礎之上，又據新的甲骨資料補充擴展，寫成了《卜用甲骨上攻治技術的痕跡之研究》〔註30〕一書，作爲臺灣「中華叢書」之一出版發行，成爲甲骨學界研究卜用甲骨攻治技術和鑽鑿形態的里程碑式著作。作者在此書中全面地研究了歷史語言研究所在殷墟小屯第 1 至 15 次發掘出土的全部卜骨與部分背甲、腹甲（含小屯南地出土品），對卜用甲骨的攻治技術痕跡（含鑽鑿形態）作了詳細記錄，並附大量圖像，揭示了商代卜用甲骨整治和施鑽施鑿的通常做法和演變規律，其研究成果極爲寶貴。衹是劉氏對甲骨衹記錄貞人（無貞人記稱謂），未分組分類，鑽鑿形態亦未能依考古類

　　　　究所專刊之 80，1982 年版；《漢字的起源與演變論叢》，臺灣聯經出版公司 1986
　　　　年版；《讀說文記》，中央研究院歷史語言研究所專刊之 92，1992 年版；回憶
　　　　錄《逝者如斯》，1996 年版。
〔註28〕 劉淵臨：《拓甲骨文的方法》，《國立編譯館館刊》第一卷第 4 期，1972 年 2 月。
〔註29〕 劉淵臨：《卜骨的攻治技術演變過程之探討》，《中央研究院歷史語言研究所集
　　　　刊》第 46 本一分冊，1974 年版。
〔註30〕 劉淵臨：《卜用甲骨上攻治技術的痕跡之研究》，臺灣國立編譯館 1984 年出版。

型學方法分型式，故概括鑽鑿形態演進特點稍嫌有些籠統而已。但是值得指出的是，劉淵臨先生從甲骨鑽鑿形態入手，在中央研究院歷史語言研究所所藏大量殷墟甲骨中，選出其中出土號 5.2.66、《甲》2342、2875、2344 等六片進行研究，發現其卜骨整治技術具有原始性，認爲是屬於「安陽早期」即武丁以前的甲骨。不管這一研究是否可靠，但它爲後來甲骨學界研究殷墟甲骨文的上下限問題，提供了一個有益的綫索和途徑，是非常值得稱道的。劉淵臨先生由一個普通技工自修而成爲著名的甲骨學者，寫出這樣高質量的甲骨學論著來，委實難能可貴。

甲骨鑽鑿和攻治技術專論之外，劉淵臨先生還撰寫發表了《殷墟「骨簡」及其有關問題》、《釋麞》、《甲骨文中的「虵」字與後世神話中的伏羲女媧》、《殷商時代的「樊夷」》、《甲骨文中的鬲與甗》、《殷武丁乙卯月食》、《甲骨文中的醫藥資料》、《甲骨文的發現與研究》、《殷代的龜冊》、《殷代的藝術》、《殷代的繪畫》、《甲骨文所見的書畫同源》〔註31〕等甲骨學論文，涉及到甲骨學史研究、甲骨質料和整治研究、甲骨文中的圖畫文字或「文字畫」研究、商代的藝術研究、甲骨文中的器物文字與考古器物研究、商代天文曆法天象研究、甲骨文醫藥資料整理、甲骨文字考釋與上古歷史研究等多方面的內容，論證紮實有據，觀點可備一說。如《甲骨文中的「虵」字與後世神話中的伏羲女媧》一文，考證了甲骨文中作爲祭祀對象的神靈「虵」字，認爲「虵」即兩蛇交尾的象形文字，這與發現於商代青銅器物紋飾上的「人首蛇身」或「雙蛇交尾」形象一致，即漢代畫像伏羲女媧交尾圖像的雛形，由此推斷伏羲女媧對偶神話在商代即已存在。觀點新穎有致，對研究上古神話學極有參考價值。

此外，劉淵臨先生還擅長中國古代繪畫的研究和鑒定工作，著有《論清

〔註31〕劉淵臨：《殷代的繪畫》，《大陸雜誌》第 35 卷第 5 期，1967 年 9 月；《殷墟「骨簡」及其有關問題》，《中央研究院歷史語言研究所集刊》第 39 本上冊，1969 年；《甲骨文中的「虵」字與後世神話中的伏羲女媧》，《中央研究院歷史語言研究所集刊》，第 41 本第 2 分冊，1969 年；《甲骨文所見的書畫同源》，《中國文字》第 38 冊，1970 年版；《甲骨文中的鬲與甗》，《中央研究院歷史語言研究所集刊》第 43 本第 4 分冊，1971 年版；《殷代的龜冊》，東吳大學《中國藝術史集刊》第二卷，1972 年；《殷武丁乙卯月食》，《大陸雜誌》第 57 卷，1978 年；《甲骨文中的醫藥資料》，《中國醫藥研究叢刊》第 6 期，1978 年；《甲骨文的發現與研究》，《故宮文物月刊》第 3 期，1983 年；《殷代的藝術》（上、下），《中華文化復興月刊》第 13 卷第 8、9 期，1988 年 1 月、1989 年 1 月；《釋麞》，《甲骨文論文集》，臺中甲骨文學會叢刊之六，1993 年 4 月；《殷商時代的「樊夷」》，《甲骨文論文集》第二輯，臺中甲骨文學會叢刊，1998 年 2 月。

明上河圖》、《談「清明上河圖」郵票》、《〈張擇端清明上河圖〉讀後》、《〈文姬歸漢圖〉與〈明妃出塞圖〉之研究》、《汴京城圖與〈清明上河圖〉》、《清明上河圖之綜合研究》〔註32〕等，多才多藝，令人欽佩。

八、石璋如的甲骨文研究

　　石璋如（1902～2004），河南偃師人。1928 年秋考入河南大學文科。1931年讀三年級時，中央研究院在安陽殷墟進行考古發掘工作，作爲中央研究院與河南省教育廳的合作參與者，石璋如與劉燿、許敬參等同學也參與了安陽殷墟的考古發掘工作。1932 年畢業於河南大學文學院。1932～1934 年作爲中央研究院歷史語言研究所研究生研習考古專業，畢業後留在歷史語言研究所從事殷墟田野考古發掘工作。此後，他先後參加了殷墟第四至第十五次考古發掘工作，並主持了第十五次殷墟發掘。抗日戰爭爆發後，殷墟發掘停止，隨歷史語言研究所攜帶搬遷文物輾轉長沙、昆明、四川等地。抗戰期間，曾多次奉派前往河北、山西、陝西、河南、甘肅、寧夏、綏遠、四川、江蘇、浙江、湖南等地區進行考古調查工作。1948 年隨中央研究院歷史語言研究所去臺灣。在臺灣大學考古人類學系講授田野考古學之同時，帶領學生在臺灣中北部各地展開考古工作，先後調查發掘了臺北圓山、新竹紅毛港、臺中營埔、南投大馬遴和洞角、臺南六甲頂、高雄半屏山、屏東懇丁、臺東卑南及花蓮平林及花岡山等遺址，發現確認了文化堆積的層序，爲整個臺灣史前考古學文化的編年建立了良好的基礎。1961 年以後，退出臺灣田野考古舞臺，專注整理、研究由大陸帶來的殷墟考古出土的大量資料。依據殷墟地面上及地面下的建築遺存及墓葬的研究，復原了地上的建築物，並將複雜的考古現象加以關聯，以探求殷代建築的營造儀式、兵馬戰車的組織及宗法禮制等，重建當時的宗廟祭祀制度。在歷史語言研究所中，歷任助理員（1934～1939）、副研究員（1940～1947）、本所編纂（1947～1949）、研究員（1949.8～），兼任臺灣大學教授（1952～1959），1978 年榮任中央研究院院士，1979 年出任

〔註32〕　劉淵臨：《論清明上河圖》，《中央日報》副刊 1968 年 4 月 5、6、7 日；《談「清明上河圖」郵票》，《中央日報》1968 年 5 月 28 日；《〈張擇端清明上河圖〉讀後》，《藝壇》1970 年 30 期；《〈文姬歸漢圖〉與〈明妃出塞圖〉之研究》，《國立編譯館館刊》，1972 年 1 卷 3 期；《汴京城圖與〈清明上河圖〉》，《四川大學學報》（哲學社會科學版）1992 年第 2 期；《清明上河圖之綜合研究》，臺灣藝文印書館 1969 年版。

歷史語言研究所考古學組主任，直至 1983 年 7 月退休，被歷史語言研究所聘爲兼任研究員。著有《晉綏紀行》、《安陽殷墟發掘報告》、《殷墟建築遺存》、《殷墟墓葬》、《考古年表》、《中國的遠古文化》、《編輯校補侯家莊》、《莫高窟行》等，是中國第二代考古學家，對殷墟田野考古和商代考古研究做出了突出的貢獻。

石璋如先生曾說，他一輩子挖過不少甲骨，但「祇認甲骨不識义」。這是他的謙虛之語。實際上，甲骨學史上著名的 YH127 甲骨坑，就是在殷墟第十三次發掘時，由石璋如先生主持的一個探方中發現、發掘出來的，而且將甲骨坑做成「甲骨柱」運到室內發掘，也正是石先生發明的主意。雖然後來他一直在殷墟作田野發掘工作，沒有參與 YH127 甲骨坑的整理工作，到臺灣後的主要工作是殷墟考古資料的整理與研究〔註 33〕，但他晚年對殷墟甲骨文資料的整理和研究成果也是非常重要的，是甲骨學史上的濃重的一筆。

總括起來，石璋如先生的甲骨文研究包括以下三個方面：

（一）用考古學手段整理殷墟甲骨文材料

從 20 世紀 80 年代初至 90 年代初，石璋如還用了 10 餘年的時間進行了殷墟甲骨坑穴層位的整理研究。

對於殷墟考古發掘的甲骨文，經董作賓先生等人的整理著錄先後成書出版，其中第 1～9 次共得甲骨 6513 片，經董作賓整理編著爲《殷虛文字甲編》，共收入甲骨文 3942 片；第 13～15 次共得甲骨 18405 片，由董作賓、屈萬里、李孝定、張秉權編爲《殷虛文字乙編》上、中、下三輯，共收入甲骨文 9105 片。

這兩部甲骨文著錄在編纂體例上，既不分期，也不分類，而是依照甲骨的質料（龜或骨）和出土的順序編號排列。這種編纂體例在甲骨學史上有著重要意義，它體現了近代田野考古學方法引入甲骨學研究領域取得了輝煌成果，也爲以後著錄發掘所得甲骨文提供了範例。但這種體例也有其不便之處，一般的讀者查閱原始的考古記錄還是很困難的。

有鑒於此，石璋如於 1982 年發表了《殷虛文字甲編的五種分析》〔註 34〕，將《殷虛文字甲編》作一次有限度的特定調查，把其中每一個甲骨片拓號的

〔註 33〕 石氏早年也間及甲骨學研究，如有《骨卜與龜卜探源》（《大陸雜誌》第 8 卷第 9 期，1954 年）等文發表。
〔註 34〕 石璋如：《殷虛文字甲編的五種分析》，《中央研究院歷史語言研究所集刊》第 53 本 3 分冊，1982 年。

坑位、深度、類別（龜甲或獸骨）、時期以及每坑的數量等五種數據，統統找出來加以分析，稱之謂五種分析，也可以稱之爲考古學分析。該文共有 55000多字，分作引言、拓號與坑位、歷次各坑甲骨的分析和結論四部分。爲了簡潔說明問題，作者花了很大的精力製成七種 23 個統計表：1.拓號與坑位對照表（1 幅）；2.歷次發掘坑數與所得甲骨比較表（1 幅）；3.歷次出土甲骨分析比較表（9 幅）；4.歷次各期甲骨分期比較表（9 幅）；5.歷次各期甲骨比較表（1 幅）；6.各期甲骨的數量比較表（1 幅）；7.各地區甲骨數量比較表（1 幅）。

在此研究基礎之上，石璋如先生又作了大量細致的統計和整理工作，「把每一片甲骨出土的坑位、深度、時期等都已找出並繪有坑位圖」，在這些數據統計的基礎上又擴大研究範圍，作更詳細的相關問題論述，於是完成了《甲骨坑層之一·中國考古報告集之二·小屯第一本·遺址的發現與發掘·丁編一》及《甲骨坑層之一附圖》〔註 35〕一書出版發行。在該書中除了文字敘述外，還附有表 178 個，插圖 153 幅，包括 1～9 次發掘的甲骨坑位總圖及較重要的一些甲骨坑圖。

石氏通過歷次各期甲骨數量比較，各期甲骨數量比較和各地區數量的比較，得出了以下五種結論：1.甲骨數量比較，字甲多於字骨；2.各期甲骨比較，以第三期最多，第一期次之，第四期又次之，第二期又次之，第五期最少；3.較大量的甲骨，多出於殷代被廢棄的穴窖之中；4.分區分期的情況，各區有各區的特色；5.出甲骨的穴窖與基礎的關係，以基旁窖爲最多，沒有基上窖，有極少數的基下窖與遠基窖。

有了對殷墟第一至九次及第十一次發掘所得甲骨的整理經驗之後，石先生不憚煩難，再接再厲，又對第十三次至第十五次發掘所得甲骨進行了同樣性質的整理總結。1992 年石璋如出版了《甲骨坑層之二（上、下）·中國考古報告集之二·小屯第一本·遺址的發現與發掘·丁編二》〔註 36〕，介紹了殷墟第十三次至第十五次發掘甲骨的概況，對每次發掘所得甲骨的詳情作了分析與總結，將《殷虛文字乙編》所著錄的 9 千多片甲骨文予以論述說明。每

〔註 35〕 石璋如：《甲骨坑層之一·中國考古報告集之二·小屯第一本·遺址的發現與發掘·丁編一》，中央研究院歷史語言研究所 1985 年版；《甲骨坑層之一附圖·中國考古報告集之二·小屯第一本·遺址的發現與發掘·丁編一》，中央研究院歷史語言研究所 1986 年版。
〔註 36〕 石璋如：《甲骨坑層之二（上、下）·中國考古報告集之二·小屯第一本·遺址的發現與發掘·丁編二》，中央研究院歷史語言研究所 1992 年版。

片甲骨除注明拓片號、質別（甲或骨）、所在的坑名、出土深度、出土日期、甲骨的期別、貞人等之外，若該片已經綴合，還標出它在綴合著作《殷虛文字丙編》中的號碼。全書除文字外，還有大量的插圖與表格，特別珍貴的是公佈了有關 YH127 甲骨坑的照片 22 幅。

另外，石先生還有一些散篇論文〔註 37〕，涉及到這一問題，可以說是對這一問題的補充和展開說明。

石氏這一研究成果，對甲骨文研究來說極具學術意義。通過對歷次殷墟發掘出土甲骨的考古學分析之後，得出了這些發掘甲骨的科學數據，爲這些甲骨文件出地層學研究以及相關的甲骨文分期分類分組的研究提供了極大的方便，同時也極大地提高了殷墟甲骨文的史料價值。這些甲骨文都是通過殷墟科學發掘所得，石璋如先生的這一整理研究才算是眞正實現了對其科學的整理著錄，將甲骨文還原其考古發掘的地層中去，明白地釐清了甲骨文出土與一些建築基址之間的位置關係，將甲骨文研究與田野發掘工作結合起來。這種研究方法和研究成果對於今後的甲骨學發展來說，具有啓發性的先導式的推動作用。

（二）利用甲骨文材料研究商代宗廟建築問題

在對殷墟宮殿區發掘資料的整理過程中，石璋如先生依據豐富的地下材料，對商代的宗廟制度進行了非常詳盡的復原和推想，其中包括殷商王室宗廟類型的劃分、各類宗廟及附設祭所的廟主、功能、結構、設置原則與意義等問題。

因爲在殷墟甲骨文中顯示，有許多甲骨卜辭是在宗廟中占卜形成的，所以甲骨文材料與商代的宗廟制度頗有瓜葛。晚年的石璋如先生對此進行了不懈的探索，在對殷墟建築基址復原研究中，他探究甲骨文中祭祀宗廟與考古發掘中的建築基址的關係，取得了令人鼓舞的研究成果。

1981 年，石璋如先生發表了《殷虛建築遺存的新認識》〔註 38〕，開始了他對這一問題的全新探索。

他從殷墟宮殿區建築基址的形狀與甲骨文所示宗廟的形式比較，發現兩

〔註 37〕 石璋如：《「扶片」的考古學分析》，《中央研究院歷史語言研究所集刊》第 56 本 3 分冊，1985 年；《兩片迷途歸宗的字甲》，《大陸雜誌》第 76 卷第 6 期，1986 年。

〔註 38〕 石璋如：《殷虛建築遺存的新認識》，《中央研究院國際漢學會議論文集》（歷史考古組），上冊，中央研究院，1981 年版。

者有相似之處，認爲縱長方形基址與田（上甲）、縱凹形基址與匚乙（報乙）、正方形基址與□（丁）等分別對應相似。具體說來，縱長方形的甲四基址爲上甲元示的宗廟基址，倒凹字形的甲六基址爲三報二示的宗廟基址，近長方形的甲十二、甲十三基址分別是大乙九示和它示（小乙）的宗廟基址，即位於殷墟宮殿區北端的甲四、甲六、甲十二、甲三基址分別是甲骨文中祭祀殷先公先王上甲、三報二示、大乙至祖丁九示、及它示（遷殷後諸王神主）的宗廟所在；方形的乙二基址爲早期的「丁示」即「右示」、「右宗」（祭先公遠祖及自然神所在）的宗廟基址，乙一（黃土臺）爲傳說中的「高宗」遺跡。

　　石先生還從比較殷墟早期宗廟建築基址的面積大小入手，證實了大宗即大廟、小宗即小廟的觀點，祭祀先公的甲四基址爲上甲特廟，甲六爲報乙起合廟，面積分別爲 227.20、223.20 平方米，是爲大宗；祭祀先王的甲十二爲大乙起合廟，甲十三基址爲小乙起合廟，面積分別爲 168.10、165.60 平方米，是爲小宗。至於甲骨文所表現的上甲曾在小宗中祭祀的事實，石氏對此如此解釋道：甲四基址分爲南北兩部分，南大而北小，南大五間即所謂大宗，北小一間可能即小宗，因爲上甲是特廟，他自己可有兩個廟，因祀典的性質不同，可以分別在大小宗中舉行，比較莊嚴之祭在大宗，普通之祭在小宗。

　　至於《殷本紀》何以會將先公報乙、報丙、報丁的世次記錯，石先生也從殷墟建築甲六基址形狀上作了嘗試性的解釋。石氏將甲六基址復原成一個五間三架的宗廟建築，認爲是祭祀「三報」、「二示」的所在，並以殷人重中尙右的觀念分列「三報」、「二示」的牌位，中間三小間的排列順序爲中「報乙」左「報丙」右「報丁」，兩旁外兩間是左「示壬」右「示癸」。「《殷本紀》係依照實際的情形而記錄，當然較卜辭爲晚。觀察者一進中庭，由右邊數起第一位當然是報丁，第二位爲報乙，第三位爲報丙。再看南小間第四位爲示壬，再回頭來看北小間才爲示癸。」當然，石氏爲了解釋出《殷本紀》的排列也是有根據的，「位置也並不錯」，提出了如此先讀「報丁」的兩種可能性，其一爲中間三小間爲一大組織，先讀中間的三小間再讀外兩間；其二爲記錄時北側的外間可能塌毀了，故先讀「報丁」。如此等等。

　　在此之後，石先生又陸續發表了多篇論文〔註 39〕，分別詳細地闡述了他

〔註39〕 石璋如：《殷虛的穴窖坑層與甲骨斷代二例》，《中央研究院歷史語言研究所集刊》第 59 本 4 分冊，1988 年；《乙組兩處基址與其甲骨穴窖釋疑》，《董作賓先生九五誕辰紀念集》，中央研究院歷史語言研究所 1988 年版；《殷虛地上建

的這一系列觀點。這是學術界第一次具體地將殷墟建築遺存與卜辭中所見到的宗廟相聯系，觀點新穎，別具一格。但是存在的問題是這樣做不免有較多的推測成分，而且卜辭中的宗廟與殷墟建築基址的關係似應該是在對整個基址群（甲、乙、丙組）進行綜合考慮的基礎上進行判斷。這個問題是否已經被石先生所說得那樣，「經與實際現象相比較，古史家不易解決的問題，可以迎刃而解了」，則還需要將來的進　步考古發掘證實。

　　1997 年常耀華發表論文《YH251、330 卜辭研究》〔註40〕，對早年石璋如先生主持發掘出土的兩坑甲骨卜辭進行研究，並在一些問題上對石氏的整理及觀點進行質疑。文章引起了石先生的重視，故而撰寫了《殷虛地上建築復原第八例兼論乙十一後期及其有關基址與 YH251、330 卜辭》〔註41〕進行答辯，針對常文對當年發掘中的一些問題作了辯解說明，接著就與兩坑甲骨有關的建築基址及相關的問題進行了論述，最後得出了這樣的結論：一、結合乙十一後期等九個基址而成的一座有祭臺有廊廡的五進大建築，依層位疊壓及排列來判斷，當爲帝乙時代所興建，且有廂有廟當爲宗廟。二、乙十九基址可能爲占卜及卜辭的儲存處，因時代的演變而被清理，把大批卜辭埋於其西南的 YH251 即乙十八基址的門旁窖中，上加黃土並加夯打；把其餘破碎少數卜辭埋於其東南的 YH330，即乙二十基址西端的門旁窖中，上加灰土並未夯打，故兩窖的卜辭有統　性。三、乙十六基址分爲南北兩段，可能爲豢養待祭的牲舍，北段養豬，南段養羊、犬，正與卜辭中用牲之種類相當，很可能卜辭所用之牲即取自該處。

築復原第四例──甲六基址與三報二示》，《中央研究院第二屆國際漢學會議論文集──歷史與考古組》（上冊），中央研究院 1989 年版；《乙五基址與賓、𠂤層位》，《中央研究院歷史語言研究所集刊》第 61 本 1 分冊，1990 年；《記董先生的一段小故事──三報二示與甲六基址》，《中國文字》新 17 期，1993年；《殷虛地上建築復原第五例─兼論甲十二基址與大乙九示及中宗》，《中央研究院歷史語言研究所集刊》第 64 本 3 分冊，1993 年；《殷虛地上建築復原第六例──兼論甲十三基址與禾示》，《中央研究院歷史語言研究所集刊》65本 3 分冊，1994 年 9 月；《殷虛地上建築復原第七例──論乙一及乙三兩個基址》，《中央研究院歷史語言研究所集刊》66 本 4 分冊，1995 年；《從乙一與乙三基址試說殷代的測影臺》，《中國考古學與歷史學之整合研究》，中央研究院歷史語言研究所 1997 年版。

〔註40〕常耀華：《YH251、330 卜辭研究》，《中國文字》新 23 期，1997 年。

〔註41〕石璋如：《殷虛地上建築復原第八例兼論乙十一後期及其有關基址與 YH251、330 卜辭》，《中央研究院歷史語言研究所集刊》第 70 本第 4 分冊，中央研究院歷史語言研究所成立 70 週年紀念專號 1999 年 12 月。

四、李學勤先生指出 YH251、330 中的卜辭爲「帝乙時代的婦女卜辭」，又指出「微子亦名啓」，這是一個很大的啓示；常耀華先生謂啓爲武丁時代的人物，不若李學勤先生謂啓爲帝乙時代的人物合乎遺址的時代。

應該說，這又是一篇典型的研究甲骨卜辭與宮殿建築基址關係的論作，當然其觀點究竟如何或有可商，但是石先生這種執著的研究精神著實令人欽佩不已。

（三）對於殷墟花園莊甲骨文的介紹和觀點

石璋如在臺灣對祖國大陸的考古事業，特別是對殷墟的發掘和甲骨文的研究十分關注。1992 年中國社會科學院考古研究所安陽工作隊在殷墟花園莊東地發現一個甲骨坑 H3。石璋如特地撰文，在臺灣介紹這一重大甲骨文發現。他將這次發掘與 1929 年在小屯北地大連坑出土的大龜四版，1934 年在侯家莊南地發現的大龜七版，1936 年在小屯北 YH127 坑出土的大龜三百版，1937 年在小屯北地 YH251 坑出土的大龜三十八版等，並列爲殷墟大龜版五次三地出土，並對每次出土的情況作了介紹〔註42〕。

1998 年 5 月在中央研究院主辦的「紀念甲骨文發現 100 週年學術研討會」上，石璋如作爲劉一曼《殷墟花園莊東地甲骨坑的發現及主要收穫》論文的評論員，談了自己對花東 H3 卜辭的看法，認爲 H3 卜辭主人「子」是王子，是小王孝己，並徵求劉一曼對自己看法的意見。

九、嚴一萍的甲骨文研究

嚴一萍（1911～1987），浙江秀水（今嘉興新塍）人。原名城，又名志鵬，字大鈞，號一萍，齋名萍廬，又號鴛湖散人。出身書香世家，幼讀私塾，後入正蒙高小讀書。上海東亞大學法科政治經濟系畢業後，於鄉任教。抗戰時，任浙江省政工隊二隊中隊長、幹事、新塍區區長、嘉興縣政府主任秘書。抗戰勝利後，曾任國民黨上海市黨部總幹事、總務科長。1950 年在《大陸雜誌》社經理王梓良、談益民等人的幫助下，經由香港來到臺灣。在王梓良的介紹下，以著作《殷契徵醫》手稿爲執拜見董作賓先生，深得董氏贊許，引爲入門弟子，從此嚴一萍走上了師從董作賓研究甲骨文的學術道路。1952 年在臺灣創辦藝文印書館，聘任董作賓爲發行人，張木舟爲董事長，嚴一萍自任經

〔註42〕石璋如：《殷虛大龜版五次三地出土小記》，《安陽文獻》1995 年 11 月。

理並編輯之職，纂輯翻印中國古代典籍名著，爲弘揚中華傳統文化做出了突出的貢獻。後又創辦《中國文字》雜志，爲研究包括甲骨文在內的中國古代文字提供了一個有力的陣地。後來嚴一萍旅居美國舊金山，因患腦血管症於1987 年 7 月 16 日去世，享年 76 歲。

嚴一萍在繁忙的編輯工作之餘，專治甲骨文，手不止披，著述不輟，著作等身，成績驕人。　生著作收入《嚴一萍先生全集》（藝文印書館 1991 年版）傳世。作爲董作賓先生的忠實弟子，嚴一萍是臺灣繼董作賓之後的知名甲骨學家，成就最大，貢獻頗多。

首先，他在甲骨文材料的收集、整理、綴合與著錄公佈方面，長期堅持，大有成績。他在 1975 年出版的《甲骨綴合新編》〔註43〕一書，分上下兩函共十冊，總共收錄已綴合的甲骨文資料 700 多片。這是在屈萬里《殷虛文字甲編考釋》、張秉權《殷虛文字丙編》及曾毅公等人《殷虛文字綴合》等綴合著作基礎上的又一次大規模全面綴合甲骨工作。凡是出土的甲骨，都在其綴合之列。第一至第九冊共收入 684 個綴合骨版，每版拓本在前，摹本在後。每版的編號之下注明過去曾爲某家所綴，其綴合甲骨之出處，分別在所綴部位上注明 A、B、C、D 等字樣。第十冊爲「甲骨綴合訂訛」，專門輯錄並訂正過去各家綴合有誤之版，共有 99 版。此書徵引甲骨文字書籍達 60 多種，參以諸家綴合成果，取捨有據，共綴合 708 版，洋洋乎蔚爲大觀。觀看此一書，即可知其他書之大致內容，對於學者研究提供了極大的方便。後來，嚴氏又陸續出版了《甲骨綴合新編補》〔註44〕、《殷虛第十三次發掘所得卜甲綴合集》〔註 45〕等甲骨文材料綴合研究成果，在整理甲骨文材料方面做出了較大貢獻。

1975 年，嚴氏還出版了《鐵雲藏龜新編》〔註46〕、《甲骨集成》（第一輯）〔註47〕等書，由此也可見嚴氏治學之勤奮與刻苦。1985 年，嚴氏在當時能見到的所有甲骨文材料的基礎上，又編著成了《商周甲骨文總集》〔註 48〕，是繼《甲骨文合集》之後的又一部大型甲骨著錄書。

〔註43〕嚴一萍：《甲骨綴合新編》，藝文印書館 1975 年版。
〔註44〕嚴一萍：《甲骨綴合新編補》，附錄一卷，藝文印書館 1976 年版。
〔註45〕嚴一萍：《殷虛第十三次發掘所得卜甲綴合集》，藝文印書館 1991 年版。
〔註46〕嚴一萍：《鐵雲藏龜新編》，藝文印書館 1975 年版。
〔註47〕嚴一萍：《甲骨集成》第一集，藝文印書館 1975 年版。
〔註48〕嚴一萍：《商周甲骨文總集》，藝文印書館 1985 年版。

其次，嚴氏長期專注於甲骨文分期斷代的研究。在這一方面，他謹遵家法，堅決地站在乃師董作賓先生的立場上，盡力維護和發揚董氏的分期理論，並對董氏的挑戰者和反對者進行批評。他在其《甲骨文斷代研究新例》〔註49〕中，利用甲骨文記載的武丁時代一次月食的日期作定點，根據科學的天文學，使貞人「賓」的時代有了著落。他定貞人「賓」在武丁十五年，修訂了董作賓把「賓」定在盤庚二十六年的說法，也否定了定在武丁晚期的可能。同時，他把所有帶有貞人「扶」的甲骨片，統統摹錄起來，共有145版，分成四種不同的類型，通過分析使沒有署貞人名的許多不同書體的卜辭，也就是有人稱作「𠂤組」，有人稱作「王族」、「多子族」的卜辭，都統統地歸屬於文武丁時代。這樣研究的結果，使他得出了如下的結論：「不能不承認董彥堂先生的文武丁說是對的。大陸上盛道的𠂤組早於賓組的說法根本站不住腳。唯一修正董先生的是過去認爲文武丁時代卜辭**裏**，有一部分是武乙的。」〔註50〕二十年過後，針對甲骨分期斷代出現的許多爭論以及對董先生學說的質疑與挑戰，嚴氏又針鋒相對地寫成了《甲骨斷代問題》〔註51〕一書，對有關「𠂤組」卜辭的時代及所謂「歷組卜辭」這個爭論較爲激烈、分歧較大的問題作了綜述回答。全書包括：序；一，前言；二，月食所引起的問題；三，甲骨的異代使用問題；四，上甲二十示與用侯屯；五，貞人跨越時代與歷扶；六，貞人扶的書體；七，相同稱謂的不同時代；八，後語。該書全面論述了「𠂤組卜辭」應爲文武丁（即文丁）時代的觀點，並認爲「貞人歷與貞人扶的時間接近，貞人歷是武乙時人，貞人扶在文武丁早年任職，正可銜接。」嚴氏根據打破 T53④A 的 H91 中所出卜甲能與 T53④A 中𠂤組卜甲〔T53④4A:145〕綴合這一現象，認爲𠂤組卜辭時代較晚，否定𠂤組卜甲屬於武丁時代的觀點。在此文中，嚴氏仍然堅持並補充了董氏的分期學說。嚴氏的分期觀點正確與否，學術界自有公斷，值得肯定的是，嚴氏運用天文學手段研究月食而定甲骨時代，在國內外尚屬罕見，是個成功的嘗試。他在書中附有大量圖版，使讀者能將論述與所引甲骨對照閱讀，極其方便，值得效法。

〔註49〕 嚴一萍：《甲骨文斷代研究新例》，《中央研究院歷史語言研究所集刊》外編第四種，1961 年版。

〔註50〕 嚴一萍：《甲骨斷代問題》序，藝文印書館 1982 年版。

〔註51〕 嚴一萍：《甲骨斷代問題》，藝文印書館 1982 年版。

圖 12-3　嚴一萍（左）與乃師董作賓（右）合影

　　再者，對於董作賓先生後期用力甚勤的商代曆法年代研究，嚴一萍也涉
足其中，先後寫成《續殷曆譜》、《殷曆譜訂補》〔註 52〕等文，步乃師後塵，
補闡其論證，發揚其學說，也用力頗多。1957 年董、嚴師徒二人還合作寫成
了《年代世系表》〔註 53〕。但是，這種僅僅用資料有限的甲骨材料去恢復殷
商曆法的研究方法以及由此得出的結論，學術界尚不能普遍予以肯定和接
受。董、嚴之用力，可謂事倍功半，惜哉！

　　再有，嚴氏堅持對甲骨文字考釋的研究，尤其是對較早著錄的甲骨文材
料考釋方面，諸如《柏根氏舊藏甲骨文字考釋》、《凡將齋所藏殷虛文字考釋》、
《殷虛第一次發掘所得甲骨考釋》、《殷虛書契續編研究》、《戩壽堂所藏殷虛
文字考釋》、《北京大學國學門藏殷虛文字考釋》等，也頗有成績〔註 54〕。另

〔註 52〕嚴一萍：《殷曆譜旬譜補》，《大陸雜誌》第 3 卷第 3 期，1951 年版；《一論殷
　　　　曆譜糾謬》，《大陸雜誌》第 10 卷第 1 期，1955 年版；《續殷曆譜》，藝文印書
　　　　館 1955 年版；《殷曆譜訂補》，《中央研究院歷史語言研究所集刊》第 47 本一
　　　　分冊，1975 年版。
〔註 53〕董作賓、嚴一萍：《年代世系表》，藝文印書館 1957 年版。
〔註 54〕嚴一萍：《柏根氏舊藏甲骨文字考釋》，藝文印書館 1991 年；《凡將齋所藏殷
　　　　虛文字考釋》，藝文印書館 1991 年；《殷虛第一次發掘所得甲骨考釋》，藝文
　　　　印書館 1991 年；《殷虛書契續編研究》，藝文印書館 1991 年；《戩壽堂所藏殷
　　　　虛文字考釋》，藝文印書館 1991 年；《北京大學國學門藏殷虛文字考釋》，藝
　　　　文印書館 1991 年；《美國納爾森藝術館藏甲骨卜辭考釋》，《牢文新釋》，《釋
　　　　得》，《釋癸》，《釋立》，《釋太》，《釋文釋交》，《釋四祖丁》等考釋文字的論
　　　　文，都發表在《中國文字》上。

外，嚴氏將所考甲骨文字的單篇論文彙編成《甲骨古文字研究》〔註55〕，共收入考證甲骨文字的論文 80 餘篇。

在利用甲骨文材料進行商代歷史研究方面，如對商代世系、商代醫學、商代軍事、甲骨文「四方風」、「四祖丁」、商代後期祀譜等問題的研究〔註56〕，嚴氏也有其獨到的見解，茲不贅述。

此外，與乃師一樣，嚴一萍對於甲骨學發展進程的總結、對甲骨學知識的介紹等做出了較大的貢獻。這恐怕是他在甲骨學歷史上確立其地位的重要原因之一。他於 1978 年出版的《甲骨學》〔註57〕，是一部全面介紹近八十年關於甲骨文本身規律的研究——甲骨學的綜述巨著，篇幅宏大，分上下兩冊，長達 1430 頁之多。共分九章：第一章，認識甲骨與殷商的疆域；第二章，甲骨的出土、傳播與著錄；第三章，辨偽與綴合；第四章，鑽鑿與占卜；第五章，釋字與識字；第六章，通句讀與識文例；第七章，斷代；第八章，甲骨文字的藝術；第九章，甲骨學前途之展望。關於此書的性質與寫作宗旨，嚴在自序中說：「甲骨學的書，前人已經寫的不少，但都是一般的敘述，沒有一個人談到應該怎樣研究的。我這一本《甲骨學》，主要的就是要告訴讀者，甲骨學是這樣研究的。」《甲骨學》不僅可供學者研究時參考，而且對初學甲骨的人來說，也是一部很好的入門讀物。本書論證詳贍，插圖量大，便於參考。但此書仍有很大的毛病，即如嚴氏的其他著作一樣，嚴承師說，極力維護董氏的各項發明，而絲毫不顧大陸和其他國家和地區學者關於甲骨學研究的新進展，尤其是甲骨文分期斷代的探索成就。這是非常之不可取的。

十、金祥恒的甲骨文研究

金祥恒（1918～1991），浙江海寧人。1942 年考入浙江大學師範學院國文系。1946 年畢業，任山東大學中文系助教並兼辦教務。1947 年 8 月任臺灣大學中文系助教。1954 年 8 月升任臺灣大學中文系講師。1960 年 8 月升任臺灣大學中文系副教授。1966 年 8 月升臺灣大學中文系教授。自 1960 年至 1974

〔註55〕 嚴一萍：《甲骨古文字研究》上中下三冊，藝文印書館 1991 年版。

〔註56〕 嚴一萍：《殷墟醫徵》、《殷商史記》、《殷契徵醫》、《殷商編》、《中國醫學之起源考略》，《大陸雜誌》第二卷第八、九期；又《卜辭四方風新義》、《釋四且丁》、《將鼎祭祀譜》、《帝乙祀譜的新資料》、《文武丁祀譜》等研究商代歷史的論文，都發表在《大陸雜誌》上。

〔註57〕 嚴一萍：《甲骨學》，藝文印書館 1978 年版。

年，主持《中國文字》編務凡 52 期。1970 年 8 月代理臺灣大學中文系主任。
1985 年 8 月兼任輔仁大學中文研究所教授。1989 年 7 月自臺灣大學中文系教
授退休。1991 年 7 月 1 日不幸因車禍逝世，享年 73 歲。其平生論著由門人於
身後彙編成集，出版了《金祥恒先生全集》〔註58〕。

　　金祥恒先生早年深受鄉賢王國維的影響，對古文字研究情有獨鍾。到臺灣
後又師事董作賓先生，深鑽細研，遂於甲骨學名家。先生於臺大中文系任教先
後達四十餘載，主持臺大中文系第十研究室（即古文字研究室），並長期主編《中
國文字》，在臺大與輔仁大學講授文字學、古文字學、甲骨學、說文研究等課程，
誨人不倦，桃李天下，爲臺灣地區的甲骨文研究事業做出了較大的貢獻。

　　金祥恒在甲骨學上的突出貢獻，在於以其堅忍不拔，不憚繁瑣，編著了
甲骨文研究中常用的工具《續甲骨文編》〔註59〕一書。

　　《續甲骨文編》一函四冊，手寫綫裝，分正文十四卷，附錄一卷，合文
一卷，檢字一卷。早在 1934 年，孫海波先生歷時九年編成《甲骨文編》，所
據材料，僅是《鐵雲藏龜》、《鐵雲藏龜之餘》、《鐵雲藏龜拾遺》、《殷虛書契
前編》、《殷虛書契後編》、《殷虛書契菁華》、《龜甲獸骨文字》、《戩壽堂所藏
殷虛文字》等八種甲骨文著錄書籍。而對於此時已經存世的王襄《簠室殷契
徵文》，孫氏以其眞偽難辨，大小易位，因而不收；明義士《殷虛卜辭》，因
是摹本，難以徵信，亦不收錄。如此取材，雖曰治學嚴謹，然因之遺漏不少
眞實材料，未免可惜。

　　有鑒於此，金祥恒先生繼孫氏《甲骨文編》而作《續甲骨文編》，收錄了
孫氏之後新出材料 20 餘種，編纂體例，大致與孫書略同。其所異者，金氏將
《說文》小篆與解說，另立一行，置於每字之前，使其眉目清晰，便於學者
使用時比對檢索，則又勝於孫氏《文編》。《續甲骨文編》所收甲骨文字，凡
5000 餘字，皆經金氏剔抉精鑒，手自摹寫，先後歷時十年有餘。董作賓先生
歎爲「修萬里長城」之巨構及不朽之志業。

　　1965 年，中國科學院考古研究所集合甲骨學家對孫海波《甲骨文編》作
了校改和修訂，所收材料，自然要比《續甲骨文編》多些。《甲骨文編》改訂

〔註58〕 金祥恒：《金祥恒先生全集》，藝文印書館 1990 年版。金祥恒教授逝世週年
　　　　紀念論文集編輯小組：《金祥恒教授逝世週年紀念論文集》，臺灣大學 1990
　　　　年版。
〔註59〕 金祥恒：《續甲骨文編》，臺灣大學文學院 1959 年 10 月影印出版；又哈佛燕
　　　　京學社出版，藝文印書館 1993 年印行。

本所舉甲骨文著錄資料爲 40 種,《續甲骨文編》爲 38 種。例如《京都大學人文科學研究所藏甲骨文字》和《甲骨文零拾》,因爲晚出而爲《續編》不及收錄。又如《柏根氏舊藏甲骨文字和安陽遺寶》,出書雖早,在臺灣地區卻不易得。其它如《殷虛卜辭》、《金璋所藏甲骨卜辭》、《甲骨卜辭七集》、《庫方二氏所藏甲骨卜辭》、《戰後滬寧所見甲骨集》、《戰後南北所見甲骨錄》,都是些摹本,《續編》都沒有採用。同樣,後出的《甲骨文編》改訂本,由於兩岸隔絕,信息不通,也未能參考到早幾年問世的金氏《續甲骨文編》。而《續甲骨文編》所採《傳古》二集、《書道》、《外編》、《北京大學藏甲初稿》、《凡將齋所藏甲骨文字》則爲《文編》未收。這都屬於歷史的遺憾。

今觀孫氏《甲骨文編》和金氏《續甲骨文編》兩書,頗能互補。《甲骨文編》則祇擇形態有異或結構不同的字體,凡字形相同者不再盡錄,約而精當。《續甲骨文編》同時引《說文》篆文及解字原文,附以今字,詳細輯錄所有甲骨文字字體,注明出處。至如甲骨文字朱書墨書,《甲骨文編》均有注明。某些字的意義與用法,如人名、地名、貞人名之類,《甲骨文編》亦簡單標出。這些都是《續甲骨文編》所缺少的。但《甲骨文編》在徵引諸家之說時,受當時政治氣候左右,竟不能錄及中國大陸以外任何一位甲骨學人的成說,實在是令人扼腕之事。《甲骨文編》還有某些字形摹寫失眞、誤讀、分合不確、錯號等不足之處。再者,有些差不多已有定論的字,如甲骨文「而」字,《續甲骨文編》已列入正文,而《甲骨文編》(改訂本和校正本)都還在未識之字的附錄之列。而且凡孫氏《甲骨文編》誤摹誤釋之字,金氏皆於《續甲骨文編》中糾正改寫。所以《甲骨文編》雖然改訂校正,但是《續甲骨文編》,仍不可廢棄,仍然有它存在的價值。如果能將兩部書合起來看,那是最好不過的事了。

除了《續甲骨文編》之外,金祥恒先生的甲骨文研究論文達百餘篇之多,涉及到甲骨文字考釋、甲骨學史、甲骨文字學理論、以甲骨文研究商代的天文、曆法、軍事制度、祭祀禮儀、殷商世系等社會歷史等眾多方面。

其中以考釋甲骨文及古文字者爲多,如《釋虎》、《釋龍》、《釋鳳》、《釋車》、《釋牛》、《釋羊》、《釋生止之》、《釋月》、《釋赤與幽》、《釋廄》、《釋牝牡》、《釋后》、《釋盥》、《釋異》、《釋庸》、《釋率》、《釋物》、《釋肜》、《釋票》、《釋涉》、《釋俎》、《釋大伏達》、《甲骨文字考釋三則》、《釋九兼談卜辭之計數法》、《甲骨文𡳿字音義考》、《讀京都大學人文科學研究所所藏甲骨文字》、《加拿大多倫多博物館所藏一片骨枏銘文的考釋》、《加拿大多倫多大學安達略奧

博物館所藏一片牛胛骨刻辭考釋》等皆是其例。涉及到甲骨學及甲骨學史的篇目，有《記方人傑先生所藏的兩片牛胛骨》、《輔仁大學所藏甲骨文字及後言》、《譯本殷墟卜辭研究序》、《甲骨文中的一片象肩胛骨刻辭》、《卜辭卜人解惑》、《殷墟甲骨新書介紹——明義士殷墟卜辭續編第一集》、《庫方二氏甲骨卜辭第一五〇六片辨偽——簡論陳氏兒家譜說》等。其中代表其甲骨文分期研究的論文有，《談一片斷代值得商榷的甲骨卜辭》、《論貞人扶的分期問題》、《談甲骨文的斷代》等篇。探索甲骨文字起源、發展及「六書」理論的成果有《略述我國文字形體固定的經過》、《從我國文字的演進來談六書》、《甲骨文通假字舉隅》、《甲骨文假借字續說——比母》、《王國維先生對文字學的貢獻》、《記董氏彥堂先生講「中國文字的起源」及其動機》等。而《甲骨文五十四月辨》、《甲骨卜辭「月末閏月」辨》等，則是其對商代曆法的探究。關於商代祭祀禮儀的研究，則有《甲骨文射牲圖說》、《卜辭中所見殷商宗廟及殷祭考》、《殷商祭祀用牲之來源說》、《殷人祭祀用人牲設奠說》、《甲骨文出日入日說》等。《從甲骨卜辭研究殷商軍旅制度中的三族三行三師》，則是一篇對商代軍事制度研究的論文。《史記殷本紀之先王「振」與甲骨文之「王亥」》、《說卜辭中之了畫》、《后母戊人方鼎之后母戊為武丁后考》、《卜辭中稱高妣者考》、《甲骨卜辭中后且丁非仲丁亦非祖丁說》、《甲骨卜辭中之小王解》、《甲骨文卜辭中之高祖乙非祖乙辯》等，則是金氏對商代王室世系和甲骨文貴族人物的考論〔註 60〕。總之，金氏的甲骨文與殷商歷史研究，多能以甲骨、金文之素材，貫串古典文獻，旁及出土實物，直探幽奧，精思獨闢，高論煌煌，素為學界推重。

十一、鍾柏生的甲骨文研究

　　鍾柏生，1972 年臺灣大學中文研究所碩士研究生畢業，學位論文為《卜辭所見殷王田遊地名考》。1972 年 8 月始任教於省立花蓮師專，任講師。1977 年 8 月，晉升為副教授。1983 年 8 月，調入中央研究院歷史語言研究所甲骨組工作，任副研究員。1993 年 6 月晉升為研究員。自 1994 年 1 月起，擔任歷史語言研究所文字學組主任，為古文字研究室召集人。

　　鍾柏生在歷史語言研究所甲骨文組的工作，主要是對所中所藏殷墟甲骨

〔註 60〕以上所引金祥**恒**單篇論文，多發表於由其主持的《中國文字》上，金氏身後被收錄在《金祥**恒**先生全集》（臺灣藝文印書館 1990 年版）之中。

文進行整理，尤其是對問題較多的《殷虛文字乙編》進行繼續綴合、補遺、
選釋工作。先後整理出版了《殷虛文字乙編二版》〔註61〕、《殷虛文字乙編補
遺》〔註62〕等，發表了《〈乙〉三二一二版卜辭與作邑前之祭祀》、《史語所藏
殷墟海貝及其相關問題初探》、《臺灣地區所藏甲骨概況及〈合集〉一二九七
三版之新綴合》、《中央研究院歷史語言研究所購藏甲骨選釋》、《中央研究院
歷史語言研究所購藏甲骨選釋》（二）〔註63〕等。

　　鍾氏個人的甲骨文研究，涉及到甲骨文字考釋〔註64〕、甲骨文分期〔註65〕、
甲骨文所反映的商代職官〔註66〕、軍政祭禮〔註67〕等。鍾氏自 1983 年至 2001
年之間的包括甲骨文研究在內的古文字研究論文，最近編選成《鍾柏生古文字
論文自選集》〔註68〕出版。其中主要的內容是：考釋了若干前人未釋、或所釋

〔註61〕　鍾柏生整理：《殷虛文字乙編二版》（上、中、下），中央研究院歷史語言研究
　　　　　所 1994 年版。
〔註62〕　鍾柏生主編：《殷虛文字乙編補遺》，中央研究院歷史語言研究所 1995 年版。
〔註63〕　鍾柏生：《〈乙〉三二一二版卜辭與作邑前之祭祀》，《中國文字》新第 15 期，
　　　　　1991 年；《史語所藏殷墟海貝及其相關問題初探》，《中央研究院歷史語言研究
　　　　　所集刊》第 64 本 3 分冊，1993 年；《臺灣地區所藏甲骨概況及〈合集〉一二
　　　　　九七三版之新綴合》，「中國古文字研究會 92 年學術討論會」（南京・1992 年）；
　　　　　《中央研究院歷史語言研究所購藏甲骨選釋》，《第三屆國際中國古文字學研
　　　　　討會論文集》，香港中文大學 1997 年 10 月；《中央研究院歷史語言研究所購
　　　　　藏甲骨選釋》（二），《甲骨文發現一百週年學術研討會論文集》，臺灣師範大
　　　　　學國文系 1993 年。
〔註64〕　鍾柏生：《說「異」兼釋與「異」並見諸詞》，《中央研究院歷史語言研究所集
　　　　　刊》第 56 本 3 分冊，1985 年；《釋〈新綴〉四一八版卜辭》，《大陸雜誌》第
　　　　　79 卷第 2 起，1989 年；《釋「姊」「俌」及其相關問題》，《中央研究院歷史語
　　　　　言研究所集刊》第 58 本 1 分冊，1987 年；《釋「殊」》，《中國文字》新第 15
　　　　　期，1991 年；《釋商》，《釋宀取》，《中國文字》新第 17 期，1993 年；《周原
　　　　　甲骨箚記》，《中國文字》新第 22 期，1988 年。
〔註65〕　鍾柏生：《帚姘卜辭及其相關問題的探討》，《中央研究院歷史語言研究所集刊》
　　　　　第 56 本 1 分冊，1985 年；《〈甲骨文簡論〉卜辭分期「貞人同版關係」之商榷》，
　　　　　《金祥恆先生逝世週年紀念論文集》，臺灣大學中文系 1990 年。
〔註66〕　鍾柏生：《論「任官卜辭」》，《中央研究院第二屆國際漢學會議論文集》，中央
　　　　　研究院 1989 年；《卜辭職官泛稱之一──臣──並略論商代至春秋各類臣的
　　　　　職務》，《中國文字》新第 20 期，1995 年。
〔註67〕　鍾柏生：《卜辭中所見殷代的軍政之一──戰爭啟動的過程及其準備工作》，
　　　　　《中國文字》新第 14 期，1991 年；《卜辭中所見殷代的軍禮之一──殷代的
　　　　　大蒐禮》，《中國文字》新第 16 期，1992 年；《卜辭中所見殷代的軍禮之二─
　　　　　─殷代的戰爭禮》，《中國文字》新第 17 期，1993 年。
〔註68〕　鍾柏生：《鍾柏生古文字研究論文自選集》，藝文印書館 2008 年版。

不完整及有待釐清增補的甲骨文字。有些論文追加「後記」，乃是文章發表後新收的證據。

鍾柏生對於甲骨文研究的主要貢獻，是對甲骨文中所反映的殷商地理的長期探索和不懈研究。其研究成果集中體現在他的著作《殷商卜辭地理論叢》〔註69〕之中。

《殷商卜辭地理論叢》一書，是作者自從 1971 年至 1988 年間所寫甲骨文地理研究論文的彙編。彙集成編時，作者對原來發表過的論文進行了材料的補充和觀點的修正。作者在自序中云：「甲骨學本是冷僻的學科，何況是其中的地理部分，凡是目睹卜辭中豐富的地名資料而棄之不顧，即非研究殷商歷史學者應有的態度。本書卜辭地名方位、地望之考釋，乃依據卜辭本身的條件，再參考金文、古書、考古等資料，給予合理的推測，不敢說這就是正確無誤不能更改了，今人對殷商古史的認識，憑目前的材料實在有限，以有限的材料便想肯定許多朦朧不清的史實，筆者總認爲不妥，況且這有限的材料，是否全然認清還成問題呢！十餘年間，筆者時時檢討自己卜辭地理的研究方法，原則上大致沒有重大偏差，對某些學者目前尚停留在看到某個卜辭地名，便牽附古書肯定它就是現今某地望的考證方法（不顧卜辭自身條件），總認爲進步很多。」也就是說，作者採用了一種不同於以往的卜辭本身的地名系聯方法，對商代地理問題進行研究，這是其研究方法，也是其研究特點。因此該書在殷商地理學研究中具有非常重要的地位和影響。

收在《論叢》首篇的是《卜辭中所見殷王田遊地名考——兼論田遊地名研究方法》。該文首先對甲骨卜辭中地名進行了分類：農業卜辭地名、土工卜辭地名、天象與祭祀卜辭地名、田遊卜辭地名、卜旬卜夕雜卜地名、記事刻辭地名、芻牧卜辭地名、征伐與方國卜辭地名、其他類卜辭地名等。其次是對以往有關田遊地名的研究綜述和方法的檢討，包括甲骨材料的通用、田遊地名的確定和田遊地名的系聯方法。在此基礎上，該文對卜辭田遊地名，如「商」、「衣」、「沚」、「向」、「上黿」、「栐」、「雝」、「章」、「盂」等地名進行了文字考釋和地望推定，其中較爲重要的是對「商」地望的考證，兼論了「中商」、「丘商」、「大邑」、「大邑商」、「天邑商」等相關地理地名，並對這些地名作了期別和類別上的劃分，認爲第一期的「商」、「丘商」，第二期的「商」，第三、四期的「商」、「大邑商」，第五期的「商」、「大邑商」、「天邑

〔註69〕鍾柏生：《殷商卜辭地理論叢》，藝文印書館 1989 年版。

商」等，地在今河南省商丘縣，而第一期的「茲商」、「中商」，第二期的「邑」，第三四期的「中商」，第五期的「商」等，地在今河南省安陽縣小屯村之殷墟。另外對其中的「章」、「盂」二個地名的考證認為，商代出現了異地同名的現象，並對此作了相應的闡釋。論文最後概述了商代晚期的田遊地理狀況，將這些田遊地名劃分為殷東及殷東北、殷南及殷東南、殷西等三大區域分別進行考論。

收錄的第二篇《卜辭中的方國地望考之一──武丁時期的方國地望考》、第三篇《卜辭中的方國地望考之二──廩辛至帝辛時期的方國地望考》為一對姊妹篇，是對甲骨文中不同時期的政治地理進行研究的成果。該研究認為，甲骨卜辭中為數眾多的地名，彼此之間都有關係，也就是說都可以系聯，其中以田遊地名和征伐夷方路綫系聯得最為緊密，其次是方國地名，而且某些方國地名就與田遊地名及征伐夷方路綫相互印證，例如在殷東方、東南方和南方的地名與夷方、林方、鳳方相關，因此田遊地名與征伐夷方地名的整理，是方國地理的基礎。在此二文之中，作者運用卜辭地名系聯的方法，將卜辭地理分為西方方國、北方方國、東方方國、南方方國和不知方位方國等區域，對甲骨卜辭早晚兩個不同時期的重要方國，如羌、戉、盂、雀、工、周、亘、鬼、龍、見、馬、茅、𢦏、井、戈、旨、土、旁、夷、鳳、下危、興、虎、牧、弗、召、沚、犬、商、宣、北、𢌿、貝、刀、庚、木、西、亦、鄉、林、羞等 84 個方國進行了文字考釋和地望考證，較為全面地整理了卜辭方國地理地名，為殷商地理的深入研究打下了良好的基礎。

第四篇是《卜辭中所見的農業地理》，該文也是將商代晚期農業地理分為商（中商、大邑、大邑商、丘商）的王畿、東方、西方、南方、北方及方位不明的區域進行分區研究。該文認為農業地理在甲骨文五期之中分佈極不均衡，其中第一期最多，殷王除了對王畿本身的農作收穫給予關心之外，還對四方政治力量所及的地域一一占卜。但二、三、四、五期材料極少。對於這種現象，鍾氏認為這並不意味著農業地區有所改變，或者農業在殷王心目中變得不再重要了，可能是殷王關注的目標有所轉移，或者以大範圍地區的卜問，特別是有問題地區的卜問來代替第一期那種常見的特定區域的個別卜問。

第五篇《記事刻辭中的殷代地名》，則是對甲骨文中除卜辭之外的記事刻辭中涉及到的地名進行研究的結果。因為記事刻辭多記載了商王朝臣屬方國和分封諸侯向殷商王室進貢龜甲的情況，這些地名代表了龜甲入貢者方國地

理所在，所以同方國地名一樣，這些地名的整理具有政治地理的研究價值。該文同樣是將這些地名劃分為東方、西方、南方和方位不明的幾個區域分別整理，進行文字考釋和地望考證。這些地名仍然是以第一期較多，所以祇能做武丁時期政治勢力所及範圍的探究。

十二、蔡哲茂的甲骨文研究

　　蔡哲茂，1951 年生，臺灣新生代甲骨學家。臺灣政治大學中國文學系學士，臺灣大學中國文學研究所碩士，東京大學東洋史碩士、博士。1978 年在金祥恒教授指導下，以《殷禮叢考》為學位論文碩士研究生畢業於臺灣大學。隨後留學日本，在日本國立東京大學人文科學研究科東洋史學專業研修。1984 年任東京大學臺灣留學生聯誼會會長。1984 年在松丸道雄先生指導下，以《中山國史初探》為學位論文碩士研究生畢業，獲史學碩士學位。1991 年在東京大學東洋史學專業，在松丸道雄先生指導下，以《論卜辭所見商代宗法》為學位論文博士畢業，獲史學博士學位。曾任私立明志工專講師、臺北市立商專講師。1987 年 8 月進入中央研究院歷史語言研究所，為助理研究員。1995 年 5 月晉升為副研究員。2006 年 11 月晉升為研究員。1992 年至 1995 年受聘為國立政治大學中文系兼職副教授、兼職教授。自 1995 年 5 月至今受聘為私立輔仁大學中文系兼職副教授、兼職教授。

　　蔡哲茂先生在甲骨文研究方面成績驕人，是臺灣新生代甲骨學家中的翹楚人物。他的甲骨文研究主要集中在如下幾個方面：

　　首先是他對甲骨文字的單字考釋和文字理論的研究。如對徉、彗、蟓、雲、生、速、昌、葬、櫻、成、見、圭、函、絲等字的考釋〔註 70〕。蔡氏心

〔註70〕 蔡哲茂：《說出ᵕᵕᵕ又ᵕᵕᵕ》，《中國文字》第 51 期，1974 年；《讀殷契萃編小識》，《書目季刊》第 10 卷第 4 期，1977 年；《卜辭「徉」字重探》，《書目季刊》第 12 卷第 4 期，1979 年；《釋ᵕᵕᵕ》，《大陸雜誌》第 58 卷第 6 號，1979 年；《釋「四耳丁」糾繆》，《書目季刊》第 14 卷第 1 期，1980 年；《殷卜辭「ᵕᵕᵕ學」試釋》(附讀英國所藏甲骨集補遺)，《大陸雜誌》第 75 卷第 4 號，1987 年；《釋「ᵕᵕᵕ」「ᵕᵕᵕ」》，《故宮學術季刊》第 5 卷第 3 號，1988 年；《甲骨文字考釋兩則》，(一)《說「ᵕᵕᵕ」(蟓)》(二)《釋「ᵕᵕᵕ」(雲)》，《第三屆中國文字學國際學術研討會論文集》，1992 年新莊；《說「ᵕᵕᵕ」》，《第四屆中國文字學全國學術討論會論文集》，1993 年中壢；《卜辭生字再探》，《中央研究院歷史語言研究所集刊》第 64 本 4 分冊，1993 年；《釋殷卜辭的「速」字》，《第五屆中

思細密，又精熟甲骨文材料，所以他對甲骨文字的研究往往能察秋毫之末，考釋出甲骨文字中許多細微之處，或發前人所未發，或糾前人之謬誤，故其考釋甲骨文單字之論文多能見微知著，令人信服。

如其《釋殷卜辭的贊字》〔註71〕，是對甲骨文中的「屮」字的全新考釋。在甲骨卜辭中有一「屮」字，又可寫作「屮」，後代兩周金文及戰國文字均未見此字形，是一個死掉的古文字。它出現在卜辭中有幾種用法：一是在「王事」、「事」之前，或「朕事」、「我事」之前；有時候也可以把「王事」或「事」省略，祇單言「屮」。分析它出現的地方，和農事、勞役、工事、田獵、征伐有關，大體上是商王命令臣下去「屮王事」。「屮」也有作「人名」的用法，已有學者推測此字和佐助的意義有關。蔡氏利用綴合後較完整的卜辭，發現它有一種用法和「攸雨」（脩雨）相對，從而推測它應該讀爲「驟雨」，表示短暫的雨，因而提出卜辭的「屮」應該是後來表示「贊」的「箸箕」的象形字，在「王事」的地方讀作「贊王事」，表示佐助王事。

又如《殷卜辭「肩凡有疾」解》〔註72〕一文。殷墟甲骨卜辭第一期武丁

國文字學學術研討會論文集》，1994 年臺北；《古籍中與「函」字有關的訓解問題》，《中央研究院歷史語言研究所集刊》第 66 本 1 分冊，1995 年；《說甲骨文葬字及其相關問題》，《第二屆國際中國古文字學研討會論文集續編》，1995 年香港；《甲骨文考釋四則》，《第七屆中國文字學全國學術研討會論文集》，東吳大學 1996 年；《說殷卜辭中的「𢆶」字》，《第九屆中國文字學全國學術研討會論文集》，1998 年；《釋絲》，《中國古代的文字與文化論集》，東京汲古書院 1999 年；《釋冎》（與吳匡合作），《古文字論集》，國立編譯館 1999 年；《釋「𣥂」》，《第十二屆中國文字學全國學術研討會論文集》，銘傳大學 2001 年；《〈殷虛文字乙編〉4810 號考釋》，《第十四屆中國文字學全國學術研討會論文集》，臺灣高雄國立中山大學中文系 2003 年；《甲骨文字考釋兩則》，《新出土文獻與古代文明研究》，上海大學出版社 2004 年；《殷卜辭「暫雨」試釋》，《2004 年安陽殷商文明國際學術研討會論文集》，社會科學文獻出版社 2004 年；《說殷卜辭中的「圭」字》，《漢字研究》第 1 輯，學苑出版社 2005 年；《釋稷（𤔲）》，（與吳匡合作），「殷墟甲骨文發現九十週年國際學術討論會」論文，1989 年安陽；《釋「𤔔」「𦥑」》，「第十一屆古文字學研討會」論文，1996 年長春；《釋殷卜辭中徒字的一種用法》，「新世紀中國古文字學會國際學術研討會論文」，2000 年合肥；《甲骨文釋讀析誤》，「第十三屆全國暨海峽兩岸中國文字學學術研討會」論文，花蓮師範學院 2002 年；《釋殷卜辭的見字》，「紀念商承祚暨中國古文字學會議」論文，中山大學 2002 年；《說殷卜辭中的「𠁣」字》，「第六屆中國訓詁學全國學術研討會」論文，銘傳大學 2003。

〔註71〕蔡哲茂：《釋殷卜辭的贊字》，《東華人文學報》第 10 期，2007 年 1 月。
〔註72〕蔡哲茂：《殷卜辭「肩凡有疾」解》，國立高雄師範大學國文系、中國文字學會，

時代賓組和自組有一句常見的成語「肩凡有疾」，也有省略「有疾」二字祇作「肩凡」。該成語出現頻繁，共約有 60 餘見，因此歷來古文字學家都曾對此提出解釋意見，目前所見約有十五種：郭沫若釋爲「繇凡」，意義是「遊盤」，即「遊樂」；唐蘭釋爲「攸同」，即「維同」；嚴一萍釋作「禍風」；饒宗頤以爲是「禍重」；李孝定認爲是「骨痛」；丁驌以爲是「風濕病」；柯昌濟認爲是「篤重」；劉桓認爲是「恫疾」，是因疼痛致疾；姚孝遂釋爲「骨凡」，指某種動作或行爲，並非「骨痛」；張玉金釋爲「骨凡」，即「毀壞安康而有了病」；裘錫圭釋爲「肩同有疾」，意義是「能分擔王疾」；宋鎮豪說是「骨凡有疾」，意指各式各樣的骨性疾病；林小安釋爲「果犯有疾」，即卜問「果眞犯有疾嗎？」等等。蔡氏此文從字形字義出發，釋「𠬝」爲「肩」，意爲「克」，「凡」爲「興」之省體，意爲「起」，「肩凡有疾」即「克興有疾」，也就是疾病狀況有起色，即病情好轉，所以也可以省略作「肩凡」，即「克起」之意。在從它和卜問疾病「骨」（蠲）否在同一版占卜，可知「肩凡有疾」祇是指疾病能否好轉，並不是完全痊癒，如此解釋也許才能契合卜辭的原義。

　　其次，是他對甲骨學本身學術體系的構建以及對甲骨學史上一些問題的考證。這其中包括甲骨文的收藏、甲骨文的墨拓、甲骨學著作評介、甲骨文傳世材料公佈、甲骨文知識的介紹、西周甲骨文的綜述、甲骨文的辨僞、甲骨文的校重、甲骨文的綴合、甲骨卜辭的同文例研究等多個方面〔註 73〕。限

2005 年 4 月；《屈萬里先生百歲誕辰國際學術研討會論文集》，2006 年 12 月。
〔註 73〕 蔡哲茂：《甲骨文合集的同文例》，《大陸雜誌》第 76 卷第 5 號，1988 年；《甲骨文合集的重片》，《大陸雜誌》第 76 卷第 2 號，1988 年；《日本後藤朝太郎氏藏的甲骨文字》，《大陸雜誌》第 78 卷第 1 號，1989 年；《周原甲骨簡介》（上、下），《國文天地》第 12 卷第 3、4 號，1989 年；《卜辭同文研究舉例》，《徐中舒先生百年誕辰紀念文集》，巴蜀書社 1998 年；《讀〈英國所藏甲骨集〉上編》，《大陸雜誌》第 74 卷第 5 號，1987 年；《讀〈英國所藏甲骨集〉下編》，《大陸雜誌》第 89 卷第 6 號，1994 年；《讀天理大學附屬天理參考館藏甲骨文字》，《書目季刊》第 21 卷第 3 號，1987 年；《讀〈蘇、德、美、日所見甲骨集〉》，《大陸雜誌》第 85 卷第 3 號，1992 年；《讀〈甲骨續存補編〉》，《大陸雜誌》第 97 卷第 1 號，1998 年；《讀山東博物館珍藏甲骨墨拓集》，《大陸雜誌》第 100 卷第 2 號，1999 年；《讀〈甲骨文合集補編〉》（一）（二）（三）（四），《大陸雜誌》第 103 卷第 4、5、6 號，2001 年，第 104 卷第 1 號，2002 年；《卜辭同文研究舉例補說兩則》，「紀念甲骨文發現一百週年國際學術研討會」論文，1999 年安陽；《〈甲骨文合集〉辨僞舉例》，「第十五屆中國文字研究會」論文，臺灣輔仁大學中國文學系、中國文字學會，2003 年；《甲骨文的世界》（白川靜著，蔡哲茂、溫天河譯），巨流圖書公司 1977 年；《前編的兩

於篇幅，茲不一一。

圖 12-4　蔡哲茂所綴合甲骨拓本與摹本

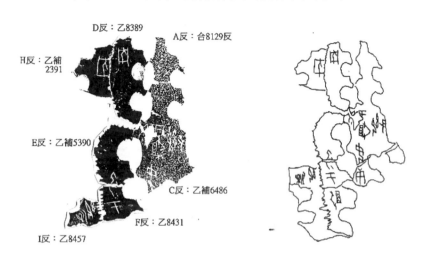

　　其次，是他對殷墟出土甲骨材料的綴合和整理工作。如對大陸出版的甲骨文著錄巨著《甲骨文合集》中碎片的綴合，出版了《甲骨綴合集》〔註74〕，收錄綴合達 360 組。此後，蔡氏繼續用力於此，又出版了《甲骨綴合續集》〔註75〕，收入新近綴合的 186 組，与《甲骨綴合集》編號相連。蔡氏不僅自己進行甲骨綴合，而且還指導其研究生從事此項工作。並且利用自己身在中央研究院歷史語言研究所接觸所藏甲骨文材料的方便，爲大陸學者從事甲骨綴合提供核驗幫助，極大地推動了近年來甲骨學界綴合工作的進展。近年又將晚近諸家所綴合甲骨匯整爲《甲骨綴合彙編》〔註76〕出版，收錄一千餘組綴合。除了這些甲骨綴合論著之外，蔡氏還撰寫發表了許多甲骨綴合的單篇論文，如《甲骨文合集綴合補遺》及《甲骨文合集綴合補遺續篇》〔註77〕等。對於

種版本》，（蔡哲茂譯），《大陸雜誌》第 58 卷第 1 號，1979 年；《記蔣一安先生藏的甲骨文字拓片》，「第十四屆中國古文字研究會」論文，2004 年杭州，載《古文字研究》第 25 輯，中華書局 2004 年。
〔註74〕蔡哲茂：《甲骨綴合集》，樂學書局 1999 年版。
〔註75〕蔡哲茂：《甲骨綴合續集》，文津出版社 2004 年 8 月版。
〔註76〕蔡哲茂主編：《甲骨綴合彙編》圖版篇，臺北花木蘭文化出版社 2011 年 3 月版。
〔註77〕蔡哲茂：《甲骨文合集綴合補遺》、《甲骨文合集綴合補遺》（續）、（續一）、（續二）、（續三）、（續四）、（續五）、（續六）、（續七）、（續八）、（續九）、（續十）、（續十一）、（續十二）、（續十三）、（續十四）、（續十五）、（續十六）、（續十七）、（續十八）、（續十九）、（續二十）、（續廿一）、（續廿二）、（續廿三）、（續

甲骨綴合，蔡氏今後打算出版自己綴合的後續成果《甲骨綴合三續集》，收錄其人之後的綴合，擴充至七百餘組。此外，還擬撰寫《甲骨綴合彙編》釋文篇，即將《甲骨綴合彙編》圖版篇所收錄綴合圖版作出釋文及考釋〔註78〕。

再者，是蔡氏利用甲骨卜辭材料，結合文獻記載、考古資料，對殷商社會歷史進行較為深入細緻的探索研究。這些研究，涉及到商代歷史的方方面面，尤其以商代王室世系的考證及商代宗法制度的剖析最為突出〔註79〕。

如其代表作《殷卜辭「伊尹𤔲示」考——兼論它示》一文，對於甲骨文「𤔲示」一詞作了全新的解釋。過去張政烺認為「𤔲示」即「黽示」，也就是

廿四）、（續廿五）、（續廿六）等 28 篇，分別在《大陸雜誌》第 68 卷第 6 號，1984 年——第 104 卷第 5 號，2001 年；《甲骨綴合三十五則》，《古籍整理研究叢刊》2002 年第 6 期；《殷墟甲骨文字新綴五十一則》，《古籍整理研究叢刊》2003 年第 4 期；《史語所藏甲綴合十六則》，《商承祚教授百年誕辰紀念文集》，文物出版社 2003 年版；《甲骨綴合》（附：甲骨新綴二則），《二里頭與長江文明國際學術研討會論文集》，四川出版集團、四川文藝出版社 2005 年版；《甲骨綴合六則》，《古籍整理研究學刊》2005 年第 3 期；《甲骨綴合對殷卜辭研究的重要性》，《第十一屆中國文字學全國學術研討會論文集》，臺南師範學院 2000 年；《甲骨新綴合三十三片及其考釋》，《中國學研究》第 10 輯，「淑明女子大學 90 週年紀念國際甲骨學學術研討會」論文，1996 年 8 月；《介紹一版鮮為人知的甲骨綴合》，《甲骨文論文集》，1998 年；《甲骨綴合新編及新編補幾個問題的商榷》，《書目季刊》第 12 卷第 3 號，1978 年；《甲骨綴合新編及新編補幾個問題之商榷後記》，《書目季刊》第 15 卷第 2 號，1981 年。

〔註78〕此據中央研究院歷史語言研究所網頁資料。
〔註79〕蔡哲茂：《逆羌考》，《大陸雜誌》第 52 卷第 6 號，1976 年；《論羌甲爽姚庚在殷卜辭中五種祭祀的地位》，《書目季刊》第 18 卷第 3 期，1984 年；《殷卜辭「伊尹𤔲示」考——兼論它示》，《中央研究院歷史語言研究所集刊》第 58 本 4 分冊，1987 年；《甲骨文四方風名再探》，《金祥恒教授逝世週年紀念論文集》，臺北 1989 年；《商代稱王問題的檢討——甲骨文某王與王某身份的分析》，《歷史博物館館刊》第 3 卷第 3 期，1990 年；《伊尹傳說的研究》，《中國神話與傳說學術研討會論文集》（上冊），1996 年；《論尚書無逸「其在祖甲，不義惟王」》，《甲骨文發現一百週年學術研討會論文集》，臺灣文史哲出版社 1999 年；《契生昭明辨》，「第四屆中國訓詁學術研討會」論文，1998 年；《釋甲骨文的地名「嬰」》，《安陽文獻》第 15 期，1999 年；《論殷卜辭中的「大示」與「小示」》，「第三十六回國際東方學者會議東京會場」論文，1991 年東京；《武丁即位之謎》，「第一屆應用出土文獻學術研討會」論文，2003 年 4 月；《商代的凱旋儀式——迎俘告廟的典禮》，「中國早期文明研討會」（Workshop on Early Chinese Civilization），加拿大 U.B.C.溫哥華：英屬哥倫比亞大學，R00120，C.K.Choi Budliding ，2005 年 3 月；《論殷卜辭中的「𢆶」字為成湯之「成」——兼論「𢆶」「𢆶」為成字說》，《中央研究院歷史語言研究所集刊》第 77 本 1 分冊，2006 年。

「大示」。蔡哲茂從甲骨文中有「伊尹」與「**龜**示」相連的辭例,即「伊尹**龜**示」(《屯南》2567),推出「求示」、「**龜**示」應讀爲「舅示」,伊尹之族曾和商湯通婚,伊尹大概是成湯之舅,所以殷王室祭祀伊尹時稱其爲「伊尹**龜**示」、「伊**龜**示」或「**龜**示」。這一觀點較爲新穎,這涉及到了商代初年的政治制度和婚姻家族形態等重要問題,因此引起了較大反響〔註80〕。

由此,蔡氏進一步研究甲骨文中一起受祭的伊尹和「**娥**」,認爲伊尹是東夷有莘部族的首領,是商湯的舅氏,在商代初年擁有極高地位,故能在商湯之後廢立太甲;而「**娥**」則是與其一起臥底「間夏」的妹喜,因爲二人在滅夏建商中的功勳,所以在商代祀譜中尤其受到隆禮祭祀;並由此證明夏代歷史並非虛無,而是歷史事實〔註81〕。

再如對於「契生昭明」,歷來研究古史者深信不疑,蔡氏則從甲骨卜辭、傳統文獻等角度入手,對這一關於殷商王室世系中的重要一環作了嶄新的詮釋。自從羅振玉和王國維利用甲骨卜辭考出殷先公先王的名號,使《史記·殷本紀》所記載的商王世系得到大致證明之後,學者們紛紛以卜辭中出現的人名來附會《殷本紀》中的先公名諱,但是卻忽略了《史記》材料來源的可靠性。蔡氏認爲,《史記·殷本紀》所記殷先公「契卒,子昭明立」,是從《世本》而來,而《世本》是取自《荀子·成相篇》「契玄王,生昭明」。但歷來對《成相篇》的解釋錯誤,本來的意思是「契是殷人玄王,天生英明」,但是後世卻誤解成「契生了個兒子,名字叫昭明。」遂使《殷本紀》憑空多了一個先公〔註82〕。該文確定不疑地否定了商族先公「昭明」之存在,是後世文

〔註80〕 蕭良瓊女史甚至推測,「如果『伊**娥**』是『伊舅』,則伊尹是作爲伊族與商湯聯姻後,代表舅權參與政事的。」這一觀點有一定道理,不過以卜辭中稱先公先王配偶爲「**娥**」的辭例形式例之,「伊**娥**」等還應是伊尹之配偶(蕭良瓊《卜辭中的伊尹和伊尹放太甲》,《古文字研究》,第二十一輯,中華書局2001年版)。而對於蔡氏甲骨文「**龜**示」即「舅示」的觀點,劉宗漢先生有過駁論,認爲卜辭中的「**龜**示」、「求示」均應讀爲「舊」,即《盤庚篇》中「與舊人共政」的「舊人」;伊尹並非成湯的舅氏,商人祭祀伊尹既因爲他是自己族姓所出的少皞氏的嫡系後裔,同時也利用這種祭祀鞏固自己對東夷集團的統治(劉宗漢《卜辭伊尹**龜**示考》,《文史》2000年第四輯,總第53輯。另,劉氏在其另文《卜辭伊尹考》(《中華同仁學術論集》,中華書局2002年版)中,認爲「伊**娥**」也是「伊尹」的稱呼。關於這一爭論,將有待於進一步的深化討論。

〔註81〕 蔡哲茂:《伊尹傳說的研究》,《中國神話與傳說學術研討會論文集》(上冊),臺北漢學研究中心1996年。

〔註82〕 蔡哲茂:《契生昭明辨》,「第四屆中國訓詁學全國學術研討會」論文,臺灣師

獻衍生出來的。這是以往學者所沒有注意的，對於殷商社會歷史的研究來說，可謂意義重大。

還有其代表作《關於武丁卜辭中宮父壬身份的探討》，從《合集》1823（丙307）出發，由同版卜辭出現的兩位旁系先王羌甲、南庚，配合其他事類來探討宮父壬之身份，嘗試解釋宮父壬在卜辭出現的情況，並提出假設，認為宮父壬即是羌甲之孫、南庚之子，身為兩代殷王之後嗣，自然有其權勢。武丁是商王世系中以弟之子身份即位的第一個人，若從陽甲、盤庚、小辛、小乙兄弟依序即位的情況來看，陽甲之子的繼承權可能更為正統，但最後卻是小乙之子武丁登上王位，其間可能與得到宮父壬這一支王族的支持有關。宮父壬這一支是為羌甲、南庚之後，父祖皆曾為商王，故應有其相對之實力。武丁受其幫助而即位，因此在卜辭中，對羌甲、南庚此系多有所偏重，將其地位提高〔註83〕。

┃三、朱歧祥的甲骨文研究

朱歧祥，祖籍廣東省高要縣。臺灣新生代甲骨學家。臺灣大學文學學士、文學碩士，香港中文大學哲學博士。1982 年在金祥恒教授指導下，臺灣大學中文系碩士畢業。碩士論文選題為《中山國古史‧彝銘篇》。香港中文大學博士生畢業，博士論文選題為《殷對貞卜辭句型變異研究》。先在臺灣靜宜大學任教，2003 年後任教於東海大學中文系，現任東海大學中文系教授、系主任。先後在臺灣成功大學、逢甲大學作兼任教授。主要研究方向為「文字學」、「甲骨學」、「金文學」、「王國維研究」、「史記研究」等。

朱歧祥教授勇於探研，精於考究，勤於撰述，論作豐贍。其甲骨文研究，視野宏闊，涉及面廣，大約可以分為甲骨學史研究、甲骨學研究、甲骨文字考釋、甲骨文字形與造字法研究、甲骨文字詞句及語法研究、甲骨文殷商史研究、周原甲骨研究、花園莊東地甲骨研究等幾個方面。

關於甲骨學史，他的研究涉及到甲骨學研究的回顧與前瞻、甲骨文研究趨勢的綜述、甲骨學的推廣、甲骨學著作的評介、甲骨學家如孫詒讓、王國維、董作賓、金祥恒治學成績以及著名學者章太炎、黃侃、胡適等與甲骨文

範大學 1998 年；《東華漢學》第 3 期，國立東華大學中國語文學系，2005 年 5 月。

〔註83〕蔡哲茂：《關於武丁卜辭中宮父壬身份的探討》，「第三屆古文字與古代史國際學術研討會」論文，臺北中央研究院史語所，2011.3.25-27。

的關係等〔註84〕。

關於甲骨學研究的成果，涉及到卜辭辭例、兆辭研究、文例研究、對貞卜辭異形、同版異文現象及甲骨文辨僞研究等〔註85〕。如其《殷墟卜辭句法論稿——對貞卜辭句型變異研究》，將甲骨文中的對貞卜辭總結出「正正句同文對貞」、「反反句同文對貞」、「正正句異文對貞」、「反反句異文對貞」等多種變異句型〔註86〕。

關於甲骨文字的考釋，他還對《小屯南地甲骨釋文》作了補正。朱氏早期的文字考釋論文集結爲《殷墟甲骨文字通釋稿》出版發行。甲骨文單字的考釋涉及到「示冊」、「奴」、「乍」、「執、奴、伐」、「勿、弜」、「貞」、「正」、「儒」、「見」等字〔註87〕，多有不易之論。

〔註84〕 朱歧祥：《略談研究甲骨文字的新方向》，《香港浸會學報》第 4 期，1986 年；《論王國維的治學》，《靜宜人文學報》第 7 期，1995 年；《悼念甲骨的長城——金祥恒先生》，《國文天地》，第 134 期，1996 年；《由方法學論近人誤用甲骨舉隅》，《靜宜大學人文學報》第 9 期，1997 年；《近十年在臺甲骨學回顧》，《國文天地》，2000 年 3 月號；《董作賓與甲骨學》，《中央大學第六屆近代中國學術論文集》，2000 年；《評〈甲骨學一百年〉》，《中國文字》新 26 期，2000 年；《孫詒讓〈名原〉述評》，《中山大學第七屆清代學術研討會論文集》，2002 年；《甲骨學百年的展望》，《國文天地》第 17 卷第 8 期，2002 年；《略論近代西方學者的甲骨研究》，東西方研究國際學術研討會，2007 年 10 月。

〔註85〕 朱歧祥：《甲骨學論叢》，學生書局 1992 年版；《殷墟卜辭辭例流變考》，《第二屆國際中國古文字學研討會論文集》（續編），香港中文大學 1993 年版；《一辭二卜考》，《徐中舒先生百年誕辰紀念論文集》，四川大學 1998 年；《論排比文例對考釋甲骨文的重要性》，《古漢語研究》1999 年第 4 期（總第 45 期）；《甲骨學論叢》（再版），學生書局 1999 年版；《論子組卜辭一些移位句型》，《靜宜人文學報》第 13 期，2000 年；《論子組卜辭一些同版異文現象》，安徽大學中文系，新世紀中國古文字學國際研討會 2000 年；《論研讀甲骨文的方法——文例研究》，《歷史文物》第 11 卷 5 期，2001 年；《甲骨文辨僞一例》，《出土文獻語言研究》，第 1 輯，2006 年 6 月。

〔註86〕 朱歧祥：《殷墟卜辭句法論稿——對貞卜辭句型變異研究》，學生書局 1990 年版。

〔註87〕 朱歧祥：《小屯南地甲骨釋文正補》，香港《浸會學報》第 13 卷，1986 年。《殷墟甲骨文字通釋稿》，文史哲出版社 1989 年版。《說「示冊」》，香港中文大學《中國語文集刊》第五期，1990 年；《釋勿、弜同字》，許慎與說文學術研討會，鄭州 1991 年；《釋乍》，《靜宜人文學報》第三期，1991 年；《釋奴、執同字——兼論執、奴、伐的關係》，《靜宜人文學報》第 4 期，1992 年；《釋羌》，《胡厚宣先生紀念論文集》，1997 年；《釋儒——由古文字論儒的發生》，《中央大學第四屆近代中國學術研討會論文集》，1998 年；《殷卜辭考釋十則》，《中國文字》第 25 期，1999 年；《也論甲骨文的見字》，《靜宜大學人文學報》第

尤其是近年朱氏對商代金文的研究，可以看作是對甲骨文字研究的一種延伸，頗具特色〔註88〕。其《圖形與文字——殷金文研究》〔註89〕一書，是討論殷商金文和圖形符號的專門著作，分考釋和字表兩篇。上篇《考釋》收論文六章，是對商代金文的考釋，包括論殷商族徽非文字說、論殷商銅器中的家族記號（單一族號、複合族號、家族記號的系聯、家族記號與金文混置例）、由殷商銅器的家族記號通讀甲骨文例（殷商銅器中的家族記號見於甲骨例、由家族記號通讀若干卜辭句例）、論殷商金文的字、詞與句（論殷商金文的字形結構、論殷商金文的詞與句）、殷商金文字形研究（殷金文字形分析、殷金文斷代字例、殷金文多屬於晚商文字考、殷金文字形和字用的變例）、論殷商金文的詞彙等。討論的內容分兩部分：一是探討殷商家族記號的特性，並較全面的清查家族記號間的關係。通過對家族記號的剖析，印證殷王室貴族之間的具體關係，並對殷商金文和甲骨內容有較正確的理解；二是分析殷金文的內容，對殷金文字形、詞彙和句法有較深入客觀的分析。這部分清楚地幫助我們認識殷商青銅器中常態和特殊的語言，復提出殷金文並不代表殷商所有時期的文字，它祇是晚商一段時期處於殷墟一帶的上層社會所通行的正規文字。上篇文章對於上述五項研究課題在某種程度上也提出了個別的看法。下篇是商代金文字表，包括殷商金文字形表、字表引用器銘來源表、筆畫檢索。並附錄論文兩篇：《殷周文字形構繁簡問題考辨》、《互較甲金文中所無字例考》，比較完整地整理出殷金文 342字，重文 1 個，合文 28 個，稱謂語 48 個，家族記號 229 個，複合家族記號 130個，家族記號與銘文混置 53 例，提供作為進一步研究的基本資料，復排列殷金文和殷甲骨的字形，以資比較。

朱氏由甲骨文字的考釋，又涉及了甲骨文字字形與造字方法及文字學理論等研究。其中包括漢字的起源探索、文字雛形陶符與陶文、古文字「六書」理論辨析、古文字字形簡化及演變趨勢概括、甲骨文字中的點畫及偏旁部首解析、甲骨文造字方法條例總結、甲骨文一字異形現象討論、甲骨文字字形

---

11 期，1999 年；《殷卜辭考釋十則——論考釋甲骨的方法》，《漢字的應用與傳播》，北京華語教學出版社，2000 年；《甲骨文考釋舉例——甲骨文合集第6057 版》，《歷史文物》10 卷第 2 期，2000 年；《甲骨文的見》，《中國文字研究》，第 2 輯，廣西教育出版社，2001 年。

〔註88〕 朱歧祥：《論殷商銅器中的圖騰族徽》，《靜宜人文學報》第 18 期，2003 年；《殷商金文字形研究》，《東海中文學報》第 16 期，2004 年 7 月；《論殷商銅器中的家族記號》，《2004 年文字學學術論文集》，里仁書局，2005 年 11 月。

〔註89〕 朱歧祥：《圖形與文字——殷金文研究》，里仁書局，2004 年 10 月。

的位置經營及視覺概念解釋等等〔註 90〕。《論甲骨文造字方法》，提出「分析甲骨造字的條例」，並歸納出形意字、純粹約定字、形聲字三種甲骨文造字基本方法，按順序分組作了討論，並總結了甲骨文各類字形的總體分佈情況。《甲骨文一字異形研究》指出甲骨文之字形組合有三十三種變化，列出了 221 組異體字，大體說明了在形構增省、偏旁混同、位置更易及斷代字例等通用的情境下，各種異體大量產生，異化的現象在甲骨文中仍是一個主要的發展，類化的作用在甲骨文中尚未成爲主導的力量，同時也說明了甲骨文在構形上尚未定形。《論甲骨文的部首——中國最早的一批象形字》，通過檢視甲骨文字中獨體象形而具備部屬字關係的部首，歸納出 126 個理論上是甲文中最早發生的部首字。在《殷墟甲骨文字通釋稿》中將甲骨文字整理爲 175 部，其後修正爲 151 部，並從中再析出屬於第一期最早的部首字 126 個。朱將島邦男之 164 部、姚孝遂之 149 部及朱書所列之 151 部部首逐一比較，得出三者完全共出的部首計 131 字。參照其分部原則，可知甲骨學者大都脫離《說文》分部原則的框架，相較於《說文》540 部的分部原則，顯然精致得多。《甲骨文字學》一書則全面論述甲骨文字形音義的特性，並對甲骨文的研治方法、部首、三書說分別提出看法，充分呈現了作者多年研究甲骨文字的成果。

朱歧祥從古漢語研究的角度對甲骨文的字、詞、句的語法研究，是其甲骨文研究的重要方面〔註 91〕，尤其是朱氏參與了對甲骨卜辭命辭性質的討

〔註90〕 朱歧祥：《甲骨文一字異形研究》，國立中正大學中文研究所，1991 年；《論陶符和陶文》，《于省吾先生百年誕辰紀念論文集》，吉林大學 1996 年；《甲骨文研究——中國古文字與文化論稿》，里仁書局，1998 年；《中國文字的創造流變及辨識法》，甲骨學會《甲骨文論文集》第 2 期，1998 年；《論甲骨文的點》，甲骨學會《甲骨文論文集》第 2 期，1998 年；《甲骨文讀本》，里仁書局，1999 年；《甲骨文研究》（增訂本），里仁書局，2000 年；《論甲骨文造字方法》，《紀念殷墟甲骨文發現一百週年國際學術研討會論文集》，社會科學文獻出版社 2003 年；《甲骨字表》，法國社會科學院編《甲骨文發現百週年國際會議論文集》，2001 年；《論中國文字的起源》，《國文天地》第 14 期，2001 年；《甲骨文字學》，里仁書局 2002 年；《論甲骨文的部首》，《古籍整理研究學刊》，2002 年；《論甲骨文字形的位置經營》，《與世界接軌——漢語文化學——第一屆淡江大學全球姊妹校漢語文化學學術會議論文集》，學生書局，2002 年；《論甲骨文的部首——中國最早的一批象形字》，《靜宜人文學報》第 16 期，2002 年；《中國古文字字形與概念的區隔》，巴黎《中國的視覺世界國際會議論文集》，2005 年 11 月。

〔註91〕 朱歧祥：《卜辭中「乎」字非疑問語詞考》，《臺灣師範大學第九屆中國文字學學術研討會論文集》，1998 年；《論甲骨文的一些音韻現象》，《錢賓四先生逝

論。最早是陳夢家、管燮初等先生主張卜辭命辭是疑問句，近年來海外學者如吉德煒、舒萊、倪德衛、夏含夷、雷煥章、高島謙一等，則主張命辭不是或不全是問句，國內學者如李學勤、裘錫圭等先生也認爲卜辭中有些命辭不是問句，而另外一些學者如胡厚宣、王宇信、范毓周、陳煒湛、張玉金、唐鈺明等學者堅持認爲卜辭命辭是問句的傳統觀點。朱歧祥《殷墟卜辭命辭爲問句考辨》、《由「不」的特殊句例論卜辭命辭有屬問句》等論著，從甲骨文的文例、句法、性質、功能等角度考證，也認定甲骨卜辭命辭是問句，傳統的解釋不誤〔註92〕。

　　利用甲骨材料對殷商社會歷史的研究，雖非朱氏甲骨文研究強項，但也略有涉及，如對甲骨卜辭中的羌方、鬼方以及武丁時期方國地理與殷商王朝的戰和關係、甲骨文反映的商代自然神靈、神話以及甲骨文字書寫藝術等〔註93〕。茲不備舉。

　　對於殷墟甲骨文之外的甲骨研究，朱歧祥也多有關注。如其對周原甲骨的研究，涉及到了對周原甲骨文字的考釋、利用某些典型字體如「其」、「王」、「正」、「貞」及一些虛詞等對其進行分期斷代、利用卜辭內容考證商周關係等〔註94〕。其對周原甲骨的研究成果，主要集中於《周原甲骨研究》〔註95〕

世十週年紀念專刊》，2001 年；《論殷商金文的字、詞與句》，《中國文字》新28 期，2002 年；《論甲骨文的名詞》，《龍宇純先生七晉五壽慶論文集》，2002年；《讀一版濟南市大辛莊遺址出土商代甲骨的詞彙》，《安陽殷商文明國際學術會議論文集》，社會科學文獻出版社，2004 年 9 月；《論殷商金文的詞彙》，《古文字研究》第 25 輯，2004 年 10 月。

〔註92〕　朱歧祥：《殷墟卜辭命辭爲問句考辨》，《容庚先生百年誕辰紀念論文集》，廣東人民出版社，1996 年；《由「不」的特殊句式論卜辭命辭有屬問句》，《香港中文大學第三屆國際中國古文字研討會論文集》，1997 年；《由省例論殷卜辭的性質》，《中國文字研究》第一輯，上海華東師範大學編，廣西教育出版社，1999年；《論非王卜辭的特殊貞問語》，《靜宜大學人文學報》第 14 期，2001 年。

〔註93〕　朱歧祥：《殷武丁時期方國研究——鬼方考》，《許昌師專學報》第 3 期，1988年；《殷初戰爭史稿——殷武丁時期方國研究》，《靜宜人文學報》第 5 期，1993 年；《談甲骨文中的神話》，靜宜大學中文系，1995 年；《殷商自然神考》，《靜宜大學人文學報》第 10 期，1998 年；《說羌——評估甲骨文的羌是夏遺民說》，《甲骨文發現一百週年學術研討會論文集》，中央研究院歷史語言研究所 1998 年。

〔註94〕　朱歧祥：《周原甲骨字形初探》，《甲骨學會會刊》創刊號，1993 年；《由「王」字論周原甲骨的斷代》，《靜宜人文學報》第 8 期，1996 年；《周原甲骨文考釋》，新《中國文字》李孝定先生紀念刊，1997 年；《釋正——兼論周原甲骨的時代》，《中正大學中文學術年刊》創刊號，1997 年；《由虛字的用法論周原甲骨斷

一書。這是繼王宇信、陳全方、徐錫臺三位先生大作之後，有關周原甲骨的第四部研究專著。該書分爲上下編，上編按甲骨出土號的次序對鳳雛 Hll、H31 兩個窖藏出土的有字甲骨逐一作了考釋，並有斷代和語譯；下編是以分論的形式對周原甲骨的時代、字形源流、卦畫、字法及殷周關係等幾個方面作了論證和闡述；最後附有檢字筆畫索引和陳全方、徐錫臺二位先生描本的對照表。後來，朱歧祥根據新出土的材料，作了《〈周原甲骨研究〉的自我批判》，文中指出了曹瑋《周原甲骨文》在編輯上存在的五點不足，並據該書彩色放大照片反思朱著《周原甲骨研究》13 版釋文的誤漏，並舉 10 版釋文爲例說明朱書考釋的長處〔註96〕。

再如對於新時期出現的殷墟花園莊東地甲骨，朱氏也以極大的興趣參與其中，青雲高論，時見於有關期刊雜志。他對花東甲骨的研究，包括了花東甲骨文字考釋、花東甲骨與小屯南地甲骨比較、花東甲骨字詞句語法特徵、花東甲骨動詞省變考察、花東甲骨的特殊行款、花東甲骨「丁」之身份考辨、花東甲骨「婦好」研究、花東甲骨字形分析、花東甲骨字跡刮削考證及甲骨主人身世推測等等〔註97〕。如《由語詞系聯論花東甲骨的丁即武丁》，就花東甲骨「子」組卜辭中對聚訟較多的「丁」之身份，進行了詳盡的考察。首先對「丁」的材料進行描述，區分與「丁」有關的甲骨爲絕對材料和相對材料兩堆，然後又應用語詞的系聯、語義的對比、句型的分析等方法考證，證明了身份難測的「丁」

代》，《古漢語語法論集》，語文出版社 1998 年。

〔註95〕 朱歧祥：《周原甲骨研究》，學生書局 1997 年版。

〔註96〕 朱歧祥：《〈周原甲骨研究〉的自我批判》，《中國文字》新廿九期，藝文印書館 2003 年 12 月。

〔註97〕 朱歧祥：《〈殷墟花園莊東地甲骨卜辭選釋與初步研究〉讀後》，《中國文字》，新 26 期，2000 年；《花園莊東地與小屯南地甲骨比較》，《靜宜人文學報》第 17 期，2002 年；《論花園莊東地甲骨用詞的特殊風格——以歲字句爲例》，《古文字研究》第 24 輯，中華書局，2002 年；《論子組卜辭一些同版異文現象——由花園莊甲骨說起》，《古文字研究》第 23 輯，中華書局，2002 年；《釋讀幾版子組卜辭——由花園莊甲骨的特殊行款說起》，《中國文字》新 27 期，2002 年；《殷墟花園莊東地甲骨釋文正補》，中央研究院歷史語言研究所《第五屆國際古漢語語法研討會論文集》，第 1 卷，2004 年 8 月；《殷墟花園莊東地甲骨釋文》正補（二），國立臺灣師範大學《漢學研究之回顧與前瞻國際學術研討會論文集》，2006 年 4 月；《句意重於行款——論通讀花園莊東地甲骨的技巧》，《古文字研究》第 26 輯，中華書局 2006 年 11 月；《殷墟花園莊東地甲骨校釋》，東海大學中文系 2006 年版；《論花園莊東地甲骨的對貞句型》，《中國文字》新 31 期，2006 年 11 月。

是活人，且應該是當時王朝的主宰者——殷王武丁〔註98〕。《花東婦好傳》一文，他把《花東》卜辭中記錄婦好的 18 版卜辭與《合集》中記載婦好的辭例進行比勘研究，認爲《花東》卜辭記錄了早年的婦好，而《合集》所載的婦好則是中年的婦好〔註99〕。《殷墟花東甲骨文刮削考》，是對花東甲骨的刮削現象的考察。他認爲刮削應是整坑甲骨在埋藏前一次集體有意的選擇性的刮削結果，「（刮削）的辭例隱藏的內容，基本上都與「子」、「丁」、「妣庚」有關；「子」與「丁」是政治的關係，「子」與「妣庚」則是祭祀的關係。刮削的目的正是要清除上述的兩種關係的記錄，從而刪除花東「子」在殷武丁初期的重要性。因而推想刮削的背景是「子」（孝己）爲武丁太子，但並非是武丁與嫡妻（婦好）所生之子。因賢能而受到武丁或婦好的猜忌，遂遭到放逐疏遠，失卻繼承王位的機會。子或其家族後人爲免續招禍患，遂將子卜辭中許多記錄子主持政事和祭祀的事例刪除〔註100〕。

十四、臺灣其他甲骨學者名錄

其他一些臺灣的甲骨學家如白玉崢、吳匡、張哲、魯實先、干恒餘、史宗周、吳璵、趙友培、田倩君、李殿魁、龍宇純、周鳳五、張光遠、孔德成、黃然偉、韓耀隆、黃慶聲、黃競新、李旼升、許錟輝、邱德修、金經一、施順生、李宗焜、南基琬、魏慈德、吳俊德、林宏明、李柏瀚、楊郁彥、林聖傑、黃聖松、胡雲鳳、姚志豪等等，在甲骨文研究方面，也都有不懈的努力和驕人的成就。限於篇幅，茲不一一。

第二節　香港地區的甲骨學研究掃描

相對於臺灣來說，香港地區所收藏的甲骨文字並不太多。據胡厚宣先生的統計，香港各單位所藏甲骨文不滿百片。據後來的再統計，香港收藏甲骨的有 4 個單位，共藏甲骨 90 片：香港中文大學聯合書院圖書館藏甲骨 56 片、香港中文大學中國文化研究所藏 26 片、香港大學馮平山博物館藏 7 片、香港

〔註98〕 朱歧祥：《由語詞系聯論花東甲骨的丁即武丁》，《殷都學刊》2005 年第 2 期。
〔註99〕 朱歧祥：《花東婦好傳》，《東海中文學報》第 19 期，2007 年 7 月。
〔註100〕 朱歧祥：《殷墟花東甲骨刮削考》，東海大學中文系編《甲骨學國際學術研討會論文集》，聖環圖書出版公司 2006 年 7 月版。

大會堂美術博物館藏 1 片〔註 101〕。香港大學馮平山博物館所藏甲骨係李玄伯舊藏。其中以現藏於香港中文大學聯合書院胡忠多媒體圖書館的一批最為豐富、價值較高。這批甲骨文共 56 片。1969 年 5 月，聯合書院理學院學生鄧祖玄先生，奉母之命將其父鄧爾雅所藏這些稀有甲骨捐贈書院。此乃香港現存最豐富的甲骨藏品。

一、饒宗頤的甲骨文研究

香港地區也有一些學者從事甲骨文字的研究工作。但最負博雅之名的要數著名學者饒宗頤先生。

饒宗頤（1917～），字固庵，號選堂，廣東潮安人。幼承家學，讀經誦史。16 歲時即以文才名聞遐邇。未冠即整理其父的《潮州藝文志》，為學術界所推重。1935 年，18 的他即應中山大學聘請出任廣東通志館纂修。抗戰之初，饒因病留滯香港，為王雲五主編的《中山大辭典》撰稿，並協助葉公綽編著《全清詞鈔》，後任無錫國專教授。1946 年應聘為廣東文理學院教授。1947 年出任汕頭華南大學文史系主任。1949 年 10 月以後，定居香港，歷任香港大學中文系講師、高級講師、教授、主講教授、系主任。1978 年退休之後，又受聘任香港中文大學中國文化研究所榮譽高級研究員、中文系和藝術系榮譽講座教授。饒先生還先後被國際上許多著名大學、學術機構和學會聘任為名譽博士、永久會員、榮譽會員、榮譽講座教授、客座教授、顧問教授、榮譽研究員、院士、咨詢委員、學術顧問等。

饒先生治學，深受清代學術巨子沈曾植、王國維等人的影響，幾十年來勤奮搜討，細心鑽研，故其學問博大精深，當世學者罕有堪與比肩者。縱的來說，他的學術視野上追印度的吠陀時代，下及當今的書畫論壇、宗教活動；橫的方面，他的著述涵蓋了中外文化的藝術、宗教、天文、地理、術數、詩學、古文字學、歷史學等的許多層面。他在敦煌學、甲骨學、史學、經學、目錄學、楚辭學、考古學、金石學、書畫、音樂、詩詞歌賦等眾多學科門類中，均有極高的造詣和不朽的建樹。共出版專著 50 多部，發表論文 400 餘篇，著作等身，氣象博大，號為通人。世人把他和前些年去世的錢鍾書先生相提並論，有「南饒北錢」之稱。

〔註 101〕孫亞冰：《百年來甲骨文材料再統計》，《中國文物報》2003 年 5 月 9 日第 7 版。

圖 12-5　饒宗頤照片

（一）《殷代貞卜人物通考》的學術成就

　　饒先生的甲骨學研究，實在不過是以其淵博的學識對此領域的偶爾一顧而已。早在三十年代，饒在香港幫助王雲五氏編製查閱甲骨文、金文的八角號碼，即開始接觸甲骨文材料。這種神奇的新出現的古文字引起了他的極大興趣。後來他對甲骨文字深加研討，專注於甲骨文的分期斷代。他感到分期斷代的根本，在於貞人（卜人），對貞人進行分人研究，是當務之急。祇有將每個貞人貞卜的文辭排比清楚，從中鉤稽出相關的人物，那麼卜辭的時代先後次序，才有脈絡可尋。在殷墟出土的十幾萬片甲骨文中，有的標記貞人名字，有的不記貞人名字，有的是時王所卜的，有貞人名字的甲骨卜辭約佔全部甲骨的三分之一。貞人是甲骨分期斷代研究的最重要標準，在分期中起關鍵作用。

　　有鑒於此，饒先生積數年之力，著成了《殷代貞卜人物通考》〔註102〕。全書二十二卷，分上下兩冊。卷一《前論》談及殷代以前的占卜及卜用甲骨的分佈、商代甲骨的屬類、龜卜占術的源流、占卜事類與《周禮》作龜之八命等等，將殷代占卜與古文獻有關占卜記載相勘校。卷二《貞卜人物記名辭式樣例》，全面列舉了卜辭的各種句型，貞卜人物記名的方式分十一類，還對「卜」、「貞」兩字的字義作了考釋。卷三至卷十九為《貞卜人物事輯》，為本書的核心部分，將有關 117 位貞人占卜的卜辭內容進行了全面的整理，在每個「貞人」下大都列有「卜雨」、「卜晴」、「卜風」、「卜夕」、「卜旬」、「卜年」、「卜狩」、「卜往來」、「卜夢」、「卜疾病」、「卜邑」、「卜祭祀」、「卜方國征伐」、

〔註102〕饒宗頤：《殷代貞卜人物通考》，香港大學 1955 年 11 月版。

「卜所見人物」、「雜卜」、「成語」等項，逐項羅列資料，隨文解說，重點分析，並舉其用例加以考釋；在結語中論分派一節，批駁了董作賓氏的文武丁「復古」之說，即將董氏的文武丁及五期的貞人，統歸於一期之中。卷二十為附錄，分貞卜人物同版關係表、貞卜人物同辭關係表及各期卜人事類表。書後還有補記及索引。索引有人名、地名、成語、祭名等項，並可據所列頁碼在書中找到上述各項內容。本書對當時所能見到的 60 多種甲骨著錄進行了全面的整理，是一部集大成式的甲骨學著作。書中提出了「分人研究貞人法」，對甲骨文分期斷代研究和全面整理甲骨卜辭工作很有參考價值。

此書出版後，受到了甲骨學界的廣泛好評。日本學者松丸道雄、島邦男和臺灣學者嚴一萍等，分別撰文進行評述，均給予較高的評價〔註 103〕。

陳煒湛先生評述道：「此為饒先生分人研究主張之具體實踐與豐碩成果，與董作賓彥堂先生之斷代研究先後輝映，同為開創性之著述。祇是此書內地流傳甚少，學界知饒先生此一貢獻者亦不多。」〔註 104〕劉釗先生總結《通考》在甲骨學上的貢獻主要有以下幾點：1‧開創以「貞人研究法」為綱，全面整理甲骨卜辭的新體例。2‧對全部甲骨刻辭重新校勘，為學術界提供更為科學準確的資料。3‧抉發殷周禮制，復原殷商社會真貌。4‧精於文字訓釋，善於通讀卜辭。「這部以貞人為綱，以卜事為緯的著作，在甲骨學研究史上，具有劃時代的意義。」〔註 105〕

（二）在甲骨材料著錄方面的功勞

饒先生在甲骨材料的搜集、公佈、傳播方面，不遺餘力，也做出了自己的貢獻。他曾利用外出講學的方便，順便訪問那些流落到國外的甲骨遺寶，著成《日本所見甲骨錄》、《巴黎所見甲骨錄》、《海外甲骨錄遺》、《歐美亞所見甲骨錄存》、《楸齋所藏甲骨簡介》等，使一些深藏於異邦的甲骨文字重見天日，為學界所用，功德不淺。

〔註 103〕松丸道雄：《饒宗頤著「殷代貞卜人物通考」》，《東洋學報》第八號，1960年 3 月；島邦男：《評饒宗頤著「殷代貞卜人物通考」》，鄭清茂譯，《大陸雜誌》第二十二卷十二期，1961 年 6 月 30 日；嚴一萍：《略論饒著「貞卜人物通考」的基礎問題》（上、下），《大陸雜誌》第二十三卷九、十期，1961年 11 月。
〔註 104〕陳煒湛：《當代香港之甲骨文研究》，《甲骨文論集》，上海古籍出版社 2003年版。
〔註 105〕劉釗：《談饒宗頤教授在甲骨學上的貢獻》，《中國圖書評論》2010 年第 3 期。

其中《日本所見甲骨錄》〔註106〕，作者在序中介紹了日本自林泰輔研究甲骨文以來，學者們的研究情況及日本各地公私收藏甲骨的情況。圖版選收《東京大學考古學研究室所藏甲骨文字》一百十八片中的五十三片。附圖三，即：一、東洋文庫及硲伊氏所藏甲骨共三片，皆爲影印，並附摹本，其中硲伊氏收藏的一片見《遺珠》第628片。二、甲骨所見的「中子」，共十六片，全爲摹本。三、甲骨所見之「大子」，三片，全爲摹本。補記，「論中子、大子。」本書所錄甲骨圖版爲照相影印，少數幾版爲摹本，並附考釋。對收錄的五十三片甲骨的出處，釋文中都作了說明。如本書 1、4、5、24、25、43 號分別爲《卜辭通纂》別二 13·10、13·13、13.8、13.7、13.11、13.12 諸號，使讀者能了解這批甲骨的出處。

《巴黎所見甲骨錄》〔註107〕，綫裝一冊。圖版收錄甲骨二十六，計：一、巴黎大學中國學院所藏甲骨，1～13號，十三片；二、策努斯奇博物館所藏甲骨，14～22號，九片；二、歸默博物館所藏甲骨，23～26號，四片。附錄共有釋囟、釋貴、釋羃、釋舌等四篇。本書收錄的甲骨全爲摹本。作者對每片都作了考釋與分期。另外，作者還將本書的甲骨與其他著錄進行對照，指出本書中的 1、2、3、5 號同於《佚存》572、570，525、571，故知是商承祚舊藏之物。又指出另外四片分別與其他著錄爲同文。

《海外甲骨錄遺》〔註108〕，輯錄李棪所藏甲骨，以拓本及照片對照。第二部分是德國人衛禮賢舊藏甲骨，共七十二片，後歸瑞士民俗博物館，已刊於《甲骨卜辭七集》。這次發表的是實物照片，共六十八片。

《歐美亞所見甲骨錄存》〔註109〕，選錄歐、美、亞共十五家所藏的甲骨，其材料均已在其他甲骨著錄發表過。所選情況是歐洲四家：一、大英博物院；二、劍橋大學圖書館；三、牛津大學亞士摩蘭博物院；四、瑞士巴黎爾民俗博物館。美洲五家：一、加拿大多倫多大學安大黎奧博物館；二、明義士；三、哈佛大學佩波第考古人種學博物館；四、普林斯頓大學；五、卡內基博物館。亞洲六家：一、日本東京國立博物館；二、日本東洋文庫；三、日本書道博物館；四、韓國漢城大學考古系博物館；五、香港大學馮平山博物館；

〔註106〕饒宗頤：《日本所見甲骨錄》，《東方文化》第 3 卷第 1 期，1956 年 6 月版。
〔註107〕饒宗頤：《巴黎所見甲骨錄》，香港大紅雕刻印刷公司 1956 年 12 月版。
〔註108〕饒宗頤：《海外甲骨錄遺》，香港大學《東方文化》第 4 卷第 1、2 期，1956、1958 年版，又 1958 年香港大學出版社出版。
〔註109〕饒宗頤：《歐美亞所見甲骨錄存》，新加坡《南洋大學學報》1970 年第 4 期。

六、香港大會堂美術博物館。

（三）甲骨文字考釋

饒先生熟諳典籍，對傳統小學和考據方法非常精到，爛熟於胸，運用到甲骨文字考釋訓讀之上，常常獨具慧眼，妙解紛披。在饒先生的《殷代貞卜人物通考》一書中，就有大量的隨文考釋文字，勝義迭出，精彩紛呈。比如說「魯」為祝嘏之詞，讀「嗒」為「孽」，釋「舌」為「耆方」，訓「聖」為「壅」，謂「方」即「方夷」，讀「凡」為「盤」，讀「束」為「臘」，說「增口為繁飾」，釋「虎母」合義，釋「單父」合文等，所論皆能與典籍密切結合，有些解釋更得到晚出新資料的證明，都是值得研究者注意或具有啓發性的正確考釋。

除此之外，饒先生還有一些散篇論文考釋甲骨文字，比如《吽字說》、《說卍——青海陶符淺釋之一》、《「羊」的聯想——青海彩陶、陰山岩畫的符號與西亞原始計數工具》、《釋紀時之奇字「臬」與「埶」》，《談〈歸藏斗圖〉——早期卜辭「從斗」釋義與北斗信仰溯源》等〔註110〕。後者則是從甲骨文「斗」字論證北斗信仰產生的一篇重要論文。這些論文均能以廣闊的學術視野，在比較中外文字和結合民族學材料的方法下，採用三重證據法進行研究，對甲骨文中的一些關鍵性的字辭進行釋讀，從而達到考字證史的目的。

（四）甲骨學體系的構建和探索

對於甲骨學體系的構建，饒先生也做了多方面的努力。比如概要闡述甲骨學的，有《談甲骨》〔註111〕；談卜辭文學的，有《如何進一步精讀甲骨刻辭和認識「卜辭文學」》〔註112〕，說甲骨文書法的，有《甲骨文與書法藝術》序〔註113〕等等。此不一一。

〔註110〕饒宗頤：《吽字說》，《梵學集》，1993 年版；《說卍——青海陶符淺釋之一》，《明報月刊》1990 年 11 期；《「羊」的聯想——青海彩陶、陰山岩畫的符號與西亞原始計數工具》，《明報月刊》1990 年 10 期；《釋紀時之奇字「臬」與「埶」》，《第二屆國際古文字學研討會論文集》，1993 年；《談〈歸藏斗圖〉——早期卜辭「從斗」釋義與北斗信仰溯源》，沈建華編注《饒宗頤新出土文獻論證》，上海古籍出版社 2005 年版。

〔註111〕饒宗頤：《談甲骨》（一）、（二）、（三）、（四），《中國語文通訊》二、四、六、八期，1989～1990。

〔註112〕饒宗頤：《如何進一步精讀甲骨刻辭和認識「卜辭文學」》，《中國語文研究》第十輯，1992 年。

〔註113〕饒宗頤：《甲骨文與書法藝術》序，《中國語文通訊》1992 年；又黃孕祺《甲骨文與書法藝術》，香港文德文化事業有限公司 1991 年 12 月版。

（五）利用甲骨材料考史研究

饒先生利用甲骨文材料，結合典籍和金文材料，研究殷商社會和殷代禮制，也取得了很大的成績，有很高的造詣。比如撰寫發表了《殷代日至考》、《由卜辭論殷銅器伐人方之年代——答劍橋大學鄭德坤博士書》、《龜卜象數論——由卜兆記數推究殷人對於數的概念》、《談「十干」與「立主」——殷因夏禮的一、二例證》、《殷代易卦及有關占卜諸問題》、《四方風新義》、《由尙書「余弗子」論殷代爲婦子卜命名之禮俗》、《殷上甲微作「禓」（儺）考》、《談古代神明的性別——東母西母說》、《從左傳「猶繹」論殷禮賓尸義》、《殷代的日祭與日書蠡測——殷禮提綱之一》等等〔註114〕，頗受學界的注目和好評。

（六）利用甲骨文對古代地理研究

利用甲骨材料研究商代地理乃至先秦地理，是饒先生甲骨學研究的另一個卓有成效的方面。早年他著有《楚辭地理考》，又曾受顧頡剛先生的約請編輯《古史辨》第八冊的地理部分，可見其史地學功力之深。近來，饒先生通過《甲骨文通檢》的編著，計得卜辭中的地名1100個，運用史籍文物對勘的方法，寫成了《古地學發凡》〔註115〕，對《夏本紀》大禹之後以國分封諸姓之地名作了具體研究，並發現了復原其地名構成的規律。

新世紀以來，饒宗頤先生對大陸新出土的包括甲骨、金文、簡帛等地下文獻給予了較多的關注，所寫論文彙集爲《饒宗頤新出土文獻論證》〔註116〕。該書彙集了饒先生近年來對各地考古新發現的出土文獻研究，體現了饒先生近些年最新的思路和創造性的學術思想。其中該書第一組論文《殷周史地叢考》中，

〔註114〕饒宗頤：《殷代日至考》，《大陸雜誌》五卷三期，1953年；《由卜辭論殷銅器伐人方之年代——答劍橋大學鄭德坤博士書》，《香港大學歷史學會年刊》，1960年；《龜卜象數論——由卜兆記數推究殷人對於數的概念》，中央研究院歷史語言研究所集刊編《董作賓先生祝壽論文集》下冊，1961年；《談「十干」與「立主」——殷因夏禮的一、二例證》，《饒宗頤史學論著選》，1993年；《殷代易卦及有關占卜諸問題》，《文史》二十輯，1983年；《四方風新義》，《中山大學學報》1988年4期；《由尚書「余弗子」論殷代爲婦子卜命名之禮俗》，《古文字研究》第十六輯，1989年；《殷上甲微作「禓」（儺）考》，《中國儺戲、儺文化國際研討會論文集》，1993年；《談古代神明的性別——東母西母說》，《中國書目季刊》王叔岷教授八秩慶壽專號，1994年；《從左傳「猶繹」論殷禮賓尸義》，《左傳國際研討會論文集》，1994年；《殷代的日祭與日書蠡測——殷禮提綱之一》，《華學》創刊號，1995年。

〔註115〕饒宗頤：《古地學發凡》，全國首屆地名學研討會提交論文。

〔註116〕沈建華編注：《饒宗頤新出土文獻論證》，上海古籍出版社2005年版。

即由數篇以甲骨文字結合其它材料對商代地理的考證論文組成，如《古史重建與地域擴張問題》、《殷代地理疑義舉例——古史地域的一些問題和初步詮釋》、《殷代歷史地理三題》（包括《殷代盧帝考》、《帝江、工方考》、《殷代竹國辨》）、《契封於商爲上洛商縣證》、《殷代的西戉（越）》等等。另外其散篇論文《華南史前遺存與殷墟文化》、《婦好墓銅器所見氏姓方國小考》、《江西新淦商代遺物有關地理考證》〔註117〕等，集中了饒先生對南方古代地理的考證。

近十幾年來，隨著三星堆遺址的考古發現，饒宗頤教授將研究視野投向西南，通過對三星堆文化的剖析，他認爲以四川成都平原爲中心的古代蜀國雖然在古書中保留了許多史跡，但以往一些學者多持懷疑態度，或將其地域縮小，或將其年代移後，甚至將其斥爲無稽。這些認識都被三星堆文化的發現所推翻。他指出「西南文化在古代有其獨特之成就，可據以修正過去對古代巴蜀文化估計太低的錯誤。」他結合典籍和甲骨資料，從縱橫兩方面對巴蜀文化和地理進行了新的耙梳董理，在甲骨文中找尋出數十個殷代巴蜀地區的方國地名。這一研究是突破性的，打破了以往視卜辭中之方國多位於北方地區之觀點，爲殷商文化地理和巴蜀文化地理的研究開闢了新的局面。其《四川縱目人傳說與殷代西南地名——解開卜辭奇字鬼之謎》、《論殷卜辭之蜀》〔註118〕等論文，可謂這一方面的代表。圍繞著這一觀點，他先後寫成數十篇文章，已結集爲《殷代西南部族地理——三星堆文化新證》一書，即將印行面世。

（七）編著甲骨文資料數據庫工作

近年來，饒先生還主持了《甲骨文通檢》（詳下）、《甲骨文校釋總集》、「甲骨文全文數據庫」建設等甲骨文整理重大項目的科研工作。這些項目的成功實施與完成，必將對甲骨學的發展產生積極的影響。

二、李棪的甲骨文研究

饒宗頤之外，另一個香港著名學者李棪也從事甲骨文研究。

李棪（1910～1996），字勁庵，號棪齋，是晚清著名學者李文田之孫。早

〔註117〕饒宗頤：《華南史前遺存與殷墟文化》，《大陸雜誌》八卷二期，1954年；《婦好墓銅器所見氏姓方國小考》，《古文字研究》十二輯，1985年；《江西新淦商代遺物有關地理考證》，《學術集林》第三期，1995年。

〔註118〕饒宗頤：《四川縱目人傳說與殷代西南地名——解開卜辭奇字鬼之謎》，《傳統文化與現代化》，1994年4期；《論殷卜辭之蜀》，《四川三星堆文化國際討論會論文集》，1994年。

年就讀於香港大學中文學院，因蔡元培是其祖父李文田門生，經蔡元培薦引赴北京大學研究院深造。承紹祖志專攻南明史，又兼習甲骨文字。上個世紀六七十年代曾但任香港中文大學中文系主任，爲當代著名歷史學家，著有《東林黨籍考》、《晚明分省進士考》、《廣東方志所見錄》、《遼東志校補》、《清代禁毀書目考》、《輯印泰華樓讀書題跋》、《訂定翁山遺文》等。

李棪木人也藏殷墟甲骨。李氏自 1936 年開始收藏甲骨，所藏甲骨近 600 片。其中包括他於 1941、1942 年在北京琉璃廠的來薰閣、慶雲堂、通古齋、傅晉齋等處購得；1945 年在上海市場上選購 200 片，包括一塊有「大甲」字樣的人頭骨刻辭，又從葉叔重處選購甲骨若干；1946 年又有所獲；1952 年李氏執教英國，曾以商代青銅器向葉慈教授換得甲骨 38 片。

1966 年 12 月爲香港中文大學聯合書院十週年校慶，舉辦了李棪收藏甲骨文展覽，有《棪齋甲骨展覽》出版。書中有李氏寫有英文說明，饒宗頤先生也寫了《李棪齋所藏甲骨文簡介》。另外，李棪還曾兩次捐獻甲骨給荷蘭某博物館，李棪 1962 年捐贈了 2 塊大牛骨，1965 年 8 月捐贈了 1 塊大牛骨。李氏從葉慈教授處換得的甲骨，有一片可與第三次發掘所得甲骨綴合，已出李氏贈予臺灣中央研究院。

李棪先生對甲骨學的貢獻首先在其對有關甲骨文材料的著錄和介紹。他利用在國外教學的機會，搜集流散到外國的殷墟甲骨材料，著成《北美所見甲骨選粹》[註 119] 一書。該書著錄了美國、加拿大等北美國家所藏甲骨文的拓片 42 片，其中選自美國匹斯堡卡內基博物館藏 32 片、哈佛大學藏 6 片、哥倫比亞大學藏 1 片、加拿大皇家安大略博物館藏 3 片。作者考釋這批甲骨文字時，曾對其中的一、三、四藏骨情況作了較詳細的介紹。該批甲骨，除 1、2、3、15、42、43 號爲影印拓片外，其餘都爲拓本。

1969 年香港聯合書院圖書館收藏了東莞學者鄧爾雅的舊藏甲骨，李棪先生專門撰文《聯合書院圖書館新獲東莞鄧氏舊藏甲骨簡介》[註 120]，詳細介紹了這批甲骨文材料。這批甲骨是著名學者鄧爾雅氏之遺物，1969 年聯合書院的學生鄧祀玄，奉母命將其捐贈該院圖書館，共 55 片，其中甲 32 片，骨 23 片。這批甲骨中，大多數已著錄過，僅 1、3、7、8、21、25、31 七片未曾發表。

〔註 119〕李棪：《北美所見甲骨選粹》，香港中文大學《中國文化研究所學報》第三卷第 2 期，1970 年。

〔註 120〕李棪：《聯合書院圖書館新獲東莞鄧氏舊藏甲骨簡介》，《聯合書院學報》第 7 期，1969 年。

其次，李先生還撰寫了甲骨學方面的一系列論文，如《卜辭貞人何在同版中之異體》、《從甲骨文看漢字結構和書法變化特徵》、《殷帝辛田雞獲犯解》、《讀〈殷墟卜辭綜類〉與島邦男博士商榷》、《晚殷邲其卣三器考釋》、《讀李達良〈龜版文例研究〉》、《殷墟斫頭坑髑髏與人頭骨刻辭》、《早周甲骨所刻易卦筮符綜說》〔註121〕等，涉及到甲骨學史、甲骨文字考釋、甲骨文字形與書法特徵變化、甲骨文字典編排、甲骨文例、人頭骨記事刻辭、周原甲骨文與數字卦符等方面的研究。

試舉一例說明之。李棪《卜辭貞人何在同版中之異體》一文，爲有感而發。先是李氏見澳洲有學者稱，同版甲骨中凡同字異體者，必屬僞刻，並主張以此新方法爲評判甲骨片眞僞之標準。李氏則不以爲然，從自己所藏甲骨中選出一些有「何」字者，即能與臺灣歷史語言研究所藏殷墟發掘甲骨相綴合者，發現其中有同版上出現「何」字的異體現象，且異體字不止一二，而是很多，因此否定了同版異體現象必屬僞刻的說法。且也，對於貞人「何」的字體形狀，于省吾舉爲 8 式，屈萬里列 23 式，而李氏更搜遍卜辭，得 48 式分爲 5 類。其他貞人名，也有同版異體者現象存在，可以爲此旁證。

三、在香港召開的甲骨文學術會議

1978 年中國古文字研究會成立，這對香港地區的古文字學起到了積極的推動作用。從 1979 年起，香港地區之甲骨文研究學者在饒先生的倡導、組織下，陸續進入大陸參加學術會議或從事學術訪問、交流活動，積極參與內地的甲骨文等古文字研究學術討論會。內地與香港之間的學術交流逐漸趨頻繁，香港地區的甲骨文研究成績也逐漸爲內地學術界所關注，令內地學人刮目相看。

不僅如此，香港地區還利用其他任何地方不可替代的海內外文化學術交

〔註121〕李棪：《卜辭貞人何在同版中之異體》，《聯合書院學報》第 5 期，1966 年；《從甲骨文看漢字結構和書法變化特征》，1967 年 8 月美國密西根州安亞伯市第 28 屆國際東方學會議論文；《殷帝辛田雞獲犯解》，《聯合書院學報》第 6 期，1968 年；《讀〈殷墟卜辭綜類〉與島邦男博士商榷》，香港中文大學《中國文化研究所學報》第二卷第 1 期，1969 年 1 月；《晚殷邲其卣三器考釋》，《壽羅香林教授論文集》，香港萬有圖書有限公司 1970 年版；《讀李達良〈龜版文例研究〉》，《聯合書院學報》第 11 期，1973 年 9 月；《殷墟斫頭坑髑髏與人頭骨刻辭》，《中國語文研究》第八期，1986 年；《早周甲骨所刻易卦筮符綜說》，《第二屆國際中國古文字學研討會論文集續編》，香港中文大學 1995 年 9 月。

流方面的地利優勢，積極組織籌辦國際古文字學術研討會，從而極大地推動了包括香港在內的世界範圍內的甲骨文研究。

　　1983 年 8 月，由香港中文大學成功地舉辦了首屆「國際中國古文字學研討會」（The First International Conference on Chinese Paleography）。這是自甲骨文發現以來首次在中國領土上舉行的國際會議，也是中國古文字學史和甲骨學史上的首創。兩岸三地及海外的古文字學專家濟濟一堂，切磋學術，盛況空前。會上有關甲骨文的論文佔了一多半，成了大會的中心議題。如于省吾《釋從天從大從人的一些古文字》、徐中舒《怎樣考釋古文字》、高明（臺灣）《古文字與古語言》、李孝定《漢字起源的一元說和二元說》、姚孝遂《古文字的符號化問題》、高明（北京）《〈古文字學通論〉序》、陳煒湛《甲骨文同義詞研究》、趙誠《諸帚探索》、張秉權《略論〈殷虛書契前編〉的幾種版本》、裘錫圭《釋它》、周國正《卜辭兩種祭祀動詞的語法特徵及有關句子的語法分析》等，都是以甲骨文字研究為題或論及甲骨文字研究的篇目，涉及到甲骨文字考釋方法和理論、甲骨文字與古音、甲骨文字詞法句法文法、甲骨學史等方面的內容。這些論文，會後彙集成《古文字學論集》〔註122〕。

　　1993 年 12 月，香港中文大學又舉辦了第二屆「國際中國古文字學研討會」，甲骨文依然是會議討論的重要課題。如李孝定《研究漢字起源與演變的幾點心得》、高明《圖形文字即漢字古體說》、胡厚宣《關於胡石查提早辨認甲骨文的問題》、姚孝遂《說一》、饒宗頤《釋紀時之奇字「臬」與「執」》、裘錫圭《釋殷墟卜辭中的「兌」、「並」等字》、陳煒湛《甲骨文不字說》、沈寶春《釋凡與骨凡屮疾》、王恩田《釋匕氏示》、常宗豪《甲骨文字的再考察》、陳勝長《釋內外上下》、沈建華《商代冊封制初探》、徐錫臺《奇偶數圖形畫及其卦序的探討》、李棪《早周骨甲所刻易卦筮符綜說》、郝本性、張居中《論賈湖出土龜甲契刻符號為原始文字》、單周堯《說示》、蔡哲茂《說甲骨文葬字及其相關問題》、胡振宇《設字說》、陳紹棠《說臣》、劉釗《釋甲骨文中從兂的幾個字》、汪濤《甲骨文中的顏色詞及其分類》、連劭名《甲骨刻辭中的福祭》、朱歧祥《殷墟卜辭辭例流變考》等，都是與甲骨文字相關的研究論文，涉及到了甲骨文字的考釋、甲骨卜辭的釋讀、甲骨文詞的分類、卜辭辭例的變遷、甲骨文的來源與漢字起源、甲骨文與易卦筮符、甲骨文與殷商歷史、甲骨學史考辨等等方面的內容，

〔註122〕常宗豪主編：《古文字學論集·初編》，香港中文大學中國文化研究所、吳多泰中國語文研究中心 1983 年出版。

這比前一次學術會議的研究更加廣泛而深入。會後論文集爲《第二屆國際中國古文字學研討會論文集》〔註 123〕出版發行於世。

1997 年 10 月，香港中文大學又舉辦了第三次「國際中國古文字學研討會」。同樣，甲骨文字的研究仍是該次會議的重要主題之一，如饒宗頤《殷代西北西南地理研究的定點》、裘錫圭《釋西周甲骨文的卲字》、王宇信《甲骨文馬射的再考察——兼駁馬射與戰車相配置》、鍾柏生《中央研究院歷史語言研究所所購甲骨選釋》、沈建華《卜辭所見地名同字異體及假借釋例》、連劭名《甲骨刻辭中的矢》、朱歧祥《由不的特殊句例論卜辭命辭有屬問句》、唐鈺明《甲金文詞義辨析兩則》、蔡運章《論甲骨文金文中的互體卦》、濮茅左《商代的骨符》、季旭升《談甲骨文中的耳戊已士部中的一些待商的字》、李宗焜《釋磬聲》、宗靜航《亦雨夜雨辨》等，都是關於甲骨文研究的重要論文，內容涉及到了甲骨文字考釋、甲骨卜辭命辭性質、甲骨文字假借使用、甲骨卜辭與易卦、甲骨文與殷商歷史等諸多方面，頗有創獲發明。這些論文會後編爲《第三屆國際中國古文字學研討會論文集》〔註 124〕發行於世。

2003 年是香港中文大學創校四十週年，作爲祝賀香港中文大學校慶獻禮，10 月 15 日，香港中文大學中國語言與文學系又成功地舉辦了第四屆「國際中國古文字學研討會」。這次會議主題是「新世紀的古文字學與經典詮釋」，主要是針對二十年來新出土古文字材料不斷湧現的商周青銅器、戰國秦漢簡牘帛書，對先秦學術史的影響而召開的。儘管如此，作爲古文字學者重頭戲的甲骨文字研究，在這次會議上仍有數篇論文涉及到，如沈建華《甲骨金文釋字舉例》、朱歧祥《殷周文字形構繁簡問題考辨》、陳斯鵬《論周原甲骨和楚系簡帛中的「囟」與「思」——兼論卜辭命辭的性質》、Elizabeth Childs-Jonhson，FU ZI（婦子〔好〕）THE SHANG（商）WOMAN WARRIOR、張桂光《新世紀古文字研究的若干思考》〔註 125〕等。

通過這四次「國際中國古文字學研討會」的成功舉辦，極大地促進了中

〔註 123〕 香港中文大學中國語言及文學系編：《第二屆國際中國古文字研討會論文集》，1993 年 1 月出版；香港中文大學中國語言及文學系編：《第二屆國際中國古文字學研討會論文集》（續編），1995 年 9 月。

〔註 124〕 香港中文大學中國語言及文學系編：《第三屆國際中國古文字研討會論文集》，1997 年 1 月出版。

〔註 125〕 張光裕等主編《第四屆國際中國古文字學研討會論文集——新世紀的古文字學與經典詮釋》，香港中文大學中國語言及文學系 2003 年 10 月出版。

國甲骨學研究，在促進學術交流、繁榮學術方面發揮了其獨特的作用，同時這些高規格的學術會議也集中顯示了香港學者在甲骨學研究方面的成績，在學術界提高了知名度，擴大了學術影響。

四、《甲骨文通檢》的編纂

1982 年由郭沫若主編、胡厚宣總編輯的《甲骨文合集》在大陸出版發行後，饒宗頤先生以其敏銳之學術眼光，意識到此巨著的重大學術價值，遂醞釀並提出了《甲骨文通檢》的編纂計劃。為此，香港中文大學經與中國社會科學院歷史研究所協商確定，以中國社會科學院歷史研究所先秦史研究室甲骨文合集編輯組所撰《甲骨文合集釋文》為底本，由饒宗頤教授和沈建華女士主持，利用電腦編纂《甲骨文通檢》。此計劃得到香港中文大學中國文化研究所及利榮森基金會的支持。

當內地學者姚孝遂先生率領弟子門人編纂《殷墟甲骨刻辭摹釋總集》及《殷墟甲骨刻辭類纂》之同時，香港中文大學中國文化研究所在饒先生的主持下，沈建華女士則以頑強毅力，孜孜不倦地從事著《甲骨文通檢》的編纂工作。

圖 12-6　《甲骨文通檢》與《甲骨文校釋總集》書影

經過饒宗頤、沈建華等人十餘年的辛勤勞作，卷帙龐大的《甲骨文通檢》

一至五冊先後於 1989、1993、1994、1995、1999 年問世〔註126〕。其中第一冊爲「先公先王•先妣•貞人」，第二冊爲「方國地名」，第三冊爲「天文氣象」，第四冊爲「職官人物」，第五冊爲「田獵」，第六冊爲「祭祀」（未完成）。這套書字體摹寫細致，甲骨詞彙詳備，考訂精良，檢索方便。在內容方面不僅分類輯集了《甲骨文合集》的全部材料，而且還彙入《小屯南地甲骨》、《英國所藏甲骨集》、《懷特氏等收藏甲骨集》等幾種《合集》未收甲骨著錄書的材料，規模洋洋可觀，引人關注，成爲後出的一套重要的專門性質的甲骨文通檢索引工具書。在體例方面，這五冊通檢是以卜辭內容爲類別的詞語索引，與以單字字形爲序編排的《殷墟甲骨刻辭類纂》南北呼應，各異其趣而相得益彰。

值得注意的是，在每冊《通檢》卷首，均冠以饒宗頤先生所撰長篇論文作爲前言，對每冊涉及內容的甲骨學界研究現狀、存在的問題和斯學未來之展望，作了實事求是的評估，提出了不少新思路和新見解。這些前言，可以看作是饒先生晚年關於甲骨學研究的重要主張和嶄新觀點，均是甲骨學者所未曾言、未思及者，內容非常重要。舉其要者，如：

在第一冊「先公先王•先妣•貞人」篇前言中，談到貞人問題，認爲「貞人往往跨越數代」，「貞卜人物之名號，其中不少原爲地名，此等稱謂，有時不是某一個人之私名，可以指若干人」，「貞人既多以邦方爲名，故異代不妨同稱，事實必非一人」。這一觀點早已被學術界證實並接受，在此的進一步闡發對甲骨斷代的研究具有指導意義。文中以貞人「扶」爲例，說明全面分析甲骨坑位資料對於貞人斷代的重要性。針對甲骨文斷代研究的論爭，指出「研究的對象是問題而不是斷代。」同時又指出：「學術貴在求眞，不在爭勝。」

在第二冊「方國地名」篇前言中，認爲考辨殷代地名，必須認識三難（識字、斷句、一地同名多歧），祛除三蔽（囿於殷疆土局於河域，泥於主觀擬構時月及同版連繫與行程推測，限於方隅與地名關涉），指出：「三難既已了然，三蔽必須去囿，然後庶幾可談殷代之地理。」這一分析是針對當前甲骨文地名研究中的時弊有感而發，切中肯綮，入木三分，很值得研究者注意。在此前言中，饒先生對甲骨文地名進行了詳細的分類排比和解說，並結合新出土的考古資料，對殷代地名尤其是殷代四國多方的地望進行了新的考訂，比如考證卜辭之舌方即工方爲邛方，應在江原，當爲蜀地，馬羌應在廣漢，釋市

〔註126〕饒宗頤主編，沈建華編輯：《甲骨文通檢》，第一冊、第二冊、第三冊、第四冊、第五冊，香港中文大學 1989、1993、1994、1995、1999 年版。

為會，即沛即澮等，新穎獨創，說服力強，令人信服。

在第三冊「天文氣象」篇前言中，首先論證了「氣」在天象中的意義，接著談到「氣」與卜辭四方風之聯繫，然後對卜辭中一些有爭議的氣象記錄文字進行了總結和新釋。此中附文《殷卜辭所見星象與參、商、龍、虎、二十八宿問題》，「以勘卜辭，知殷時諸星宿，大體已略備」，強調不可低估殷代天文學的成就，認為卜辭所見星象證明殷人天文學水平已經很高，其時已有參商、龍虎等星座觀念。這一發現是驚人的，尤其在古代天文學史上具有重大的意義。

在第四冊「職官人物」篇前言中，首先談到殷代職官的構成，他指出古代設官置職肇自虞夏，職官設置如天地之劃分，下土設官，上天亦相同，猶如後代天文上之天官，分屬五區，此即天人合一思想之來源。通過論證卜辭中之「帝五臣」、「帝五臣正」和「帝五王臣」，說明這種職官設置上下相應的現象肇始自殷代，將《曲禮》中天官的「六大」與卜辭對照，認為卜辭中六大諸官之名大致可考，揭示出殷卜辭中職官的主要分類。卜辭中有許多祭「土」的記載，饒宗頤教授認為這與《易》卦以坤為首有關。對卜辭中的職官名稱，文章逐一進行了排比分析並結合典籍和金文資料探討了卜辭中的爵和姓。再如讀甲骨文之示為宗，認為宰、宗、史、祝、卜，「諸官均見於殷契，惟稱大者，僅有大宗、大史二例，因知六大之前如此齊整，殆出後之擬議。」

在第五冊「田獵」篇前言中，對卜辭中有關田獵資料進行了全面的耙梳董理。首先是對田獵卜辭中的術語和語言格式進行了分析，接著指出了田獵與祭祀尤其是與軍禮之間的關係，這一點是非常重要的。饒先生認為晚殷伐夷方（舊說人方）路程宜屬西夷地名，夷方實兼指西南夷而言，征夷方之商均上洛之商，「淮」非淮泗之淮，乃西戎之淮戎。並認為許多地名「均在隴蜀之間，則《殷本紀》言武乙獵於河渭間，《竹書紀年》稱紂（二十二年）大蒐於渭，說誠可據。河渭為殷人田獵要區，以其地與羌接壤，羌為殷之大敵，蒐田乃軍事行動，其意義即在此。」

五、甲骨文全文電子資料庫的編纂

1996 年，香港中文大學中國文化研究所在饒宗頤先生的倡議下，在所長陳方正先生積極推動與主持下，該所又啟動了另一項甲骨文研究計劃，即建立甲骨文全文電子資料庫（此為香港中文大學中國古文獻資料庫「漢達文庫」計劃之一）。

　　爲此，特延李學勤先生、裘錫圭先生爲顧問，並延《殷墟甲骨刻辭類纂》編者之一曹錦炎先生由浙來港，與沈建華女士合作，實施此計劃。他們以類纂之字形總表爲基礎，先予校訂，糾正其誤，補足其闕，然後重新調整，分類、編號，從而爲紛繁複雜的甲骨文字建立一套系統定型之排列體系。與此同時，對六千多個甲骨文字（含異體字、合文）涉及總表、對應表、字段、字類等不同功能之檢索，由科技人員輸入電腦，以適應不同需要之讀者。

　　甲骨文資料庫對《甲骨文合集》、《英國所藏甲骨集》、《小屯南地甲骨》、《懷特氏等所藏甲骨文字》、《東京大學東洋文化研究所藏甲骨文字》、《天理大學附屬參考館所藏甲骨文字》、《蘇德美日所藏甲骨文字》等七部甲骨著錄的甲骨卜辭材料釋文進行了電子化處理。《新編甲骨文字形總表》和《甲骨文校釋總集》是該庫的配套紙質文本。該庫的釋文不僅在材料的收集、文字的處理還是在文句的標點和斷句等方面都採用了最近幾年的最新成果，因此在甲骨文整理方面，此庫可謂是後出轉精。總體來說，漢達文庫的甲骨文庫包含兩個大表，一即爲字形表，另爲釋文表，均由甲骨文字形和相對應的隸定字形組成。運用該庫可以檢索字頻和釋文，通過甲骨字的編號、隸定字形、甲骨字形、著錄甲骨號進行單字、詞語、釋文等的全方位檢索。在該站首頁有「功能演示」，具體介紹了使用方法。

　　但是毋庸諱言，該甲骨資料庫也存在一些問題。

　　該庫最大的問題還是出在字體方面。字形表在《類纂總表》的基礎上，對每個部首下的字形進行重新調整、分類和編號，在漢達文庫即表現爲 ICS3、ICS4 兩個字體文件。字形表對甲骨字形的處理很是精細，尤其是對異體字的歸納方面更是其一大特色。然而在網頁上有一些字形卻顯示不出來，現在所看到的網站字表中缺失了 372 個甲骨字頭，這直接影響到有關字條下的所有卜辭內容，而原形和隸定字的轉換等問題上也還存在錯誤。有些字形的處理還是存在很大問題的。如甲骨文中的「屮」和「又」，賓組中既有「屮」，又有「又」，然而其使用方法有別，賓組以後的各類卜辭「屮」逐漸被「又」所取代，到黃組卜辭中，已經見不到「屮」字了。然而漢達文庫中「屮」幾乎取代了所有的「又」，從賓組到黃組釋文中全是「屮」，而沒有「又」。另外，由於字表採用的標準化的甲骨文字體，所以有一些有細微區別的甲骨字形便不能顯示出來了，如甲骨文「眾」字有多種字形，而漢達文庫卻祇有一個字形；甲骨文「羌」字有諸多異體，在漢達字體中卻沒有收入其常見形體。另

外，還有一些誤摹及漏摹的字形，以及將相同的字之異體分列等現象。

此外，在釋文和檢索方面，由於對甲骨重片和綴合片的釋文沒有採取措施，所以根據甲骨字進行檢索的條數是不很準確的。在《甲骨文校釋總集》中，挑去了《補編》中收錄的《懷特》、《東京》、《天理》、《蘇德美日》，在材料的整合上應是比網站內容更加精細了。希望編者能對網站加以改進，以利於甲骨文信息化的深入開展。

甲骨文電子檢索系統，翻看檢索網，很有實用價值，於學術研究甚有助益；祇是尚不完善，還須作必要的調整、改進。香港中文大學在電子信息方面有較強的學術性和技術性實力，相信不用很久，這項計劃即可順利完成並趨近完善，爲當代甲骨學的發展作出新的貢獻。

六、《新編甲骨文字形總表》評價

由饒先生及李學勤作序，沈建華、曹錦炎編著之《新編甲骨文字形總表》，作爲「甲骨文資料全文電子資料庫」這項計劃的先期成果之一，於 2001 年出版發行，爲從事甲骨文研究的學者提供了一份極有價值的研究成果。本書實爲新世紀甲骨文研究的首項重要成果。

甲骨文到底有多少個單字，這是人們經常問及的一個問題，但是由於方法的不同和具體統計過程中對一些問題處理方式的各異，目前學術界對此還未取得一致的看法。早期甲骨學家羅振玉先生、王襄先生等人都曾對甲骨文單字總數作了推測與估計，但由於此時的甲骨文材料頗不全備，因此其統計字數意義不大。1956 年陳夢家先生曾約略估計，「甲骨上的文字總數約有 3000－3500 字，前人已經審釋的不超過 1000 字，現在還不曾認出的約有 2000 字。」〔註 127〕1978 年于省吾先生推測：「截至現在爲止，已發現的甲骨文字，其不重複者總數約四千五百個左右。其中已被確認的字還不到三分之一。」〔註 128〕而在于先生主持下編纂的《殷墟甲骨刻辭摹釋總集》和《甲骨文字詁林》〔註 129〕，甲骨字頭卻均未達到 4500 個，祇在 3300－3500 個上下，與陳氏的估計倒是相當接近的。

〔註 127〕陳夢家：《殷虛卜辭綜述》，第 63 頁，中華書局 1988 年版。
〔註 128〕于省吾：《甲骨文字釋林》序，第 1 頁，中華書局 1980 年版。
〔註 129〕姚孝遂主編：《殷墟甲骨刻辭摹釋總集》，中華書局 1988 年版；姚孝遂主編：
　　　　《殷墟甲骨刻辭類纂》，中華書局 1989 年版。于省吾主編：《甲骨文字詁林》，
　　　　中華書局 1996 年版。

此外，1967 年日本學者島邦男《殷墟卜辭綜類》統計爲 3324 個，1989 年姚孝遂等《殷墟甲骨刻辭類纂》統計爲 3603 個，1993 年松丸道雄、高島謙一《甲骨文字字釋綜覽》統計爲 3395 個，1995 年臺灣學者李宗焜統計爲最大值是 3948 個，最小值是 3809 個〔註 130〕。宋鎭豪先生認爲，這些統計數字大致相差無幾〔註 131〕。也就是說，迄今已發表的殷墟甲骨文資料中的單字總數大約在四千左右。這一統計結果是接近事實的，眞實可靠的。

沈建華、曹錦炎編著的《新編甲骨文字形總表》，則對百年來甲骨文字作了最新統計。該書羅列字頭 4071 個，去掉重複的「祖先」項 85 個，共得單字 3986 個，與李文統計結果接近。據此總表，便可知甲骨文單字總數爲三千九百餘個，不超過四千。這一極重要的信息表明，我國文字自甲骨文至今，變化多端，而其常用者則大致在三千字至四千字這一幅度之內，古今皆然。

《新編甲骨文字形總表》是「甲骨文全文電子資料庫」建立的基礎部分。爲了在電腦上輸入甲骨卜辭，編著者參照姚孝遂、肖丁主編的《殷墟甲骨刻辭類纂》字形總表，重新整理甲骨文字，對《類纂總表》中的部首設置失當和字形誤摹、漏收、重出以及隸定等問題加以修正，也可以說是《類纂總表》的修訂版。編者在修訂的過程中，並不是簡單地照搬《類纂總表》，而是用了整整五年時間，將《合集》、《屯南》、《英藏》、《東大》、《懷特》、《天理》、《蘇德美日》等七種甲骨著錄，逐版逐條認眞核校，做出新的釋文，在此基礎上，篩選出不重複的甲骨文字及其結構，與《類纂總表》所收各個字形對比校勘，編成《新編甲骨文字形總表》。

《總表》是甲骨文字形系統整理研究的最新成果，它的成績表現爲如下幾個方面：首先是基礎工作紮實。據該書緒論所述，編者對《殷墟甲骨刻辭類纂》「重新作了一次整體性的核校和整理」，對《類纂》部首和字目有明顯錯誤的地方作了「合理性的調整、增補、歸並」。《總表》共設 152 部，收錄甲骨字形 6051 個，修正了約 200 個《類纂》誤摹的字形，取消了 146 個《類纂》誤摹的字形和個別重複收字，同時也增收了《類纂》遺漏未收字 800 個左右。此外，《總表》還隸定了部分《類纂》中未能隸定的字，對於《類纂》

〔註 130〕 李宗焜：《殷墟甲骨文字表》第 3 頁，北京大學博士學位論文，1995 年。又參見李宗焜：《〈甲骨文字編〉芻議》，《甲骨文發現一百週年學術研討會論文集》，臺北，1998 年。

〔註 131〕 宋鎭豪：《百年來甲骨文集成性工具書的編纂》，《歷史文獻》第五輯，2001 年 8 月。

中未能釋讀而散入各部的異體字則根據文例調整或確立了正確的歸部，從而「爲紛繁複雜之甲骨文字建立起了一套系統定形的排列體系」。

　　在修訂的過程中，編者用心細致，不放過一筆一劃的訛誤，同時利用卜辭同文例互相校訂，所以能去僞存眞，取得重要成果。有學者對此作了有益的綜述〔註132〕，茲引如下：

　　1、取消《類纂總表》中的 ⿱ 等 12 個部首，新增 ⺝ 等 11 個部首（書中第7 頁云，共增設 9 個部首，誤），加上「其它」、「干支」、「祖先」、「數字」四項，共列 152 個部首。

　　2、修正《類纂總表》中約 346 個誤摹字形，其中應當取消的約 146 個，其餘的 200 個需要修改（這當中有的是一筆一劃的疏誤，有的是二字誤認爲一字，還有的是一字拆分爲二字，詳見書後「《殷墟甲骨刻辭類纂》〈字形總表〉校記」）。

　　3、補允 800 個新字，大大豐富了甲骨文字庫。

　　4、合併《類纂總表》中分散的異體字；

　　5、對《類纂總表》中能夠隸定而未隸定的字加以隸定，隸定錯誤的加以糾止；

　　6、去《類纂總表》中重複的字。

　　本書利用新的甲骨文材料和研究成果，糾正了《類纂總表》中的大部分舛誤，成績斐然，體現了當今甲骨學研究的水平；它補缺的新字（如鎷、🐾、🍶等）與合並的異構字（如🐟、🔥爲獻字的異形），不僅豐富了甲骨文字庫，而且還爲文字學和殷商史研究提供了新材料，促進了甲骨學的發展。李學勤先生在此書的序言中稱，此書是對甲骨學研究的一大貢獻，也是這門學科走向進一步發展的重要標誌。

　　需要指出的是，本書對《類纂總表》的修訂，亦有一些不當之處，比如《類纂總表》認爲 🐾 與 🦶 、⿰ 等、🏠 與術，🏃 與 🐗 等、🐜 與 🐢 等均爲同字異構，沒有問題，應從《類纂總表》，本書則錯將它們分爲兩個字；又如，🌐 與 🔺 、🐚🐟 與 🔺 、🏠 與 🌱，「🐢」與「酉」等在卜辭中用法不同，意義有別，是兩個不同的字，《類纂總表》分之，本書則誤爲一字。

　　還有學者認爲，《新編甲骨文字形總表》是甲骨文字形系統整理研究的最新成果，但在古文字數字化新環境中，它所代表的爲適應傳統文本形式檢索

〔註132〕孫亞冰：《〈新編甲骨文字形總表〉評介》，《中國史研究動態》2003 年第 5 期。

要求而形成的甲骨文檢索系統，不但原有缺陷被放大，而且顯現出若干新的問題。如在部首設置方面，《總表》的部首單位數量相對甲骨文構形系統的實際而顯得數量偏少，從而導致了部首與所轄字對應的模糊性和人爲性；將部首限定在獨體範圍內則降低了某些部首與其所統攝字形結構的契合度；忽略與後世通用部首的對應性，增加了甲骨文部首與使用者的隔膜度。在字形歸部方面，由「異體相連」而造成的他部字帶入從根本上違背了部首檢字原則；部分字形純形式化歸部破壞了整個系統的文字學部首性質。在字形排序方面，多重排序標準造成部首內字形排列失序。以上種種問題表明，甲骨文檢索系統的改進必須以進一步貼近甲骨文文字系統的實際、堅持排序標準的一元化、發揮數字化的超文本多路徑優勢爲原則。

七、《甲骨文校釋總集》出版

在完成《甲骨文通檢》和《甲骨文全文資料庫》等大型甲骨學資料著錄和工具書之後，香港甲骨學者經過十年的編纂和兩年的編輯，一部新世紀最重要的甲骨學研究成果、20卷本《甲骨文校釋總集》〔註133〕，最近由上海世紀出版股份有限公司辭書出版社出版發行。

《甲骨文校釋總集》由香港著名學者饒宗頤教授領銜主持，著名古文字學家李學勤擔任顧問，香港中文大學中國文化研究所所長陳方正教授策劃指導，著名古文字學者、浙江省文物考古研究所所長曹錦炎研究員和香港中文大學中國文化研究所沈建華研究員耗時十年合作編著。《總集》獲得國家古籍整理出版經費資助，終於成爲甲骨學史上最重要的資料總集。

《總集》全書20卷，爲大16開本，共500餘萬字。資料完備，考釋準確，體例新穎是其三大特色。其校釋的基礎爲海內外已正式發表的9種甲骨著錄，包括《甲骨文合集》、《甲骨文合集補編》、《小屯南地甲骨》、《英國所藏甲骨集》、《東京大學東洋文化研究所藏甲骨文字》、《懷特氏等收藏甲骨文集》、《天理大學附屬天理參考館甲骨文字》、《蘇德美日所見甲骨集》以及最新的《殷墟花園莊東地甲骨》，總計甲骨約65，000餘片，涵蓋當世所知絕大部分卜辭，是目前對商代甲骨文進行整理的最新最全面的成果。

從考釋上來看，作者依據刊佈的拓本及各家所作的釋文，多重校勘，在

〔註133〕饒宗頤主編，沈建華、曹錦炎編著：《甲骨文校釋總集》，上海世紀出版股份有限公司辭書出版社2007年出版。

原作者釋文基礎上逐字逐片校對，吸收學術界最新研究成果，並結合自己的研究心得重新釋文。它校正了《甲骨文合集釋文》、《甲骨文合集補編釋文》錯誤達數千處。因此它與《甲骨文合集》和《甲骨文合集補編》的釋文有很大差異，重釋部分多達三成，代表了作者在上世紀甲骨研究的基礎上，不懈努力、精益求精所獲得的成果。

此外，該書所用隸定字和甲骨字絕大部分應用電腦字以求整齊劃一，並補充了甲骨綴合與重片的整理。作者利用《補編》來源表和蔡哲茂《甲骨綴合集》和《甲骨綴合續集》提供的綴合資料，對 9 種甲骨著錄釋文中凡重片或綴合的甲骨片逐一校核整理，並在該片後附上互見重片或綴合號碼，以方便人們更好地掌握資料信息。

總之，《甲骨文校釋總集》這部卷帙浩繁的甲骨學煌煌大作，集隸定、考釋、綴合於一體，是對以往甲骨資料研究的總結性大型工具書，體現了工具書的資料性、權威性和實用性的高度統一，是目前對商代甲骨文全面整理的最新成果，也是研究甲骨文的一部重要工具書。它對商代甲骨文作了全面的整理與研究，為甲骨學的進一步研究夯實了堅實的基礎。為此，該書出版之日，海內外古文字、甲骨學學者雲集上海，共同慶賀此書的隆重問世，稱這是一部甲骨學發展歷史上承前啟後的里程碑式的著作。

八、沈建華的甲骨文研究

作為香港重要的甲骨學者，原上海博物館館長沈之瑜先生之女沈建華，除了躬親參與由饒宗頤先生主持的眾多重要的甲骨學研究和編著課題工程外，她自己也在這些課題的實施過程中，逐漸形成了許多關於甲骨文研究的觀點，撰寫和發表了大量的甲骨文研究論著。

沈建華女士在甲骨文字考釋方面的成績頗為不俗，如《甲骨文釋文二則》即是其例〔註134〕。出於女子的細心觀察和體悟，她能發現甲骨文中「亡災」、「亡囚」、「亡壱」、「亡尤」、「亡戈」、「亡戋」等之異同〔註135〕。也同樣是因為如此，再加上她多年從事《甲骨文通檢》和《甲骨文全文電子數據庫》的編輯工作經驗，她才能夠對《甲骨文字詁林》這樣卷帙浩繁的工具書作細心

〔註134〕沈建華：《甲骨文釋文二則》，《古文字研究》第 6 輯，中華書局 1981 年版。
〔註135〕沈建華：《試論亡囚、亡壱、亡尤、亡災、亡戈、亡戋的辭義異同》，《中國語文研究》1984 年第 5 期。

的校勘工作〔註136〕。

可能是受饒宗頤先生關於古代歷史地理學研究的影響，沈建華在利用甲骨文材料考證和復原商代歷史地理方面的研究成果，也是頗有特色的成績。如其《卜辭金文中的伾地及其相關地理問題初探》、《甲骨文中所見西周幾個重要地名》、《甲骨卜辭中所見的鼓》、《卜辭所見地名同字異體及假借釋例》、《楚簡〈容成氏〉州名與卜辭金文地名》〔註137〕等，都是這方面的成功之作。在以甲骨卜辭研究歷史地理的基礎之上，沈建華還將研究的觸角深入到商代的疆域與納貢、國家政治地理結構與冊封制度等層面上來，如《商代的冊封制度初探》、《卜辭所見商代的封疆與納貢》〔註138〕等，研究較爲深入和具有一定的理論性。

沈建華的另一組論文則是對甲骨文中的祭祀活動之考察，無論是賓祭中的「尸」和「侑」的區分，還是對社祭相關問題的釐定，都是有關於商代祭祀制度的重要問題〔註139〕。同時，利用甲骨文中一些文字的字形、字義以及卜辭中的四方風名等，來考察商代已經出現的陰陽方位、五行觀念以及時人對天文星宿的認識等〔註140〕，在考證和復原商代人們思維意識和精神世界方面，其研究不乏參考價值。

〔註136〕沈建華：《甲骨文字詁林》第三、四冊校記，《古文字研究》第 23 輯，中華書局・安徽大學出版社 2002 年 7 月版。

〔註137〕沈建華：《卜辭金文中的伾地及其相關地理問題初探》；《甲骨文中所見西周幾個重要地名》，《考古與文物》1997 年第 4 期；《甲骨卜辭中所見的鼓》，《于省吾教授百年誕辰紀念文集》，吉林大學出版社 1996 年版；《卜辭所見地名同字異體及假借釋例》，《第三屆國際中國古文字學研討會論文集》，香港中文大學 1997 年版；《楚簡〈容成氏〉州名與卜辭金文地名》，《古文字研究》第 25 輯，中華書局 2004 年版。

〔註138〕沈建華：《商代的冊封制度初探》，常宗豪、張光裕等編輯：《第二屆國際中國古文字學研討會論文集》，香港中文大學 1993 年 10 月出版；《卜辭所見商代的封疆與納貢》，《中國史研究》2004 年第 4 期。

〔註139〕沈建華：《卜辭中所見賓祭的尸和侑》，《華夏文明與傳世藏書——中國國際漢學研討會論文集》，中國社會科學出版社 1996 年版；《由卜辭看古代社祭之範圍及起源》，中國文物研究所編：《出土文獻研究》第 5 集，科學出版社 1999 年版。

〔註140〕沈建華：《從甲骨文中的圭字看殷代儀禮中的五行觀念起源》，《文物》1993 年第 5 期；《甲骨文中所見廿八宿星名初探》，《中國文化》第 10 輯，中國文化雜志社 1995 年版；《釋卜辭中的「兜風」與「虛風」》，《紀念徐中舒先生百年誕辰紀念文集》，巴蜀書社 1998 年版；《釋卜辭中方位稱謂「陰」字》，《古文字研究》第 24 輯，中華書局 2002 年 6 月版。

在此，僅舉沈建華女士近年的兩篇論文爲例，說明她甲骨文研究的學術特點和觀點價值所在。

其《卜辭中的「聽」與「律」》一文，根據甲骨卜辭「聽」與「律」的造字形態和卜辭用法，結合文獻中相關記載考證，認爲殷商時代能聽候風八音的樂師被稱之爲「聖」者。「聖」、「聲」假借，「聽」、「聖」字形義相近同源，故卜辭假借。「聽」指樂師，爲商工室職官，稱爲「工聽」。商代樂師「聽」是一種神職，是能分辨四方風向、協調音律、制定律法的超自然的聰明聖人。「王聽」占卜凶吉，對商王的政治決策有很大影響。商代對樂律知識的掌握已達到很高的水平，所以，卜辭中的「律」有些並非「律令」之「律」，而是「音律」之「律」，如卜辭「師惟律用」之「律」即爲「音律」之律。君王通過六律聽音，規範行爲道德，又被視作製定曆律的標準〔註141〕。

殷墟花園莊東地甲骨發現之後，學術界針對這些甲骨卜辭的主人「子」之身份進行了熱烈的討論，形成了各種不同的觀點。沈建華女士也側身其中，有所貢獻。其《從花園莊東地卜辭看「子」的身份》一文分爲三部分，分別討論（一）花東子族的居地和宗廟，（二）花東子族宗族的組織與結構，（三）花東子族的馬政。作者認爲，《花東》「子」是「隸屬王室大宗分立下的一個宗主」（原文如此），王室准許他擁有自己獨立的山林與邑地，以有共同尊奉的祖先宗廟，子對其族屬成員的生產資料物質給予佔有和支配的權力，深刻反映了商代宗族結構組織下有條不紊的嚴密制度。子並在王朝中擔負馬政職務的大臣，分管向王室提供交通工具，負責馬的納貢選善和馴養管理。卜辭有「子族犬」、「子牧」，犬、牧屬於外服職務，很可能由商王親宗子擔任，可見商代的內外服，實際上源自子族對於王室服務的分工，最終形成以侯、伯、子、男宗族爲特定的社會階層勢力，奠定了商代納貢制度的管理和分工基礎〔註142〕。

九、黃孕祺的甲骨文書法研究

黃孕祺，1948 年生人，香港新亞書院藝術系 72 屆畢業，香港中文大學榮譽文學士及哲學碩士與藝術史博士。著述以探討中西藝術理論爲主，於中文大學攻博之餘，任教於中文大學校外進修部，講授《中國造型藝術之美學觀》、

〔註141〕沈建華：《卜辭中的「聽」與「律」》，《東嶽論叢》2005 年第 3 期。
〔註142〕沈建華：《從花園莊東地卜辭看「子」的身份》，《中國歷史文物》2007 年第 1 期。

《國畫畫論綜述》、《構圖學導引》等課程。後移居加拿大。

關於甲骨文書法的研究，黃孕祺受導師饒宗頤教授影響，從書法藝術史的角度解析殷墟甲骨文字及相關問題，作跨學科的學術研究，著有《甲骨文與書法藝術》〔註143〕一書。這是學術界關於甲骨文書法研究的第一部專著。

《甲骨文與書法藝術》共有十個章節：第一章「序言」，回顧甲骨學九十年的研究歷程及甲骨文書法研究的狀況，說明本書的宗旨所在；第二章「商殷文字」，分析漢字起源問題，概述商代文字的主要形態，即甲骨文、金文、玉石文、陶文等；第三章「占卜文化」，講述龜卜、骨卜緣起，商代占卜程序與甲骨文字形成，探究甲骨書契的本質；第四章「殷禮格局」，論述商代宗教的政治化、道德化，著重介紹了殷禮「兩重」（即二分）的學說；第五章「因形見意」，從書寫構形、字體構造、視覺元素等角度來分析甲骨文字的表義功能；第六章「書契筆法」，講區別於毛筆書法的甲骨文筆法（刀法），論述毛筆與刀筆、執筆與用筆、書寫與契刻之間的關係；第七章「結體章法」，從「字形異寫多體」、「結構守常知變」、「章法放中有矩」等角度講甲骨文字體與整幅的章法特徵；第八章「書體研究」，講甲骨文分期中「書體」所指與「書體」在甲骨文斷代中的功能，及甲骨文書體與藝術風格之間的關係；第九章「筆意風神」，概括甲骨文「雋爽」的一代書體風格，同時強調因甲骨文分期、派、組而形成的書法風格多樣性，分期之同時也要分區，即地域不同而形成的不同風格；第十章「結語」，總結甲骨文從殷墟到周原占卜文字異同、從殷禮到儒道的內在通靈精神以及從甲骨文字到書法藝術的審美體驗等。

在此書中，作者詳盡分析了甲骨文字的字形、構造、用筆、章法等藝術元素，認為甲骨文書契工具、筆法技巧、筆勢形質、筆意風神皆自有面貌；中國後世書法的眞草隸篆，乃至整個中國藝術的中和美學性格，其來有自，遠承於商代書契文字的序稱觀念，和那些商代儀禮的貞定精神。

在饒宗頤先生為該書所寫的序言中，稱贊黃書採用分名理論，舉例扶與勹二名作為研究對象，說明同一貞人名下，書風殊多變化，不必泥於一格；黃君提出四種範式，八種書風，可備一說。稱之「打破以前呆板之分期框架，覓得另一出路」。「君書由歷史觀點轉入藝術角度，於書契工具、形構結體、筆意風神，無不詳細探究，諸多創獲，所造倍蓰於前人，而論地域風格，更為過去所未措意者，尤為突出。」「書道有碑學，有帖學，當再增一路曰契學，

〔註143〕黃孕祺：《甲骨文與書法藝術》，香港文德文化實業有限公司1991年版。

可以君書導夫先路。」

十、香港其他甲骨學者名錄

　　香港其他古文字學者如周法高、李達良、張光裕、曾志雄、常宗豪、單周堯等，也都涉及到甲骨文字研究，但因不專門作甲骨學研究，此處從略。

　　毋庸諱言，與內地相比，香港地區由於歷史的原因，甲骨學研究人材缺乏，所以其甲骨學研究團隊未能像臺灣和大陸一樣形成規模優勢，研究成績也明顯薄弱。但香港憑借其特有之地理優勢和資源優勢，以及良好的研究條件和寬鬆的學術環境，多年來吸引了不少著名的甲骨學者來港訪問、講學。如董作賓先生 1955 年 8 月赴香港，任香港大學東方文化研究院研究員，以後又在香港大學、崇基書院、新亞書院、珠海書院等校任歷史學或甲骨鐘鼎文教授。在此期間，撰寫並發表了多篇甲骨學研究的論著〔註 144〕，並對香港大學所藏殷墟甲骨文字進行了介紹和研究〔註 145〕。再如大陸的學者李學勤、裘錫圭、姚孝遂、趙誠、胡厚宣、楊升南、朱鳳瀚、曹錦炎、陳煒湛、劉釗及臺灣學者朱歧祥等人，或作較長時間之合作研究，或作短期之學術交流。各種形式的交流與合作，既有利於香港地區甲骨學學術研究的展開與深入，亦有助於這些訪港學者開闊視野，增長學識，從而極大地促進了甲骨學研究的深入和發展。

〔註 144〕董作賓先生在香港期間的甲骨學論文有：《漢城大學所藏大胛骨刻辭考釋》、《殷墟甲骨文字》、《卜辭之時代區分》、《殷盧文字外編》、《甲骨文中的地理問題》、《甲骨學前途之展望》、《春秋晉卜骨文字考》、《香港大學所藏甲骨文字》、《中國文字演變史之一例》、《甲骨文書法》等。

〔註 145〕董作賓：《香港大學所藏甲骨文字》，《東方文化》，1957。

第十三章　國外學人的甲骨情結

　　放眼世界來看，甲骨學的研究已不局限於中國，不局限於華人。不同國度、不同民族的學者都有用情甲骨者。早在甲骨文發現之初，即已有外籍在華的人士（主要是傳教士和外交官員）熱衷於購藏甲骨，使殷墟甲骨很快地流散於歐美與日本，並引起外國漢學家及其他對中國文化懷有興趣的學人的關注。國外收藏的甲骨數目很可觀，據統計，至 1984 年已知國外有 12 個國家和地區共收藏了甲骨 26700 片。而國外出版的甲骨文著錄書亦相當多。目前，甲骨學已經成為一門不折不扣的國際顯學。

第一節　日本甲骨學

　　外國學者研究甲骨學用力最多、成就最顯著的要數我們一衣帶水的東鄰日本。對於日本學人的甲骨文研究，我們擬從日本甲骨材料收藏、甲骨材料著錄、甲骨學會和《甲骨學》刊物、日本對中國學人甲骨學論著評介，以及林泰輔、島邦男、貝塚茂樹等著名甲骨學家的研究綜述，分別予以介紹。

一、日本甲骨文收藏情況概要

　　日本是國外收藏甲骨文材料最多的國家。據胡厚宣先生統計，日本所藏甲骨文材料約有 12400 餘片。[註 1] 但據孫亞冰女士根據松丸道雄先生對日本公私藏家調查結果的再統計，日本所藏甲骨有 23 個單位約 7419 片，28 個私人約

〔註 1〕　胡厚宣：《八十五年來甲骨文材料之再統計》，《史學月刊》，1984 年第 5 期；又刊《古籍整理出版情況簡報》，1984 年 10 號。

580 片，總計約 8000 片。〔註2〕我們相信，後一個數字的準確度更高一些。

日本公私機構收藏甲骨文材料的情況如下：（一）公家單位 23 個，共計 7419 片，計有：1·京都大學人文科學研究所 3256 片，2·東京大學東洋文化研究所 1356 片，3·天理大學附屬天理參考館 945 片，4·東洋文庫 59 片，5·東京國立博物館 223 片，6·東京大學文學部考古學研究室 113 片，7·亞非圖書館 81 片，8·京都大學考古學研究室 56 片，9·大原美術館 39 片，10·富士短期大學 35 片，11·慶應義塾考古學研究室 22 片，12·關西大學考古學研究室 22 片，13·早稻田大學東方美術陳列室 21 片，14·藤井有鄰館 16 片，15·明治大學文學部考古學研究室 12 片，16·國學院大學文學部考古學資料室 11 片，17·築波大學歷史人類學系 7 片，18·早稻田大學高等學院 6 片，19·武藏大學歷史學研究室 5 片，20·東京大學教養學部美術博物館 1 片，21·慶應義塾大學圖書館 1 片，（據松丸道雄，以上為證實部分，6819 片。）22·書道博物館約 600 片，23·出光美術館 3 片，（據松丸道雄，以上為未證實部分，約 600 片。）（二）私人 28 家，共計 580 片，計有：1·今井凌雪 76 片，2·小倉武之助 53 片，3·秋山公道 42 片，4·小林斗菴 33 片，5·谷邊桔南 18 片，6·八木正治 14 片，7·檜垣元吉 13 片，8·飯島春敬 12 片，9·白川一郎 10 片，10·工藤愚盦 9 片， 11·川合尚雅堂 7 片，12·小川睦之輔 7 片，13·岩井大慧 5 片，14·狩野直禎 3 片，15·江口寬 3 片，16·三浦清吾 2 片，17·松谷石韻 2 片，18·佐藤武敏 1 片，19·西川靖安 1 片，20·植村清二 1 片，21·菅原保 1 片，22·松丸道雄 1 片，23·長島健 1 片，24·中島玉振 200 片，25·宇野武夫 1 片。（據已公佈的相關材料，以上為證實的部分，516 片）26·加藤某氏 40 片，27·內藤虎次郎 25 片，28·曾我部靜雄 1 片，（據松丸道雄，以上為未證實部分，約 70 片）（三）去向不明者，近 4000 片，計有：1·理科大學人類學室 30 片，2·舊桃山中學校 1 片，3·三井源右衛門 3000 片左右，4·富岡謙藏 7－800 片，5·田中慶太郎數十片，6·岩間德也數片，7·園田湖城 3 片，8·富岡昌池 1 片。

日本甲骨學家松丸道雄對日本的甲骨收藏情況做過全面調查，見《日本收藏的殷墟出土甲骨》，〔註3〕該文把日本甲骨收藏情況分為三種：證實部分、

〔註2〕 孫亞冰：《百年來甲骨材料的再統計》，《中國文物報》2003 年 5 月 9 日第 7 版。
〔註3〕 松丸道雄：《日本收藏的殷墟出土甲骨》，《東洋文化研究所紀要》第 86 冊，（東洋文化研究所創立 40 週年紀念論集），東京大學東洋文化研究所 1981 年 11 月。

未證實部分和去向不明三部分，並附表格。孫亞冰根據《東京大學東洋文化研究所藏甲骨文字》、《天理大學附屬天理參考館藏甲骨文字》和《中島玉振舊藏の甲骨片について》等，對松丸《日藏》有所修正。東京大學東洋文化研究所所藏，松丸《日藏》爲 1641 片，《東京大學東洋文化研究所藏甲骨文字》云東洋文化研究所所藏甲骨由三部分組成：故河井荃廬氏舊藏 972 片，補遺 12 片；故田中救堂氏舊藏 341 片，補遺 29 片；二浦清百舊藏 2 片，總計 1356。天理參考館所藏，松丸《日藏》爲 837 片，《天理大學附屬天理參考館藏甲骨文字》書末伊藤道治撰寫的《關於天理參考館所藏甲骨》一文云，該館先後發現七批甲骨收藏品，凡 947 片，內兩片僞片，共 945 片。中島玉振舊藏，松丸《日藏》云去向不明，據《中島玉振舊藏の甲骨片について》知中島玉振舊藏甲骨現歸山崎忠所有，由於太平洋戰爭中的移動，200 片甲骨已破損爲 229 片，這部分甲骨應放在「證實部分」。已故宇野武夫藏 1 片，現爲其于宇野公谷收藏。

二、日本甲骨文材料著錄書籍

1921 年，日本林泰輔編纂出版了《龜甲獸骨文字》〔註 4〕兩卷，是首部日本收藏甲骨文著錄書。此後有不少人精心地收集散佚於各地的甲骨，包括官方及私人收藏品，並及時編纂出版，使這些珍貴的資料得以及早供世人研究。日本公私家藏所編甲骨文著錄書出版有多部，以先後出版順序爲：

貝塚茂樹主編、伊藤道治協助編纂的《京都大學人文科學研究所藏甲骨文字》（圖版部分），〔註 5〕精裝全二冊，收錄的是黑川幸七、上野精一及貝塚茂樹三家收藏的 3599 片甲骨文字（除僞刻 231 片及其他 330 片沒收錄外，實收 3246 片），全部爲拓本。本書在編輯時，除對原骨作了綴合外，還將甲與骨分別編號。既按卜辭的時代先後進行分期處理，又將每一期卜辭按內容進行分類編排。在《釋文篇》2 中，序論除介紹收錄的甲骨收藏、整理情況外，還著重敘述了對甲骨文分期斷代的見解。對每片甲骨，都詳細注明其質料、所屬期別和內容分類等。對不清晰的拓本，另作摹本，不過由於縮小而有所

〔註 4〕 林泰輔：《龜甲獸骨文字》1 卷（初版），法書會出版部（西東書房發賣），1918年；《龜甲獸骨文字》2 卷，商周遺文會編輯發行，1921 年版。
〔註 5〕 貝塚茂樹主編、伊藤道治協編：《京都大學人文科學研究所藏甲骨文字》（圖版上下二冊），京都大學人文科學研究所 1959 年版。

失眞。該書的《索引》3 部分，按《說文解字》的順序編排。

松丸道雄編纂的《日本散見甲骨文字蒐彙》，〔註 6〕共收錄 38 家的甲骨 560 片，全部爲摹本。將日本公私零星收藏的甲骨彙集起來，包括一部分已有著錄的甲骨。著者對各家甲骨的收藏來源、著錄及現狀諸況皆一一予以介紹。松丸氏的這一成果最終彙集爲《日本收藏的殷墟出土甲骨》。〔註 7〕

松丸道雄《東京大學東洋文化研究所藏甲骨文字》，〔註 8〕東洋文化研究所所藏甲骨由三部分組成：故河井荃廬氏舊藏 972 片，補遺 12；故田中救堂氏舊藏 341 片，補遺 29 片；三浦清吾舊藏 2 片，總計 1356。《東京大學東洋文化研究所藏甲骨文字》，共著錄甲骨 1315 片。書中所收甲骨，每片均以拓本、相片入錄。甲骨先按藏家集中，再將每家甲骨分期分類，在目次中一一注明，其著錄方法很是可取。松丸道雄《甲骨文字》從各家著錄書中精選甲骨 139 片，按五期的先後順序重新著錄，並附有簡要考釋。書前還有甲骨文略說，書後附有甲骨文檢字表。這可以說也是一部甲骨學學習和研究的入門書。

由渡邊兼庸爲主編纂的《東洋文庫所藏甲骨文字》，〔註 9〕收錄 614 片甲骨（除僞刻的 23 片外，實收錄 591 片），全部是林泰輔舊藏，皆爲拓本。該批甲骨先收入《龜甲獸骨文字》7，其後《殷契遺珠》、《龜卜》及《卜辭通纂》等書也作過部分著錄。本書的選片、斷代、釋文、手拓、分類及索引等，由松丸道雄等人承擔。按甲、骨分錄，時代按五期劃分，內容包括祭祀等十二項。需要指出的是，該書拓本是照原骨拓印，彌補了《龜甲獸骨文字》僅錄原骨的某一部分，而將其他部分剪掉的缺陷，從而恢復了甲骨的原貌。

從事收集整理散佚的甲骨文工作的還有伊藤道治。他先後著錄有《故小川睦之輔氏藏甲骨文字》、《大原美術館藏甲骨文字》、《藤井有鄰館所藏甲骨文字》及《檜垣元含氏藏甲骨文字》等。隨後他將以上諸處的藏骨加上《關西大學考古資料室藏書骨文字》彙輯爲《日本所見甲骨錄》一書，共收錄 97

〔註 6〕 松丸道雄：《日本散見甲骨文字蒐彙》，連載於日本甲骨學會《甲骨學》第七、八、九、十、十一、十二號，1959、1960、1961、1964、1976、1980 年。

〔註 7〕 松丸道雄：《日本收藏的殷墟出土甲骨》，《東洋文化研究所紀要》第 86 冊，（東洋文化研究所創立 40 週年紀念論集），東京大學東洋文化研究所 1981 年 11 月。

〔註 8〕 松丸道雄：《東京大學東洋文化研究所藏甲骨文字》，東京大學出版會 1983 年版。

〔註 9〕 東洋文庫古代史研究委員會編彙、渡邊兼庸主編：《東洋文庫所藏甲骨文字》，東洋文庫 1979 年版。

片甲骨，全部爲拓本。著者對各家的藏骨情況都予以介紹。甲骨按期別、事類編排。在釋文中每片甲骨都附有摹本。尤其是著者將《大原美術館所藏甲骨文字》逐片同《佚存》、《遺珠》及《前編》等書對照，並列出重見之號，爲讀者提供了方便。

日本天理大學天理參考館收藏的 692 片（極小者不包括在內），該館的藏品由堂野前種松舊藏 38 片、羅振玉舊藏 547 片、王國維舊藏 25 片，及其他不知名者的舊藏 110 片構成，692 片是從其中選出的。堂野前的舊藏收錄於《殷契遺珠》、羅振玉的舊藏中約 20 片收錄於《鐵雲藏龜》。1987 年，伊藤道治將其整理、著錄成書，以《天理大學附屬天理參考館藏甲骨文字》（《人・物・心・卷 5・甲骨文字》）爲書名，由天理大學、天理教道友社共同編集出版。這是一本經過分類整理、并附有釋文的甲骨圖錄，其中有 650 片是首次向學界介紹的新資料，也是學界期待已久的，其在甲骨文時代劃分上具有重要意義。

較爲晚出的荒木日呂子《關於中島玉振舊藏甲骨片》〔註 10〕一書，著錄日本早期甲骨收藏家中島玉振先生舊藏甲骨而未被《殷契遺珠》收錄者 28 片。此外，還有將《遺珠》與中島氏藏骨中未發表過的有字甲骨和無字甲骨綴合所得 24 版。另有部分爲僞刻、部分爲眞字的甲骨 4 片等，總計編爲 56 號。該書由以下幾個部分組成：一、經緯；二、內容（《珠》未收有字甲骨、綴合甲骨等。）；三、甲骨片的性格；四、釋文；五、圖版（拓本、照片、摹本）；六、後記。

另外，青木木菟哉編輯的《書道博物館藏甲骨文字》，〔註 11〕共收錄 350 片甲骨，全爲摹本。白川靜也有《殷・甲骨文集》，〔註 12〕著錄一些甲骨等。香港學者饒宗頤也輯有《日本所見甲骨錄》，對日本所藏甲骨之精粹選錄公佈。

三、日本甲骨學會與《甲骨學》

日本學者研究甲骨學，不僅個人努力，而且還有組織。

日本對甲骨文字的搜集、研究始於林泰輔，他 1909 年開始介紹殷墟出土

〔註10〕　荒木日呂子：《關於中島玉振舊藏甲骨片》，創榮社 1996 年出版。
〔註11〕　青木木菟哉《書道博物館藏甲骨文字》，連載於日本甲骨學會《甲骨學》第六、七、八、九、十號，1958、1959、1961、1960、1964 年。
〔註12〕　白川靜：《殷・甲骨文集》，東京二玄社 1963 年版。

的甲骨文，於 1921 年編著出版《龜甲獸骨文字》一書。與林氏同時或稍後收集研究甲骨文字的有富岡謙藏、後藤朝太郎、內藤虎次郎、松崎鶴雄、飯島忠夫、駒井和愛、八蟠關太郎及梅原末治、松田壽男等人。雖然此時有所謂史學研究會、東亞學術研究會、考古學會、斯文會、商周遺文會、支那學社、漢學會、日本中國學會等，早期學者的一些著作也是以這些學會的名義出版發行的，但此前的甲骨學研究，都是學者個人的學術興趣所致。這種情況到了上個世紀五十年代初，自甲骨學會成立而有所改變。

　　1951 年，以著名漢學家加藤常賢、貝塚茂樹、池田末利、島邦男、佐藤武敏、白川靜等先生為首的一批中國文字學研究者聚集東京，成立了甲骨學會，當時就有與會參加者 180 多人。目前，甲骨學會已有會員 300 多人。首任會長水澤利忠，第二任會長赤冢忠，現任會長松丸道雄。甲骨學會積聚了一大批日本優秀的甲骨學家，甲骨學會會員先後推出了大量的甲骨文研究論著。

　　同時，甲骨學會創辦了《甲骨學》雜誌作為會刊，專門刊載殷墟甲骨文研究的文章，介紹一些研究動態。會刊由甲骨學會負責編輯，汲古書院負責出版。《甲骨學》刊物已經出到了十二期。《甲骨學》刊發甲骨學論文 130 餘篇，充分反映了日本自 1951 年至 1980 年這一時段甲骨學研究的最高成就。

　　據日本學者成家徹郎先生的統計，截至 2003 年，日本甲骨學方面的專著，分別由朋友書店、弘文堂、中央公論社、二玄社、五典書院、平凡社、大安書店、角川書店、岩波書店、京都印書館、柳原書店、**みすず**書房、汲古書院、講談社、學生社等十幾個單位承印。登載研究甲骨文論文的雜誌，除專門刊物《甲骨學》外，還有《東方學》、《東方學報》（京都）、《史學研究》、《宗教研究》、《史學雜誌》及一些大學學報等，共出版、刊登日本 180 餘位作者的甲骨學方面的論著 830 餘種。〔註 13〕

四、日本學者對中國甲骨學論著的評價與反映

　　日本的一些學者，為適應甲骨學發展的需要，對我國甲骨學研究的方向、動態是十分重視的。一方面，影印了一些甲骨學的論著，如郭沫若的《殷契粹編》（東京大安，1964 年影印），陳夢家的《殷虛卜辭綜述》（東京三一書房，1976 年影印）以及《謝氏瓠廬殷墟遺文》（汲古書院，1979 年影印）。《謝氏》

〔註 13〕成家徹郎：《甲骨文研究日本人著作目錄》，大東文化大學人文科學研究所 2003
　　　　年 3 月版。

一書，由松丸道雄作了內容簡介，著重介紹重印該書的情況，並對該批甲骨的數字，提出了不同的看法，對原著者也提出了推測。

另一方面，不少日本學者對我國甲骨學研究的動向寫了介紹與評論，其中有：佐藤武敏的《董作賓〈小屯·殷虛文字甲編自序〉》〔註14〕、《胡厚宣氏近年工作之謎》〔註15〕、《關於董作賓氏甲骨文研究的一個方向》〔註16〕；林巳奈夫、伊藤道治的《中國古代史研究之近況》（　）·（二）〔註17〕；池田末利的《唐蘭的古文字學導論》〔註18〕、《再次答嚴一萍氏——殷曆譜問題之謎》〔註19〕；山田勝美的《關於戰後新獲甲骨集》〔註20〕；白川靜的《胡厚宣氏之商史研究》（上、下）〔註21〕；松丸道雄的《關於胡厚宣氏戰後殷虛出土的新大龜七版》及《陳邦懷編著〈甲骨文零拾附考釋〉、〈殷代社會史料考存〉》〔註22〕；赤塚忠的《關於陳夢家氏的〈殷虛卜辭綜述〉》〔註23〕。另外，加藤常賢、藪內清等人也都有所評論。

上述介紹與評論既增進了中日兩國甲骨學者的了解，也對甲骨學的研究起著促進作用。

五、林泰輔的甲骨文研究

林泰輔（1854～1922），日本千葉縣人，明治時期的著名漢學家、史學家，日本甲骨學研究的先驅人物。1886年東京大學古典講修科畢業，他先從事朝鮮史研究，後以考證學的方法研究經學，逐漸傾向古代史學。擔任東京大學助教授後，於1908年轉任東京高等師範學校教授。一生勤奮治學，著述甚多，代表作有《朝鮮史》（1892），《朝鮮近世史》（1901），《朝鮮通史》（1912），《上代文字の研究》（1914），《周公と其時代》（1916）等。他去世後，其門人將遺著編成論文集《支那上代之研究》（1927）。

〔註14〕《史學雜誌》六〇一六，1951年6月。
〔註15〕《甲骨學》一～二，1951年10月。
〔註16〕《甲骨學》一～二，1952年10月。
〔註17〕《東洋史研究》十一，五～六，1952年7月。
〔註18〕《甲骨學》一～二，1952年10月。
〔註19〕《甲骨學》十一，1976年6月。
〔註20〕《甲骨學》一～二，1952年10月。
〔註21〕《立命館文學》一〇二，1952年10月。
〔註22〕均見《甲骨學》九，1961年8月。
〔註23〕《甲骨學》六，1958年3月。

圖 13-1　林泰輔遺像

　　當中國發現甲骨文時，林泰輔以一個學人的學術敏感和睿智，於 1909 年前後撰寫並發表了《關於周代書籍的文字及其傳來》、《周代の金石と經子史傳の文字》、《清國河南省湯陰縣發現之龜甲牛骨》〔註 24〕等論文。在後一篇論文中，林氏雖然受到了當時古董商人聲東擊西的欺騙，將甲骨文的出土地說在了河南湯陰羑里城一帶，但這篇論文無疑是將甲骨文發現的學術訊息介紹給日本學界的第一篇重要文字。在這篇論文中，他詳細論述了甲骨史料在古文字研究中的重要價值。

　　1914 年，林泰輔以《商代漢字的研究》獲得博士學位。1918 年林泰輔還親自來到出土甲骨文字的河南安陽殷墟作實地學術考察，他也是日本第一個來到殷墟遺址進行考察的學者。收集甲骨等帶到日本，解讀研究後於 1921 年出版《龜甲獸骨文字》，成為日本甲骨學研究的開山之作。

　　在日本東京都立中央圖書館諸橋文庫中，保存了一份林泰輔早期著作手稿《支那古代史上的古文字源流》，全書分五冊裝訂，用漢字和平假名寫成。據成家徹郎先生言，此書寫成於 1907 年，是林氏的博士學位論文。他的另一部甲骨文字方面的手稿《龜甲獸骨文字表》，保存在日本慶應大學斯道文庫，可惜至今尚未出版，僅有其中的兩頁在日本平凡社出版的《書道全集》第 1 卷中有圖版介紹。

　　林泰輔的甲骨學研究，在甲骨學史上具有重要歷史地位，它不僅代表了日本學人早期研究甲骨文的最高水平和最新動態，而且也直接刺激和引發了

〔註 24〕林泰輔：《清國河南省湯陰縣發現之龜甲牛骨》，《史學雜誌》第 20 編第 8、9、10 號，1909 年版。

中國學人關於甲骨文研究的熱情。1909 年的年末，林泰輔將其《清國河南省湯陰縣發現之龜甲獸骨》一文，寄給羅振玉請其指教。林氏此文援引瞻博，論證精當，足以補正羅氏舊日所作《鐵雲藏龜》之序時的疏略。這對羅氏是個不小的刺激。羅氏一向以研究此等絕學爲己任，先有孫氏之《契文舉例》，即以爲言之不當，他相信自己一定能夠寫出精審的文字代替它。而今不料讓一個外國學者搶了先，而且做得還比較好。他覺得自己不能再等待下去了。他針對林氏文中有不少懷疑而不能決斷的地方，開始了他的系統的甲骨文字考釋研究。經過三個月的精心構撰，羅振玉終於寫成了《殷商貞卜文字考》一書，寄了一本給林泰輔博士作爲答覆。羅振玉作爲中國甲骨學史上的重量級人物，其與林泰輔氏的交往，是其學術研究的重大轉折點。

六、島邦男的甲骨文研究

　　島邦男（1907～1977），日本著名甲骨學家，弘前大學名譽教授，著述勤奮，成果豐碩。島邦男先生是日本最著名的甲骨學者之一，他在日本也是極少數的以甲骨文論著獲得博士學位的學者之一。

　　島邦男先生是繼林泰輔博士之後日本學人研究甲骨學的一位傑出代表人物。他在甲骨文祭祀卜辭、甲骨文例、卜辭中的先王稱謂、貞人與分期、甲骨文中的官職、卜辭地名、商代曆法與年代等方面，都有精審的考證和獨到的見解。〔註 25〕尤其是他的兩部大型甲骨學著作《殷墟卜辭研究》、《殷墟卜辭綜類》，值得介紹。

　　《殷墟卜辭研究》，〔註 26〕全書洋洋 50 餘萬言，由序言和本論構成。序言包括「貞人補正」、卜辭中父母兄子等內容。本論部分由兩篇內容不同、獨立成

〔註 25〕 島邦男：《祭祀卜辭の研究》，弘前大學文理學部文學研究室 1953 年版；《甲骨文字同義舉例》，《中央研究院歷史語言研究所集刊》第 36 本，1965 年版；《卜辭中關於先王的稱謂》，《甲骨學》第一卷 1 期，1951 年版；《貞人補正》，《甲骨學》第 4、5 期，1956 年版；《亞的官職》，《甲骨學》第 6 期，1958 年版；《伐殷考》，《文經論叢》創刊號，1965 年版；《甲骨文的地名》，《人文社會》第 9 期《史學篇》，1956 年版；《甲骨卜辭地名通檢》，《甲骨學》第 6 期，1958 年版；《帝乙帝辛在位年數考》，《甲骨學》第 9 期，1961 年版；《卜辭上的殷——殷曆譜批判》，《日本中國學會報》第 18 期，1966 年版；《帝辛三十三年殷亡說》，《甲骨學》第 11 期，1976 年版等。

〔註 26〕 島邦男：《殷墟卜辭研究》，弘前大學文理學部中國學研究會 1958 年版；東京汲古書院 1975 年再版；該書的中譯本，臺灣鼎文書局 1975 年版。

篇的論文構成。第一篇爲「殷室的祭祀」，分爲四章，即五祀、禘祀、外祀、祭儀，是對甲骨文所見各種祭祀的全面整理與研究，特別是對甲骨文中的「周祭」詳細發表了自己的獨特見解。第二篇則是「殷代的社會」，共分七章，包括地域、方國、封建、官僚、社會、產業、曆法，全面考察了商代社會的情形，特別是根據甲骨文中出現的地名及內在聯繫，對殷代的方國地理進行了詳盡的論證，並附有地圖，在地名之間注明關係和日程，可資研究者參考。

在該書中，島邦男最早提出殷代甲骨文所出現的神格，可以分爲上帝、自然神和祖先神三個系統。所謂自然神就是山嶽神、河神等以及方向神，還包括從《史記・殷本紀》中帝嚳時開始一直到王亥的先公。這些神，隨著殷勢力的擴大，作爲祭祀的國族神而進入了殷神的系列，具有左右收穫與風雨的力量。之後，有一部分被併入到了祖先神的系列。祖先神是上甲以下的先王和配偶先妣以及其他與殷王室有密切關係的死者。這些祖先神，雖然能引發疾病而讓包括殷王在內的子孫崇拜，但後來則變成了保祐子孫的神。一般認爲，上帝是天上的神，但也能左右風雨、乾旱、豐歉，在保祐殷進行戰爭、城市建設時，或也具有降臨災禍的能力。島邦氏的上述觀點如今已經是日本學術界幾乎公認的看法。

島氏此書，堪與陳夢家先生的《殷虛卜辭綜述》一書相比美，都是集甲骨文研究之大成的總結性著作。但二書在內容方面有所不同，正如屈萬里先生爲《殷墟卜辭研究》的中譯本所作的序言中稱：「雖內容相似而不相謀。大抵以涉及範圍言，則陳書爲廣博；以祭祀與輿地言，則島氏之書最爲詳贍。合二書而觀之，則民國丙申年以前甲骨刻辭研究之成果（島氏所收材料截止於 1956 年）大要具是矣。」

《殷墟卜辭綜類》，﹝註27﹞是一部大型的甲骨卜辭資料辭例文句檢索工具書。它是將 1967 年以前出版的 63 種甲骨著錄書中所收卜辭逐條按內容分類編次，頗具規模。全書按甲骨字類及有關恒語、用詞收錄甲骨辭句，書後有附錄「五期之稱謂」、「世系」、「先王先妣祀序」、「貞人署名版」、「通用・假借・同義用例」等。全書共確立了 164 個部首。全部卜辭以其中所見字所在的部首排列，每個部首下的卜辭按時代順序編排。部首凡是經過前人考釋而定的，都注明漢字，並在其上表明該字在《甲骨文字集釋》中所出現的頁數，便於讀者查找各家對此字的說解。書後附有檢字索引、釋字一覽表，可據所注頁

﹝註27﹞ 島邦男：《殷墟卜辭綜類》，東京汲古書院 1967 年版。

數查找書中所列卜辭全文。書後還附有按筆畫爲序編製的漢字索引，每字下也都列有本書頁數和《甲骨文字集釋》頁數，既可在本書中查找到有關卜辭，又可以在《甲骨文字集釋》中查找各家對此字的考釋。

　　作爲一位日本的甲骨學者，島邦男的此項工作的艱辛程度是難以想像的，他不但把零碎分散而難以找齊的甲骨文資料彙爲一編，向人們提供了檢索和研究卜的極大方便，而且在編纂中能獨運匠心，「摹寫和釋讀一般都是正確的，是經過深思熟慮、下過苦功的，既充分吸收了原有的研究成果，而又不輕易地盲從相信已有的成說」，「有時還能力排眾議，有自己獨到的見解」。對於甲骨文字形體的分合，他「立足於嚴格區分不同的形體，同時又注意同字異形的合併，這祇有在全面掌握並分析字形和辭例的基礎上才能做得到。」此書材料收錄比較豐富，而且資料取捨比較謹慎，內容集中，檢字索引比較方便。此書具有資料收錄完備、資料取捨謹慎、編排體例新穎和檢字索引方便等四個特點，是一部對甲骨學和殷商歷史研究極有參考價值和用處的大型工具書和資料庫。

圖 13-2　島邦男兩部甲骨學著作書影

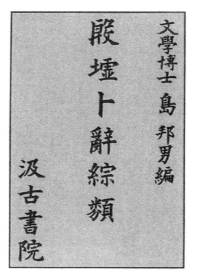

　　當然，今天看來，甲骨材料發現更多，此書就有了時代的局限，有釋讀方面的錯誤、前後矛盾之處，還有重複及誤列、引錄僞刻甲骨卜辭的地方等缺點。有鑒於此，中國甲骨學家姚孝遂、肖丁等人編著的《殷墟甲骨刻辭類

纂》，〔註28〕體例仿照《殷墟卜辭綜類》，材料內容以《甲骨文合集》爲依據，比《綜類》更豐富更嚴謹，正是一部發揚其優長、克服其缺陷的可以替代此書的又一大型工具書。

七、貝塚茂樹的甲骨文研究

貝塚茂樹（1904～1987），原姓小川，出生於東京一個文化興盛的家族，其父是著名漢學家、地理學家小川涿治，其兄是諾貝爾物理學獎獲得者湯川秀樹，其弟是中國文學研究家小川環樹，其子是著名經濟學家貝塚啓明。1928年京都大學文學部東洋史學科畢業，升入該院大學院學習，師從著名學者內藤虎次郎（湖南）。1930 年入東方文化學院京都研究所任研究員，專事中國古代史研究。1948 年以《中國古代史學的發展》獲文學博士學位。1949 年至 1955年任京都大學人文科學研究所教授、所長。1954 年參加日本學術文化訪華團來中國。1958 年任美國哥倫比亞大學中國史研究員。1963 年至 1964 年任京都大學人文科學研究所《周禮考工記》研究組組長。1968 年爲京都大學名譽教授。1978 年與井上清等發起成立京都日中學術交流座談會，任顧問。

貝塚茂樹先生一生治學勤奮，著述等身，成就斐然。著有《孔子》、《古代中國與新中國》、《古代殷帝國》、《京都大學人文科學研究所藏甲骨文字》、《諸子百家——中國古代的思想家們》、《史記——中國古代人物群像》、《春秋戰國與古代印度》、《司馬遷——史記列傳》、《中國的黎明》、《古代的復活》、《中國的神話》、《中國的傳統與現代》、《貝塚茂樹著作集》（十卷。各卷目爲：「中國的古代國家」、「中國古代的社會制度」、「殷周古代史的再構成」、「中國古代文學的發展」、「中國古代的傳說」、「中國古代的精神」、「中國的史學」、「中國的歷史」、「中國思想與日本」、「孫文與毛澤東」等）。

貝塚茂樹，一個終身致力於中國古代歷史文化研究的日本學人，一位代表日本甲骨學研究最高水平的甲骨學家，他所著《中國的古代國家》〔註29〕、《古代殷帝國》〔註30〕及十卷本《貝塚茂樹著作集》〔註31〕中一些論著，都

〔註28〕 姚孝遂、肖丁：《殷墟甲骨刻辭類纂》，中華書局 1989 年版。
〔註29〕 貝塚茂樹：《中國的古代國家》，東京弘文堂 1953 年版。
〔註30〕 貝塚茂樹：《古代殷帝國》，京都**みすず**書房，1957 年油印本，1967 年版。
〔註31〕 貝塚茂樹：《貝塚茂樹著作集》，中央公論社，1975 年版。其中第三、四兩卷
即《殷周古代史之再構成》、《中國古代史學的發展》，涉及到甲骨學研究。

是以甲骨文字材料研究中國古代歷史的名篇，幾經再版，深受好評。

他的甲骨學著作主要有：《甲骨學概說》、《甲骨文斷代研究法的再檢討——以董氏文武丁時代卜辭爲中心》、《甲骨文時代區分的基礎——關於貞人的意義》、《京都大學人文科學研究所藏甲骨文字》〔註32〕等。

其中，《京都大學人文科學研究所藏甲骨文字》與《京都大學人文科學研究所藏甲骨文字本文篇》是貝塚茂樹先生研究甲骨文字的代表作。《京都大學人文科學研究所藏甲骨文字》，這是兩大巨冊的甲骨材料著錄書，共收甲骨3246 片。此書編纂時，著錄了日本三家所藏甲骨材料：其一是黑川幸七翁舊藏，其二是上野精一舊藏，其三是貝塚茂樹自己舊藏。貝塚茂樹在著錄這批甲骨時，對原骨作了不少綴合，並仿照胡厚宣的做法，先將卜辭進行分期，再按內容分類進行處理。該書著錄甲骨數量大，而且有不少的精品，科學性強，具有重要的史料價值。貝塚茂樹此書爲公佈甲骨材料起到了積極作用。《京都人學人文科學研究所藏甲骨义字本文篇》也是一大厚冊，是貝塚茂樹對所錄甲骨文作的考釋。每片考釋時，注明了是甲是骨，所屬期別，頗爲詳盡。

特別是在該書《序言》中，貝塚先生還對甲骨文斷代分期的基礎——貞人進行了認眞的考察與研究。他對董作賓、郭沫若、陳夢家、島邦男、饒宗頤各家有關分期的說法進行了全面的檢驗並根據木書的材料進行補充。

京都大學人文科學研究所藏的那批甲骨，小僅數量人，是日本國內最大的收藏，而且內容豐富，並有某些獨特的性質。所謂獨特性，主要是指它含有相當數量的按董作賓先生的五期分類而難以歸屬、具有某些特殊性格、學術界爭論不休的所謂「文武丁時代卜辭之謎」的一批卜辭。對於這種較爲特殊的卜辭，貝塚先生又細分爲兩組，稱之爲「王族卜辭」和「多子族卜辭」。貝塚茂樹先生爲了把這些卜辭與王朝統治機關所占卜的「公家」性的卜辭亦即一般的甲骨文相區別，將其命名爲「王族卜辭」和「多子族卜辭」，以表示其特殊性和複雜性。目前在甲骨學界，又將前者稱爲「自組卜辭」，將後者稱爲「子組卜辭」。

〔註32〕　貝塚茂樹：《甲骨學の進むべき道》，《甲骨學》第一卷第 1 期，1951 年版；《甲骨學概說》，《大陸雜誌》第 17 卷第 1 期，1958 年版；《甲骨文斷代研究法の再檢討（董氏の文武丁時代卜辭を中心として）》，《東方學報》第 23 期，1951年版；《甲骨文と金文の書體》，《書道全集》第 1 期，1954 年版；《甲骨文時代區分的基礎——關於貞人的意義》，《中國文字》第 20 期，1966 年版；《京都大學人文科學研究所藏甲骨文字》，京都大學人文研究所 1959 年版。

「王族卜辭」和「多子族卜辭」的特殊性包含有兩方面的意思：其一是在卜辭的屬性上它們與王朝的政治機關所占卜的一般卜辭不相同；其二是在卜辭的時代判定上，因它既有早期的因素，又有某些晚期的因素，用董作賓先生的五期分類標準，一時難以歸屬、判定。特別是後一問題，更是甲骨文研究的前提條件，是十分棘手的問題。「王族卜辭」、「多子族卜辭」的問題，由貝塚先生在三、四十年代首先提出，並將時代初步判定為第一期的武丁期。而其後董作賓先生則把這兩組卜辭總括為一，定為第四期後半文武丁時代。貝塚先生的這一研究，正與此後中國大陸學者對此問題的看法不謀而合。

另外，貝塚先生還較早地注意到了甲骨鑽鑿問題，指出「從其鑽鑿的技術來看，王族卜辭在小屯卜骨中包含著更原始性的東西。」他的這一探索，對甲骨分期斷代的進一步研究是極為有益的工作。

八、赤冢忠的甲骨文研究

赤冢忠（1913～1983），早年畢業於東京帝國大學文學部中國哲學文學科，1961 年以《周代文化的研究》，獲文學博士學位。曾任神戶大學預科教授、文學部教授，50 年代初轉入東京大學任文學部副教授。1964 年任東京大學文學部教授，兼任東京支那學會（即今東京大學中國文學哲學會）評議員。1975年從東京大學定年退職，同年獲東京大學名譽教授之稱，轉任二松學舍大學教授、二松學舍大學文學部中國文學科主任、日本中國學會理事長、東方學會常任理事，中國古代哲學、歷史及古文字研究家。曾任日本甲骨學會會長，《甲骨學》刊物主編，曾經是日本甲骨學研究的領軍人物。

赤冢忠先後參加《世界大百科事典》（33 卷本，平凡社刊）中國哲學部分的編寫、《書道全集》（25 卷本，平凡社刊）的編集、《中國殷周秦書法》第一卷的編譯、「朱子的經學研究」、《中國的思想家》（2 卷本）編寫、「先秦道家思想體系的綜合研究」、《中國哲學》編寫、「中國類書所引經文及諸子的分類集成」的編纂、「關於中國歷史哲學思想發展的綜合研究」、「殷周歷史意識的產生及形態的研究」、《中國文化叢書》第 2 卷《思想概論》主編、《增訂中國古典文學全集》第 1 卷《書經‧易經》編譯。1976 年參加《日本古典名著總解說》的編寫，同年發表《石鼓文的新研究》的論文。1982 年發表《中國古

代宗教和文化》的論文。主要學術著作有：《周易·尚書譯注》〔註 33〕，《殷金文考釋》〔註34〕，《莊子譯注》〔註35〕，《大學·中庸譯注》〔註36〕，《中國思想概論》〔註37〕，《易經譯注》〔註38〕，《中國古代的宗教與文化》〔註39〕，《漢和中辭典》〔註40〕，《漢和中辭典》〔註41〕，《中國古代宗教和文化》〔註42〕。

　　赤冢忠的甲骨學研究，主要是致力於利用甲骨文材料研究商代的祭祀，尤其是對「河」、「嶽」等自然神的祭祀和「祈年」祭祀、上帝祭祀等方面。〔註43〕在其《殷王朝「河」的祭祀及其起源》一文中，赤冢先生認為河的祭祀，是殷王朝祭祀體系——祈年祭中的一個方面，河可以理解為是水神的代表，祭祀的是黃河之神。進而，在探索它的起源時，文中認為河原本為河族之族神，由於其被王朝的祀典統一包攝，才使其神格變得抽象化、一般化了，但仍殘留有原始性的集團性的性格。在《殷王朝嶽的祭祀與中國山嶽神崇拜的特質》一文中，認為「丳」（嶽）為山神的代表，對「丳」的崇拜是通過祭祀而進行的，它與河神有過類似的起源。在《殷代祈年祟祀形態的復原》一文中，認為除「河」、「嶽」之外，作為祈年對象的「兮」、「高」、「京」、「夒」等等，原本也都是各族的族神，殷王朝在承認各族這類固有的祭祀的同時，經過選擇和吸收，最後組織統合為殷商王國的宗教。

　　在此基礎上，赤冢忠出版了《中國古代的宗教和文化——殷王朝之祭祀》〔註44〕一書。書中除了「序論」之外，所編入的論文都是已經發表過的較重

〔註33〕 平凡社，1959 年。

〔註34〕 自印，1959 年。

〔註35〕 明德社，1961 年。

〔註36〕 明治書院，1964 年。

〔註37〕 大修館，1968 年。

〔註38〕 明德社，1974 年。

〔註39〕 角川書店，1977 年。

〔註40〕 旺文社，1980 年。

〔註41〕 旺文社，1982 年。

〔註42〕 《中國史研究動態》1982 年第 4 期

〔註43〕 赤冢忠：《殷王朝河的祭祀及其起源》，《甲骨學》第 4、5 期，1956 年版；《殷王朝嶽的祭祀與中國山嶽崇拜的特質》，《甲骨學》第 6 期，1958 年版；《乙祀》，《甲骨學》第 8 期，1960 年版；《殷代祈年祭祀形態的復原》，《甲骨學》第 9 期，1961 年版；《殷代對於上帝祭祀形態的復原》，《二松學舍大學論集》，1967 年版。

〔註44〕 赤冢忠：《中國古代的宗教和文化——殷王朝之祭祀》，角川書店 1977 年 3 月版。

要者，上面所述的載入《甲骨學》上的那 3 篇論文當然也包括在其中。赤冢先生借著出版之機，對此作了大幅度的修正，給人以面目一新的感覺。這是一部根據甲骨文系統地闡述了殷代社會歷史的著作，提出甲骨文的研究應是分析卜辭本身，這同以往人們依據古文獻來解釋和推論甲骨文是不同的。書中在對族神、先公神、巫先、天神、上帝等神的性格作了詳細討論的同時，亦對殷王朝通過祭祀異族之神而間接地統合了諸族作了明顯的強調。在這些研究中，赤冢忠認為所有被殷人祭祀的神，諸如祖先神、族神、先公神、巫先、天神、上帝六大類，原先都是固有的；殷人諸神最終都由上帝統治，而所有祭祀的觀念，都彙集於以上帝為中心的祈年祭中。

另外，赤冢忠還對中國甲骨學家陳夢家的著作《殷虛卜辭綜述》作過評述，向日本甲骨學界介紹這部著名的甲骨學著作。〔註 45〕

九、白川靜的甲骨文研究

白川靜（1910～2006），1943 年立命館大學文學部漢文學科畢業，1954 年擔任立命館大學文學部教授，專攻中國古代文字及殷周歷史、中國文學，著述等身。1960 年《詩經研究》（三冊）出版。著作《金文通釋》，至 1984 年完成 56 輯。同時撰寫《說文解義》，至 1974 年寫畢 16 輯。1970 年出版《中國古代文學》。1984 年出版《字統》。1996 年出版《字通》。先後榮獲菊池寬獎和朝日獎。已出版的 12 冊，內容包括漢字、甲骨文、金文、神話思想、文化民俗、古代文學、詩經、萬葉集、雜纂。論著達 90 多部，涉及面廣，如甲骨學、金文、經學、神話學等等，為日本學者中的漢學巨擘。1999 年 11 月 3 日，榮獲日本天皇「文化功勳獎」及兩枚勳章。

白川靜先生本人收藏了殷墟甲骨 87 片，著錄為《甲骨文集》。〔註 46〕關於甲骨學的論著有：《甲骨金文學論叢》〔註 47〕十冊，及後續 10 集。其中收錄的《釋史》、《釋師》、《作冊考》、《殷代雄族考》、《羌族考》等多為甲骨學研究的名篇。1967 年白川靜以中國甲骨文研究獲文學博士。他對於甲骨文字的考釋、卜辭與文獻關係、商代部族方國文化、商代世系、商代神話等也有

〔註 45〕 赤冢忠：《關於陳夢家氏的〈殷虛卜辭綜述〉》，《甲骨學》六，1958 年 3 月。
〔註 46〕 白川靜：《甲骨文集》，東京二玄社 1963 年版。
〔註 47〕 白川靜：《甲骨金文學論叢》（初集、二集、三集），1955 年油印本；該書的簡略本《甲骨金文學論集》，朋友書店 1970 年版。

出色的研究。〔註48〕

　　1972 年寫成的《甲骨文の世界——古代殷王朝の構造》〔註49〕一書，是他充分運用甲骨文材料復原殷商歷史的一部力作。對於商朝的歷史，傳世文獻的記載極為有限，殊不足以復原其大致輪廓，而依據甲骨文資料對殷商歷史做全面的綜合性論述，應當說始自郭沫若《中國古代社會研究》、胡厚宣《甲骨學商史論叢》及陳夢家的《殷虛卜辭綜述》諸書。白氏此書即是沿承這一路數，作者依據當時所能掌握和利用的更多更新材料，在復原研究商代歷史社會的同時，也提出一系列新的問題和不同於以往的看法。除了構建復原殷商社會結構和歷史文化體系之外，白川靜還想將這部著述寫成認識甲骨文與殷商歷史的入門書籍，所以此書文字敘述平易簡略，涉及內容更為集中。對於甲骨文和殷商史不太熟悉的學者，此書又不啻為一部了解這方面知識和研究狀況的工具書，這是其很成功的地方。與此書相匹配，白川氏先前已經出版過一部《金文の世界——殷周社會史》，可以說是此書的姊妹篇，是一部利用商周時期的青銅器銘文即金文材料為主要依據，對殷周社會歷史與文化進行復原研究的一部成功著作。

　　圍繞著殷王朝的組織結構等問題，白川靜先生還曾發表過好幾篇文章。如《殷的族形態》、《殷的社會》，通過對甲骨文和金文中的圖形徽號的研究，認為殷代的統治是以貞人集團、多子集團、多子族集團、多亞集團等等氏族性部族性的組織為基礎的。〔註50〕在《殷的王族與政治形態》一文中，認為殷王室是由王、諸王子即甲骨文中的「子」，以及從其他氏族嫁給諸王子的諸婦相構成的，殷對地方的統治是通過這些「子」和「婦」與這些婦所出自的氏族的關聯而進行的。〔註51〕

〔註48〕 白川靜：《甲骨文的解讀》，《古代史講座》第 1 期，1961 年 3 月；《卜辭關係文獻》，《說林》第 6～7 卷，1949 年 9、10 月；《卜辭關係文獻年表》，《說林》第 2 卷第 3 期，1950 年 3 月；《釋南——殷的南方文化》，《甲骨學》第 3 期，1954 年版；《殷的世系》，《說林》第 5 卷，1949 年版；《殷的族形態》，《說林》第 2 卷第 1 期，1950 年；《周初對殷遺民的政策與殷的後裔》，《立命館文學》第 79 號、第 82 號，1951 年 9 月、1952 年 3 月；《殷的神話》，《說林》第 4 卷，1949 年版。

〔註49〕 白川靜：《甲骨文的世界——古代殷王朝的構造》，東京平凡社 1972 年版。

〔註50〕 白川靜：《殷的族形態》，《說林》第 2 卷第 1 期，1950 年；《殷的社會》，《立命館文學》第 66 號，1948 年。

〔註51〕 白川靜：《殷的王族與政治形態》，《古代學》第 3 卷第 1 期，1953 年。

十、池田末利的甲骨文研究

池田末利（1910～2000），廣島大學名譽教授，曾任大東文化大學校長。長期致力於研究中國哲學史、甲骨文字。他是日本甲骨學會發起人之一，還是日本有幸多次前來中國河南安陽參加學術會議、考察殷墟遺址的學者之一。

池田先生在甲骨文研究方面的成績，首先表現在他在甲骨文字的考釋方面。他曾著有《殷虛書契後編釋文稿》，〔註52〕集中考釋了收在《殷虛書契後編》中的甲骨文字，在評價和分析羅振玉等人的研究成果基礎上，隨時提出了自己的考釋文字觀點，頗有斷制。比如，《殷虛書契後編》中有「丙寅卜，大貞：叀畓又保自又尹？十二月。」（即《合集》23683）這是一條祖甲時期卜辭。陳夢家先生認為：「『又保自又尹』之又尹，亦可能為『右尹』。」〔註53〕這一推測是正確的，但對「又保」無解。既然「又尹」為「右尹」，「保」、「尹」在此均是官職，那麼「又保」又何嘗不是「右保」呢？池田末利先生在此推測「保」為「保奭之保」，「又保」為「右保」，與「右尹」同為官名。〔註54〕今天看來，金文中常見「師保」之尹，如《令方彝》中的「明保」、「明公」、「明公尹」；《御正衛爵》中的「尹大保」，《作冊大方鼎》中的「皇天尹大保」等。甲骨卜辭中也常以「保」、「老」連稱，如「丁亥貞：王令保老因侯商？」（《屯南》1066）「……令保老因……」（《屯南》1082）池田先生釋「保」、「尹」在此同為官職名，無可疑問。除此之外，他還有一些散篇的甲骨文考釋論文發表，〔註55〕對甲骨文字釋讀多有發明創造。

其次，池田先生在甲骨學研究方面的主要貢獻是利用甲骨卜辭中的材料，對殷商乃至先秦時期的宗教、祭祀的問題的考證與研究，頗為注意將甲骨文資料同民族學資料相印證，以解釋殷代的祭祀觀念。〔註56〕如池田對於

〔註52〕 池田末利：《殷虛書契後編釋文稿》，廣島大學文學部中國哲學研究室油印，廣島創元社 1964 年版。

〔註53〕 陳夢家：《殷虛卜辭綜述》，第 517 頁，中華書局 1988 年版。

〔註54〕 池田末利：《殷虛書契後編釋文稿》，第 53 頁。

〔註55〕 池田末利：《釋廟》，《甲骨學》第 3 期，1954 年版；《釋衛——答嚴一萍氏》，《支那學研究》第 31 期，1965 年版；《𡇯叀字考》，《甲骨學》第 1 卷第 1 期，1951 年版。

〔註56〕 池田末利：《中國古代宗教史研究》，《釋帝天》，《廣島大學文學部紀要》第 3 期，1953 年版；《續釋帝天——殷末周初的宗教制度》，《廣島大學哲學》第 3 期，1953 年版；《鬼字考——支那祖先崇拜的原初形態》，《廣島大學文學部紀

燎祭的研究頗有心得。燎祭，作爲外祭的一種，盛於對河、嶽等自然神的祭祀。池田指出，這種燎祭在對祖先神進行祭祀的同時，燎這個字，不是作爲一個獨立的祭祀，而是爲了單純供奉犧牲而使用的一種儀禮，本來對自然界應進行燎祭，但卻轉成儀禮。換言之，即其意義降低了，有理由推測這種祭祀對祖先神也施行。〔註57〕

另外，池田末利先生的一些甲骨學論著，〔註58〕對殷代各時期的甲骨文分期問題提出了自己的觀點與看法。

圖 13-3　貝塚茂樹《古代殷帝國》、伊藤道治《古代殷王朝之謎》
　　　　　書影

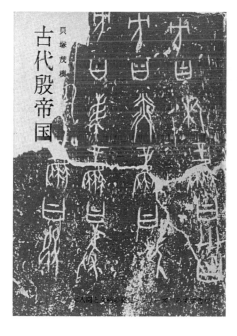

　　要》第 10 期，1965 年版；《古代支那的廟制》，《宗教研究》第 150 期，1956年版；《告祭序説》，《福井博士頌壽紀念東洋思想論集》，1960 年版；《五祀考》，《東方宗教》第 17 期，1961 年版；《社的變遷》，《哲學》第 13 期，1961 年版；《古代中國的土地神祭祀》，《東方宗教》第 21 期，1963 年版。

〔註57〕池田末利：《卜辭燎祭考》，《甲骨學》第十二號，1980 年。

〔註58〕池田末利：《評島氏〈殷虛卜辭研究〉──貞人補正之補正》（一、二），《甲骨學》第七、八號，1958、1960 年；《再次答嚴一萍──殷曆譜問題之謎》，《甲骨學》第十一號，1976 年。

十一、伊藤道治的甲骨文研究

伊藤道治（1925～），日本關西外國語大學教授，曾任神戶大學文學部學長。日本當代著名的甲骨學家。他是老一輩甲骨學家貝塚茂樹的弟子，先是以勤工儉學的方式爲貝塚茂樹先生謄清文稿、整理資料，後來就跟隨貝塚先生研習甲骨金文、殷周歷史。由貝塚先生編著的一些甲骨學論著，多有伊藤參加撰寫工作，如《古代殷帝國》、《甲骨文斷代研究法再探討》、《京都大學人文科學研究所藏甲骨文字》及《本文篇》、《甲骨文字研究》等。

伊藤氏對甲骨學的貢獻首先表現在他對日本甲骨文材料的著錄與公佈上。先後著錄了《京都大學人文科學研究所藏甲骨文字》、《天理參考館所藏殷墟甲骨文字》等。對日本一些小宗的散佚甲骨材料之搜集也不遺餘力，多有成績，先後著錄了《故小川睦之輔氏藏甲骨文字》、《大原美術館所藏甲骨文字》、《藤井有鄰館所藏甲骨文字》、《檜垣元吉氏藏甲骨文字》、《關西大學考古資料室藏甲骨文字》、《國立京都博物館所藏甲骨文字》、《黑川古文化研究所藏甲骨文字》〔註 59〕等，並彙輯爲《日本散見甲骨錄》〔註 60〕一書，按照時代和內容加以分類，並附有詳細的注解，介紹給了學術界。

當伊藤先生與貝塚先生一起整理京都人文研究所所藏的甲骨時，依然有一個如何處理「王族卜辭」和「多子族卜辭」的問題。在這一問題上，伊藤先生和貝塚先生觀點是一致的。爲此，二人合作發表了《甲骨文斷代研究的再探討——以董氏的文武丁時代卜辭爲中心》一文。〔註 61〕文中不同意董作賓先生將兩組卜辭總括爲一，認爲兩組之間的貞人完全不同，卜辭中出現的人名或卜辭的內容也不同，字體等也不一樣，故不能將兩集團總括爲一。兩人從貞人名、先王稱謂、出土坑位等方面，對「王族卜辭」、「多子族卜辭」

〔註 59〕 伊藤道治：《故小川睦之輔氏藏甲骨文字》，《東方學報》第 37 冊，1966 年；《大原美術館所藏甲骨文字》，《倉敷考古館研究集報》第 4 號，1968 年；《藤井有鄰館所藏甲骨文字》，《東方學報》第 42 冊，1971 年；《檜垣元吉氏藏甲骨文字》，《神戶大學文學部紀要》1，1972 年；《關西大學考古資料室藏甲骨文字》，《史泉》第 51 號，1977 年；《國立京都博物館所藏甲骨文字》，《文化學年報》第 3 號，神戶大學，1984 年；《黑川古文化研究所藏甲骨文字》，同前。

〔註 60〕 伊藤道治：《日本散見甲骨錄》，附錄於朋友書店 1977 年出版的郭沫若《卜辭通纂》書後。

〔註 61〕 貝塚茂樹、伊藤道治：《甲骨文斷代研究的再探討——以董氏的文武丁時代卜辭爲中心》，《東方學報》（京都）第 23 冊，1953 年。

進行了較系統的探討，其結論是仍然將這兩組卜辭認定爲第一期（其後，貝塚、伊藤二先生認爲它們也包含一部分第二期前半的卜辭）。

伊藤先生就甲骨語言文字和甲骨學本身也發表過許多有價值的論文。如《有關語詞「叀」的用法問題》、《卜辭中「虛詞」之性格——以叀與隹之用例爲中心》兩篇論文，就是從語言學的角度，考察了甲骨文、金文中所使用的「叀」、「叀」——惠字的古體，以及「隹」——惟、唯字的古體，前後用法的變化。文中認爲，叀、叀的用法，由表示強調性的提示向表示選擇或代替爲目的揭示相變化，並進而變化到了含有祈求的意味。隹字有從表示否定性的意識向表示肯定性的意識變化的痕跡，進而亦變化爲含有祈求的意味而與叀、叀變成同義。〔註62〕

伊藤先生還善於利用甲骨文中的微觀語詞來探討當時的王朝政體性質和結構特徵等宏觀問題，以小見大。如其《「干支卜，王曰貞」卜辭與「余一人」——土權與祭祀》〔註63〕一文，認爲「余一人」之語出現於祖甲時代早期「干支卜，王曰貞」形式的卜辭中，即祇出現於由王親自敘述命辭而進行貞問的卜辭中。而祖甲時代也是按照王統來構建祭祀上的「周祭」的時代，「余一人」的用語，不僅僅意味著祭祀和占卜與王自身的福禍密切相關，而且還意味著殷王朝的禍福可以由「王一人」來體現，從而可以看到作爲祭祀上的最高主宰者，小即在某種意義可以說是最高神官的王，也欲確立自己在現實王朝中最高政治主宰者的權威。

伊藤先生對甲骨學的研究，還涉及到了對甲骨學歷史的總結、從甲骨文材料探討商代的社會結構、宗教組織與觀念〔註64〕等。

〔註62〕伊藤道治：《有關語詞「叀」的用法問題》，《古文字研究》第6輯，中華書局 1981年；《卜辭中「虛詞」之性格——以叀與隹之用例爲中心》，《古文字研究》第12輯，中華書局1985年。

〔註63〕伊藤道治：《「干支卜，王曰貞」卜辭與「余一人」——王權與祭祀》，《關西外大研究論集》第63號，1996年；此文是以1995年1月中國社會科學院在海南省海口市召開的「中國國際漢學研討會」上提交的論文爲基礎寫成的。

〔註64〕伊藤道治：《甲骨學研究現狀》，《甲骨學》第9期，1961年版；《中國古代史研究的近況——戰後中國的甲骨學》，《東洋史研究》第11卷第5號，1952年版；《甲骨文字與殷墟》，《歷史教育》第18卷第7號，1970年版；《卜辭所見的祖靈觀念》，《東方學報》第26冊，1956年版；《從宗教看殷代問題之一、二——殷王朝的社會結構之二》，《東洋史研究》第20卷第3期，1961年版；《殷代的祖先祭祀與貞人集團》，《研究》第28號，1962年版；《甲骨文、金文中的「邑」》，《研究》第33號，1964年版；《殷代的宗教與社會》，《史林》

　　尤其是他利用甲骨材料研究殷商歷史的專著《古代殷王朝之謎》、《中國古代王朝的形成》〔註65〕以及《中國的歷史》第 1 卷《從原始到春秋戰國》、《中國社會的成立》、《中國古代文化研究》等著作的出版，勝義紛仍，頗受好評。這些書利用甲骨文和考古學兩個方面的資料，對殷代的宗教思想、神靈體系、國家結構、經濟組織和階級分化等，進行了綜合性的、較爲全面的論述，提出了許多值得深思的問題，並作了深入淺出的分析。比如關於商代祖靈的來源，伊藤先生認爲被稱爲先公的河、嶽、土、夒、王亥等，更多地具有自然神的性質，而自上甲以下的殷的先王則與之不同，在血緣上對活人有較多的作用力；這些所謂先公都有祭祀他們的原有的聖地，也都有他們自己的集團，他們原本並非殷人的祖先，而是在殷代由殷人人爲地編進去的異族神靈。再如對於商代的政治結構，伊藤先生認爲殷王室是由複數的集團相構成，支撐王權的各族勢力之間，時常在兄弟相續之際發生爭鬥，從而導致了中丁到盤庚間的頻繁遷都。等等。

　　近年來，伊藤氏又有一批甲骨學商史論著發表，〔註 66〕在學術界產生了一定的影響。伊藤氏還經常對日本甲骨文研究狀況進行總結，向外面的學術界介紹日本甲骨學研究的成就和前沿動態。〔註67〕

十二、松丸道雄的甲骨文研究

　　松丸道雄（1925～），日本著名書道家松丸東魚哲嗣。東京大學東洋文化研究所教授，日本著名甲骨學家。現任日本甲骨學會會長，《甲骨學》刊物主編。

　　松丸先生對於甲骨學研究的貢獻首先在其對日本甲骨材料的搜集與著錄

　　　　第 58 卷第 3 期，1975 年版。

〔註65〕伊藤道治：《古代殷王朝之謎》，角川書店 1967 年版；《中國古代王朝的形成》，創文社 1975 年版。

〔註66〕伊藤道治：《關於天理參考館所藏第二期祭祀卜辭之若干片——兼論第二期周祭之社會的宗教的意義》，《殷墟博物苑苑刊》創刊號，中國社會科學出版社 1989 年版；《關於第五期卜辭所出現的祭祀》，《關西外國語大學研究論集》，1990 年版；《論第二期卜辭中所見的稑歲之祭祀》，《中原文物》1991 年第 3 期；《哉字考》，《殷都學刊》1992 年第 1 期；《干支卜、王曰貞卜辭與余一人——王權與祭祀》，《關西外國語大學研究論集》第 63 期，1996 年版；等等。

〔註67〕伊藤道治：《日本近十年間關於甲骨文的研究》，原載於《民國以來國史研究的回顧與展望研討會論文集》；國立臺灣大學·臺北·民國八十一年六月，崔大庸翻譯，《殷都學刊》1995 年 4 期。

上面。研究甲骨學的代表著作是其甲骨著錄書《甲骨文字》和《東京大學東洋文化研究所藏甲骨文字》。〔註68〕《甲骨文字》從各家著錄書中精選甲骨 139 片，按五期的先後順序重新著錄，並附有簡要考釋。書前還有甲骨文略說，書後附有甲骨文檢字表。這可以說也是一部甲骨學學習和研究的入門書。《東京大學東洋文化研究所藏甲骨文字》，共著錄甲骨 1315 片。書中所收甲骨，每篇均以拓本、相片入錄。甲骨先按藏家集中，再將每家甲骨分期分類，在目次中一一注明。其著錄方法科學可取。東京大學東洋文化研究所所藏的 1315 片甲骨經松丸道雄整理出版。這裡包括河井荃廬舊藏 972 片，田中救堂舊藏 341 片，三浦清吾舊藏 2 片，其中相當一部分已被《殷契遺珠》收錄。

對於一些小宗的散見的殷墟出土甲骨文字，松丸先生也極盡全力予以搜羅彙集，如武藏大學歷史研究室藏 6 片、東京教育大學東洋史研究室藏 7 片、已故小川睦之輔藏 7 片、狩野直禎藏 3 片、植村清次藏 1 片、江口寬藏 3 片、河合尚雅堂藏 7 片、三浦清吾藏 2 片、菅原保藏 1 片、東京大學東洋文化研究所藏 2 片，工藤愚所藏 9 片、秋山公道藏 42 片、今井凌雪藏 25 片等等。這些散佚於日本的甲骨材料，由松丸道雄編集成《日本散見甲骨文字蒐彙》，〔註69〕分成六次在《甲骨學》上予以發表，共收錄 38 家的甲骨 560 片，全部爲摹本。著者對各家甲骨的收藏來源、著錄及現狀諸況皆一一予以介紹。松丸氏的這一成果最終彙集爲《日本收藏的殷墟出土甲骨》。〔註70〕通過這次收錄，零星散佚日本各地的甲骨已基本包括進來。

松丸先生的一些甲骨學研究論文，總能從甲骨材料中發現一些較爲重要的課題，自出機杼，觀點新穎。如《殷墟卜辭中的田獵地——殷代國家構造研究》〔註71〕等，涉及到商代地理和殷商都城，從理論上探討了卜辭田獵地之間距離的推定方法，視角獨特，觀點新穎，在甲骨學界有較大的反響。對於商代晚期諸王的田獵地中心區域的問題，學術界有著不同的認識。大多數

〔註68〕松丸道雄：《甲骨文字》，東京魁星會出版部 1959 年版；《東京大學東洋文化研究所藏甲骨文字》，東京大學出版會 1983 年版。
〔註69〕松丸道雄：《散見於日本各地的甲骨文字》，連載於日本甲骨學會《甲骨學》第七、八、九、十、十一、十二號，1959、1960、1961、1964、1976、1980 年。
〔註70〕松丸道雄：《日本收藏的殷墟出土甲骨》，《東洋文化研究所紀要》第 86 冊，（東洋文化研究所創立 40 週年紀念論集），東京大學東洋文化研究所 1981 年 11 月。
〔註71〕松丸道雄：《殷墟卜辭中的田獵地——殷代國家構造研究》，《東洋文化研究紀要》第 31 期，1963 年版。

學者認為在河南省沁陽地區，〔註 72〕也有一些學者認為是在山東泰山蒙山地區。〔註 73〕而松丸道雄先生利用電子計算機檢索甲骨文地名資料，並通過地名繫聯法進行地名考證，結果表明，田獵區眞正的中心不在別處，一定在河南省安陽的殷墟，以殷墟為核心的許多田獵地顯然是分佈在半徑約為十五至二十公里的範圍內。〔註 74〕松丸先生的這一觀點確有道理，因為甲骨文中所表現的殷末商王田獵的目的地，大都分佈在從一點出發、僅需半日行程的地方。田獵卜辭中常見的「往來亡災」之語，乃是當日之時，故從出發點到目的地有半日行程。所以這個出發的中心地點非殷墟都城莫屬。

另外，在甲骨文分期斷代與貞人集團有關的方面，松丸道雄就作為判斷分期標準的字體、書法風格提出了新的學說。董作賓在進行斷代研究的時候，雖然提出了各期的字體和書法風格特徵的大綱，但是，實際上有多數不符合大綱。特別是第一期，字體、書法風格多種多樣，不僅僅是由於貞人集團的不同，而且同一貞人的甲骨文也能見到不同的字體和書法風格。歷來對甲骨文由貞人記錄的認識就模糊不清，就如此顯著的多樣性，松丸提出記錄甲骨文的人不是貞人自己而是別的專門從事契刻的人。的確同一貞人名字的甲骨文字體、書法風格存在著多樣性的問題，根據松丸的看法大致能說明；但另一方面，也有必要從一個貞人名是否經常表示同一個人這方面來考慮。當時的人名，在許多場合是由那個人出身的族名來表記的，所以同一個名字並不意味著就是一個人，而是具有多個人的意思。特別是像第一期統治時間比較長的武丁時期，同一個名字的貞人其重複使用的可能性不是沒有。總之，今後根據字體、書法風格進行詳細分類肯定是必要的。〔註 75〕

〔註 72〕 郭沫若：《卜辭通纂》序及第 635、637、642、613、661、672、716 諸片考釋，科學出版社 1983 年版；陳夢家：《殷虛卜辭綜述》第八章《方國地理》，第 259～262 頁，中華書局 1988 年版；李學勤：《殷代地理簡論》第一章《殷商、商與商西田獵區》，科學出版社 1959 年版。

〔註 73〕 董作賓：《殷曆譜》，中央研究院歷史語言研究所專刊，1945 年版；《甲骨學五十年》第 127～128 頁，臺灣藝文印書館 1955 年版；《武丁狩數卜辭淺說》，《大陸雜誌》八卷十二期；等。

〔註 74〕 松丸道雄：《殷墟卜辭中的田獵地》，《東洋文化研究所紀要》第 31 冊，1963 年版；《再論殷墟卜辭中的田獵地問題》，《中國殷商文化國際學術研討會論文》，河南安陽，1987 年。

〔註 75〕 松丸道雄：《甲骨文における書體とは何か》，《書道研究》1988 年 12 月號。

圖 13-4　松丸道雄、高島謙一《甲骨文字字釋綜覽》書影

近年，松丸道雄還與加拿大籍口裔學者高島謙一合作，成功編著了《甲骨文字字釋綜覽》。〔註76〕這是一部大型的甲骨文綜合辭典。詳見下文。

除了以上所舉一些著名的甲骨學家之外，日本還有許多學者的研究涉及到甲骨文字或甲骨學研究。比如加藤常賢之於甲骨文反映中國早期宗教祭祀和思想觀念問題研究，林巳奈夫之於甲骨文字與青銅紋飾及與考古學的關係研究，青木木菟哉之於甲骨文分期斷代的研究，前川捷三之於甲骨文分期分組與殷商王室構成問題的研究，持井康孝之於從甲到癸十個集團構成王室論及對立的乙、丁兩組決定王室性質的研究，小南一郎對於甲骨文中亳社與史官的研究，末次信行之於甲骨文氣象氣候與商代農業的研究，成家徹郎之於甲骨文干支字形與天文曆法以及甲骨文與東巴文字比較的研究，井上聰之於甲骨文四方風與陰陽五行及商代廟號的研究，等等。

再如後藤朝太郎、水澤利忠、佐藤武敏、山田勝美、石田千秋、浦野俊則、玉田繼雄、齋木哲郎、阿辻哲次、武者章、三原研田、鈴木敦、木村秀海、橋本高勝、吉田篤志、荒木日呂子、末房由美子等等，都是曾經或現在

活躍於日本學術界的頗有實力的甲骨學研究者，形成了一個較爲雄厚的研究隊伍。他們的研究特點是對材料的開掘較深，微觀的把握較好，觀點多有可取之處。限於篇幅，在此不再一一介紹。

第二節　歐美學者的甲骨文研究

歐美學者專門研究甲骨文者不多，而且這些學者較爲分散，不像中國和日本學者那樣集中。所以在此我們將美國、歐洲及其他國家研究甲骨學或涉及到甲骨文研究的學者和成果，一並在此略作介紹。

一、歐美等國所藏甲骨文材料

歐美一些國家如德國、瑞士、英國、法國、美國、加拿大、俄羅斯等也都存有數量不等的甲骨實物，多數亦已被著錄出版。可以說經過國內外研究甲骨文學者近百年的努力，已出土的殷墟甲骨絕大多數已發表公佈，從而爲甲骨文的科學研究工作提供了豐富的第一手資料。

（一）英國收藏殷墟甲骨材料

英國收藏甲骨的公私機構計：1·皇家蘇格蘭博物館（愛丁堡）1777 片；2·劍橋大學圖書館（劍橋）622 片；3·不列顚圖書館（倫敦）484 片；4·不列顚博物院（倫敦）114 片；5·牛津大學亞士摩蘭博物館（牛津）37 片；6·維多利亞與阿爾伯特博物館（倫敦）20 片；7·倫敦大學亞非學院珀西沃·大衛中國藝術基金會（倫敦）11 片；8·劍橋大學考古與古人類學博物館（劍橋）2 片，共 3067 片。私人收藏甲骨的計：1·孟克廉夫婦（漢普夏）69 片；2·柯文 4 片；3·庫克 1 片，共計 74 片。英國收藏甲骨有 8 個單位 3067 片，3 個私人 74 片，總計收藏甲骨 3141 片。

皇家蘇格蘭博物館所藏甲骨是庫壽齡、方法斂舊藏中的一部分，1909 年由庫壽齡贈予該館。庫壽齡 1884 年代表英國浸禮會到中國，1900 年開始購買甲骨。他收藏的大部分是 1903～1908 年間與美國傳教士方法斂合作收得的，方法斂居山東濰縣，甲骨即購於此地。不列顚圖書館所藏甲骨中的 483 片，是庫壽齡 1911 年贈予不列顚博物院的，1973 年不列顚圖書館自不列顚博物院中分出，甲骨歸圖書館。劍橋大學圖書館所藏甲骨爲金璋舊藏，金璋舊藏的甲骨大多是方法斂給他收購的。牛津大學亞士摩蘭博物館所藏甲骨中的 37 片

是約翰遜夫人所贈，4 片爲英格倫姆爵士遺贈。倫敦大學亞非學院所藏甲骨中的 7 片爲葉慈舊藏，4 片屬劍橋大學圖書館，爲金璋舊藏。劍橋大學考古與古人類學博物館所藏是利奇微 1927 年的遺贈，甲骨是利奇微 1922 年以前收購的。維多利亞與阿爾伯特博物館所藏是私人藏品，與孟克廉夫婦、柯文所藏均係明義士舊藏。

英國所藏甲骨，歷史上曾多經不同時期的不同學者著錄介紹。1985 年，英國所藏殷墟甲骨材料，經李學勤、艾蘭、齊文心三位甲骨學家的整理編輯，而成《英國所藏甲骨集》〔註77〕出版發行。

（二）美國收藏甲骨材料

美國收藏的殷墟甲骨文材料，公私機構計有：1．哈佛大學皮巴地博物館 960 片；2．卡內基博物館 440 片；3．普林斯頓大學圖書館 139 片；4．哥倫比亞大學東亞圖書館 99 片；5．芝加哥大學司馬特美術館 39 片；6．大都會美術博物館 25 片；7．自然歷史博物館 24 片；8．沙可樂美術館 24 片；9．哈佛大學福格博物館 14 片；10．納爾遜美術陳列館 12 片；11．佛利亞美術陳列館 11 片；12．聖路易絲美術博物館 7 片；13．夏威夷東西中心圖書館 7 片；14．舊金山亞洲藝術博物館 5 片；15．歷史與工藝博物館 5 片；16．國會圖書館 4 片；17．加州大學人類學博物館 4 片；18．普林斯頓大學藝術博物館 3 片；19．丹佛藝術博物館 3 片；20．耶魯大學美術陳列館 2 片；21．洛杉磯美術博物館 2 片；22．西雅圖藝術博物館 2 片；23．加州大學東亞圖書館 1 片。私人收藏計有：1．發納 15 片；2．福斯特 4 片；3．沙可樂 3 片；4．本奈 1 片；5．吉德煒 1 片；6．劉先 1 片；7．麥克福森 1 片；8.某婦人 2 片。美國收藏甲骨的有 23 個公私單位藏 1832 片，8 個私人藏 28 片，總計 1860 片。

美國所藏殷墟甲骨主要是美國傳教士方法斂和駐華使館福開森等人在中國的早期收藏。芝加哥大學司馬特畫廊所藏甲骨係顧立雅（Herrlee G. Creel）舊藏。沙可樂美術館所藏甲骨係辛格（Paul Singer）舊藏，辛格所藏 24 片甲骨原屬瑞士人弗里茨‧畢費格爾（Fritz Bilfinger），30 年代他在中國購得這些甲骨，1977 年前後賣給辛格。1997 年辛格去世後，所藏甲骨贈華盛頓沙可樂美術館。

關於美國所藏甲骨材料的著錄，較早的有方法斂摹錄、白瑞華編輯整理，

〔註77〕李學勤、艾蘭、齊文心編著：《英國所藏甲骨集》，中華書局 1985 年版。

先後出版了《庫方二氏藏甲骨卜辭》、《甲骨卜辭七集》。〔註78〕白瑞華自己也有《殷墟甲骨照片》、《殷墟甲骨拓片》〔註79〕等書，對美國所藏甲骨材料有所著錄。後來又有李棪《北美所見甲骨選粹考釋》〔註80〕、饒宗頤《歐美亞所見甲骨錄存》〔註81〕、嚴一萍《美國納爾森美術館所藏甲骨卜辭考釋》〔註82〕、周鴻翔《美國所藏甲骨錄》〔註83〕、夏含夷《芝加哥大學所藏商代甲骨》、胡厚宣《蘇德美日所見甲骨集・美國所見甲骨補錄》〔註84〕等，分別對美國收藏甲骨的情況作了或詳盡或專門的搜集整理與著錄刊佈。

（三）加拿大所藏殷墟甲骨材料

加拿大所藏殷墟甲骨，主要有兩家博物館：1・加拿大多倫多皇家安大略博物館藏 7402 片；2・維多利亞藝術博物館藏 5 片。兩個單位收藏甲骨共計7407 片。加拿大的甲骨收藏數量，僅次於日本。

安大略博物館所藏的甲骨，有以下四種來源：1、明義士舊藏 4700 片。明義士牧師收藏的殷墟甲骨達五萬片之多，但多數留在中國國內，他將少數攜出中國國境的甲骨存於加拿大多倫多皇家安大略博物館。2、懷履光（W.C. White）牧師在中國開封購藏的殷墟甲骨 2686 片。3、1920 年入藏安大略博物館的 George Crofta 藏品，和 1967 年 Spaulding 夫婦捐贈的 Samuel Mercer 教授的藏品。4、1971 年安大略博物館新清理出來的一批甲骨，有 16 片，這批甲骨是從明義士、懷特、Crofta 等的收藏中挑選出來，可能是作爲精品展覽或別的某種原因而分別庋藏，以致鮮有人知這批甲骨的存在。而維多利亞藝術博物館的 5 片甲骨，是 1989 年明義士的子女明明德姐弟贈予的。

對於加拿大所藏甲骨文材料，懷履光、明義士等加拿大學者都曾有所輯

〔註78〕 方法斂摹錄、白瑞華編校：《庫方二氏藏甲骨卜辭》，上海商務印書館石印一冊，1935 年版；《甲骨卜辭七集》，美國紐約影印本一冊，1938 年版。

〔註79〕 白瑞華：《殷墟甲骨照片》，美國紐約影印本一冊，1936 年版；《殷墟甲骨拓片》，美國紐約影印本一冊，1937 年版。

〔註80〕 李棪：《北美所見甲骨選粹》，香港中文大學《中國文化研究所學報》第三卷第 2 期，1970 年。

〔註81〕 饒宗頤：《歐美亞所見甲骨錄存》，新加坡《南洋大學學報》1970 年第 4 期。

〔註82〕 嚴一萍：《美國納爾森美術館所藏甲骨卜辭考釋》（一～五），《中國文字》第22、23、24、25、29 冊；又臺北藝文印書館影印本，1973 年版。

〔註83〕 周鴻翔：「Oracle Bone Collections in the United States」（《美國所藏甲骨錄》），1976 年版。

〔註84〕 胡厚宣：《蘇德美日所見甲骨集》，四川辭書出版社 1988 年版。

錄。後來經任職於安大略博物館的臺灣籍甲骨學家許進雄教授多年整理，又先後編成《殷虛卜辭後編》〔註85〕卷一卷二附釋文、《明義士所藏甲骨文字》〔註86〕、《懷特氏等收藏甲骨文集》〔註87〕等，出版印行。這樣加拿大所藏殷墟甲骨文材料，基本上都已著錄成書。

（四）德國所藏殷墟甲骨材料

德國收藏的殷墟甲骨，存放在兩個博物館：其一是在庫恩的東亞藝術博物館，收藏 140 片；其二是在柏林的人種博物館（即西柏林民俗博物院），收藏 711 片，兩個單位共計 851 片。

其中庫恩東亞藝術博物館所藏甲骨很可能是劉鶚舊藏中的一部分。柏林人種學博物館所藏甲骨係威爾茨（Wirtz）舊藏。威爾茨 1909 年在山東青島購得 280 片甲骨，之後，他又陸續向其他古董商購買，最後攜帶總共 711 塊甲骨返德。另外，衛禮賢除了將所藏甲骨大宗轉售給瑞士巴塞爾民族藝術博物館外，還將 1 片甲骨轉售德國法蘭克福的中國學院。法蘭克福中國學院係衛禮賢一戰後所創建，學院不幸在二戰中被炸毀，保存其中的那塊甲骨亦難逃此劫。

德國所藏殷墟甲骨，分別由雷煥章輯為《庫恩藏甲骨刻辭》〔註88〕、《德瑞荷比所藏一些甲骨錄》〔註89〕和胡厚宣編為《蘇德美日所見甲骨集》〔註90〕先後著錄，公佈於世。

〔註85〕許進雄：《殷虛卜辭後編》，臺北藝文印書館 1972 年版。
〔註86〕許進雄：《明義士收藏甲骨文字》，加拿大多倫多皇家安大略博物館，1972 年版。
〔註87〕許進雄：《懷特氏等收藏甲骨文集》，加拿大多倫多皇家安大略博物館，1979 年版。
〔註88〕雷煥章：《庫恩藏甲骨刻辭》，甲骨文發現 90 週年紀念論文，自刊一冊，1989 年。
〔註89〕雷煥章：《德瑞荷比所藏一些甲骨錄》，臺北光啓出版社，1997 年版。
〔註90〕胡厚宣：《蘇德美日所見甲骨集》，四川辭書出版社，1988 年版。

圖 13-5　《蘇德美日所見甲骨集》書影

（五）法國所藏殷墟甲骨材料

法國所藏殷墟甲骨材料，分公私機構和個人所藏。其中公私機構有四家：
1・中國學術研究院 13 片；2・季梅亞洲藝術博物院 8 片；3・池努奇博物院
10 片；4・法國國立圖書館 26 片；共計 57 片。私人有：1・雅克博 1 片；2・
戴迪野 1 片，共計 2 片。法國公私機構和個人所藏共計 59 片。

其中中國學術研究院創立於 1919 年，1951 年隸屬巴黎大學，所藏甲骨分
爲兩組：第一組包括 10 大塊牛肩胛骨，其中 2 塊全係僞刻，7 塊部分僞刻；第
二組是 5 小塊甲骨，其中 1 塊爲牛骨，4 塊爲龜腹甲。季梅亞洲藝術博物院是
1878 年季梅（Guimet）先生創立的，所藏甲骨有三種來源：一是 1910 年中國
收藏家金某贈送給季梅先生的 3 片；二是若瑟・哈淨（Joseph Hackin）先生捐
贈的 1 小塊牛肩胛骨；三是新從博物院中發現的 4 片，來源不詳。池努奇博物
院始建於 1898 年，所藏甲骨係池努奇（Cernuschi）先生舊藏。法國國立圖書館
所藏甲骨是伯希和（Paul Pelliot）1906－1909 年間在中國考察時購得的。

法國所藏甲骨材料，先後經饒宗頤輯爲《巴黎所見甲骨錄》〔註 91〕和雷
煥章輯爲《法國所藏甲骨錄》，〔註 92〕著錄公佈於世。

〔註91〕饒宗頤：《巴黎所見甲骨錄》，香港影印本一冊，1956 年版。
〔註92〕雷煥章：《法國所藏甲骨錄》，臺北光啓出版社 1985 年版。

（六）俄、瑞、荷、比等國所藏甲骨材料

以上歐美國家所藏甲骨文材料都是大宗的，而其他一些國家如俄羅斯、瑞典、瑞士、荷蘭、比利時、新西蘭、新加坡、韓國等，又都藏有一些零碎的、數量較少的殷墟甲骨文材料。茲略作簡述如下：

俄羅斯所藏甲骨文，主要是彼得格勒原蘇聯國立愛米塔什博物館東方部所藏，共有 199 片。據說這批甲骨是古文學家理查徹夫（N. P. Lichatcheff）1911年通過俄國使館的沙津（M. C. Schekin）請當時的上海市長買的。理查徹夫將此批甲骨贈送給蘇聯科學院。但俄國沒有人研究甲骨。直到 1932 年，才由蘇聯科學院馬爾博士語言思想研究所的年輕學者布那柯夫（G. W. Bounacoff）開始研究整理這批甲骨。1958 年胡厚宣訪問蘇聯時見到這批甲骨，曾寫《蘇聯國立愛米塔什博物館藏甲骨》〔註93〕一文加以介紹。後來編纂《蘇德美日所見甲骨集》，選取其中的一些重要片子著錄。

另外，在莫斯科原蘇聯國立東方文化博物館中國藝術陳列部裏，陳列了完整無缺的 17 塊龜版。當時蘇聯最著名的中國研究學者出版的一部 10 卷本的巨著《世界通史》，在此書《遠古的中國》一章裏載有《中國古代文字的龜甲》。此書專門在彩色插頁上刊印上了這裡收藏的這批整版的甲骨文字。但經胡厚宣先生的鑒定，這批甲骨材料全為偽品。

瑞典所藏殷墟甲骨材料，主要是收藏在斯德哥爾摩遠東古物博物館的 117 片甲骨實物。這批館藏甲骨有六個來源：一是二十世紀早期購自北京的 17 片；二是 1927 年羅振玉贈送的 26 片；三是法克曼（Falkman）舊藏的 19 片，1913 年購於北京骨董店，1928 年入藏該館；四是卡爾白克（Karlbeck）1929 年前後購於安陽的 3 片；五是得自膠東的 48 片；六是赫勒斯特洛姆（Hellstrom）舊藏的 4 片，約購於二十年代，1946 年入藏該館。剔除偽刻後共有甲骨 111 片。

1999 年李學勤等出版的《瑞典斯德哥爾摩遠東古物博物館藏甲骨文字》，〔註94〕著錄了除赫勒斯特洛姆舊藏 4 片（其中一片為偽）之外的 108 片真實甲骨。

〔註93〕　胡厚宣：《蘇聯國立愛米塔什博物館所藏甲骨文字》，《甲骨文與殷商史》第三輯，上海古籍出版社 1991 年版。

〔註94〕　李學勤、齊文心、艾蘭：《瑞典斯德哥爾摩遠東古物博物館藏甲骨文字》，中華書局 1999 年版。

瑞士所藏殷墟甲骨材料，主要是收藏於瑞士巴塞爾的民族藝術博物館的藏品，共有 69 片。這批甲骨材料是衛禮賢（Richard Wilhelm）1910 年左右在青島從古董商處購得的，當時爲 72 塊甲骨。1913 年衛禮賢經由白斯威·薩拉辛（S. Preiswerk-Sarasin）將其中的 70 塊售予巴賽爾民族藝術博物館。巴賽爾民族藝術博物館中所藏的 70 塊甲骨，也非衛禮賢售賣時的原樣，原編號 B5 的甲骨後來斷裂爲二。目前巴塞爾所藏 B5 的甲骨衹是原塊的下半部，而上半部則編爲 B19 號，至於方法斂原編號 B19 的片塊已佚失。此外，70 片甲骨中 B9 一片係僞刻。故民族藝術博物館所藏甲骨實爲 69 片。

這批甲骨早在 1911 年曾由方法斂爲衛禮賢製成拓本，後由白瑞華發表於《甲骨卜辭七集》。1958 年香港學者饒宗頤到巴塞爾博物館參觀訪問時看到這批甲骨，曾著錄於《海外甲骨錄遺》〔註 95〕中。後來雷煥章在《德瑞荷比所藏一些甲骨錄》中也將這批甲骨材料披露，公佈於世。雷煥章《德瑞荷比所藏一些甲骨錄》著錄德國（庫恩）、瑞士（巴塞爾）、荷蘭（萊登）、比利時（布魯塞爾、瑪麗蒙）所藏甲骨 225 片（照片、摹本），另有荷蘭阿姆斯特丹所藏三塊無字鏤刻花紋之牛骨。釋文有中、英兩種文字。

另外胡厚宣據張光裕先生的提示，認爲瑞士尚有私人收藏家一人所藏甲骨 29 片。但這 29 片眞僞與否，無從判斷，故《德瑞荷比所藏一些甲骨錄》未能收錄。

荷蘭所藏殷墟甲骨，主要是指藏在荷蘭萊登的國立人種學博物院的 10 片。這批甲骨係先後三次獲得：第一次是都文達（Duyvendak）捐贈的 7 塊龜腹甲碎片（都文達 1912－1914 年在北京荷蘭大使館擔任翻譯實習生，1914－1918 年任助理翻譯員）；第二次是李棪 1962 年捐贈的 2 塊大牛骨；第三次是李棪 1965 年 8 月捐贈的 1 塊大牛骨。雷煥章《德瑞荷比所藏一些甲骨錄》第一次著錄了荷蘭收藏甲骨的情況。

比利時所藏殷墟甲骨，分兩個機構收藏：1·布魯塞爾皇家藝術暨歷史博物院藏 2 片；2·摩斯威森林瑪麗蒙皇家博物館藏 5 片；共計 7 片。其中皇家藝術暨歷史博物院收藏的甲骨，有兩種來源：第一種是 1929 年斐南·布根（Fernand Buckens）轉售所得，包括四小塊龜甲（實際上是 1 塊龜甲），它們與硬化的黃土嵌附於一灰陶片中，布根 1913 年在河南鄭州擔任鐵路公司的醫生時就購得一

〔註 95〕饒宗頤：《海外甲骨錄遺》，香港大學《東方文化》第 4 卷第 1、2 期，1956、
1958 年版。

些古董，此塊龜甲係 1920 年前後布根在河南向一位中國古董商購得，布根氏曾對此片甲骨撰文介紹；〔註 96〕第二種是 1 塊牛胛骨，原是亨利・朗白（Henry Lambert）男爵的收藏，朗白男爵爲銀行家，曾在上海居住多年，一位上海古董商負責爲他收購銅器和玉器，其收藏係 1925－1938 年購得。

　　韓國所藏殷墟甲骨，分爲兩個機構收藏：1.漢城大學博物館 1 片；2.淑明女子大學圖書館 6 片。韓國有 2 個單位共藏 7 片。其實在漢城大學博物館共藏有 20 片甲骨，據王宇信先生的親自調查，除一片是眞的外（董作賓先生做過考釋），〔註 97〕其餘的都是僞刻；淑明女子大學圖書館所藏，係 1996 年許進雄先生從美國日僑手中購買所得，這 6 片松丸道雄在《日藏》中已有統計，《殷契遺珠》也有著錄。

　　新加坡的南洋大學李光前文物館藏有殷墟甲骨 28 片。李孝定曾對這批甲骨做了著錄與考釋。〔註 98〕另外，據徐錫臺先生的親身調查筆記，新西蘭的路易・愛理也藏有 10 片甲骨。等等。

二、歐美等國早期甲骨學研究概述

　　1899 年甲骨文發現之後，許多歐美等國的基督教傳教士先後注意到了這一新發現的古代文物和學術資料，開始收集並進行研究。西方研究甲骨文的頭二十年，主要生力軍是在華外國傳教士和駐華使官。他們大都精通中文，並且，由於地利之便，能夠親自接觸甲骨，或自己就是收藏家。當時這些外國學者也成立自己的學術機構，比如設在上海的皇家亞洲文會北方分會成立於 1858 年，最早的名稱爲「上海文學與科學會」（The Shanghai Literary and Scientific Society），1859 年改名爲「皇家亞洲文會中國北方分會」。庫壽齡曾於 1914 年至 1916 年當過該會幹事和會刊主編。方法斂最早買進的一批甲骨就藏於該會的博物館。該會是當時漢學研究的重要學術機構，其會刊《皇家亞洲文會中國北方分會會刊》（Journal of the North China Branch of the Royal Asiatic Society），和由蘇柯仁（Arthur de Carle Sowerby）與福開森（John C.

〔註96〕斐南・布根：《由考古學與古文學之古物探討河南中部古代葬禮習俗和古代中國人之心靈觀念》，《布魯塞爾考古人類學會會刊》36 卷，1921 年。
〔註97〕董作賓：《漢城大學所藏大胛骨刻辭考釋》，《中央研究院歷史語言研究所集刊》23 本下冊，1956 年。
〔註98〕李孝定：《李光前文物館所藏甲骨文字簡釋》，《文物彙刊》1976 年第 2 期。

Ferguson）創辦的《中國科學美術雜誌》（簡稱《中國雜誌》）是當時發表外國學者甲骨學研究的主要陣地。這些外國傳教士和駐華使官們的工作，開啓了歐美甲骨學研究的先河。〔註99〕

　　（一）庫壽齡的甲骨文的收藏與研究

　　庫壽齡（Samuel Coulling）於 1859 年出生於英國倫敦。他先在一家保險公司工作，後在布里斯脫大學學院讀神學；1883 年畢業後到英國南方一個小鎮上做浸禮教會（The Baptist Church）牧師。1884 年，庫壽齡志願參加浸禮教會的傳教團，來到了山東青州，開始接觸中國文化。作爲傳教士，庫氏的主要興趣卻是在學術研究上。早在殷墟甲骨被學者發現的第二年，即 1900 年，居於山東青州的英國浸禮會代表庫壽齡（S.Couling）即已開始購買甲骨，成爲最早收藏甲骨的外國人。1903 年至 1908 年期間，庫壽齡與居於山東濰縣的友人、美國長老會傳教士方法斂（Frank H. Chalfart）共同收集一批甲骨。1902年，他在愛丁堡大學取得了碩士學位。1908 年，他辭掉了教會的職務，來到上海給有錢人當家庭教師，並積極參與上海的學術活動。庫壽齡在當時的學術界頗有聲望，他編著了《中華百科全書》（Encyclopaedia Sinica），於 1917年出版，成爲暢銷書。庫壽齡還主編了《新中國評論》（New China Review），專門發表漢學論文，從 1919 到 1922 年，共出了 4 期。他於 1922 年 6 月 15日在上海病逝。

　　庫氏治學寬泛，沒有專注於甲骨研究，所以他的甲骨研究著述甚微。祇是到了 1914 年 2 月 20 日在上海皇家亞洲文會中國北方分會（The North China Branch of the Royal Asiatic Society）做了一次公開講演，題目是《河南出土甲骨》。〔註100〕庫壽齡在演講中回顧了他和方法斂最早開始收藏甲骨的經過，並對甲骨用於占卜的文獻做了一些討論。那時，羅振玉已經確證了甲骨的眞實出土點爲安陽小屯。庫壽齡比較生動地描述了他們拚命收買甲骨字片，古董商乘勢抬價的情形，以及他和方二人同坐在一張桌前，綴合甲骨碎片的愉快時光。庫氏還談到當時有商人做僞品出售賺錢，收藏家必須小心。可是他在

〔註99〕 汪濤：《甲骨學在歐美：1900～1950》，臺灣師範大學國文系與中央研究院歷史語言研究所合辦「甲骨文發現一百週年學術研討會」（1998.5.10-12）提交論文。關於歐美早期甲骨文研究綜述，多參考汪濤此文而成。

〔註100〕 Conling, San1uel：1914："The Oracle Bones from Honan", Journal of the North China Branch of the Royal Asiatic Society 45, pp.65-75, 1914.

文中發表的所有甲骨實物幾乎無一是眞，特別是所謂的龜符龍節，全爲贗品。至於他關於甲骨占卜可能跟龍蛇崇拜有關的推想，更是毫無根據。不過，他順便提到甲骨文中的「貞」，應該讀作「貞」而不是「問」，倒是猜對了。庫壽齡第一次注意到了甲骨出土時的考古層位問題。講演中，他還抱怨了當時的皇家亞洲文會北方分會對研究甲骨缺乏興趣。

（二）方法斂的甲骨文蒐藏與研究

方法斂（Rev. Frank H. Cha1fant），1862 年出生於美國費城。1887 年作爲美國長老會（The American Presbyterian Mission）的傳教士來到中國，派駐在山東省濰縣。傳教之餘，方氏大約在 1903 年左右開始收藏殷墟甲骨。他當時直接從當地古董商手中收購，因此對中國學者在他之前早已開始收藏甲骨的情況不太了解。他認爲甲骨是河南朝歌城所出，先由古董商帶到北京，遇義和團之亂，於是將甲骨又帶到山東濰縣，留在他所熟知的一位中國朋友家。於是他自認爲是最早見到甲骨的人。他先替設在上海的亞洲文會博物館買進了最早的一批，約 400 片。他隨後又替愛丁堡的蘇格蘭皇家博物館、倫敦的大英博物館，美國匹茲堡的卡內基博物館和芝加哥的菲爾德自然歷史博物館陸續買了一些甲骨。1911 年，方氏不幸於青島遇禍，從此半身不遂，但仍孜孜不倦地研究甲骨，直至 1914 年在美國匹茨堡去世之前，親自摹寫了大量的甲骨片子，據說還留下了數量可觀的遺稿。

方法斂於 1906 年於美國匹茲堡出版的《卡內基博物館回憶錄》發表了《中國早期文字》，〔註101〕這被公認爲是西方甲骨學研究的開始。該文共分四節：（1）從古代銘文看早期文字；（2）論《說文解字》；（3）《散氏銘》考釋；（4）甲骨上的古代刻辭。這是西方最早研究中國銘刻文字的文章之一，尤其是他首次向西方學者公佈了甲骨文的發現，並嘗試了甲骨刻辭的初步解讀。方法斂認爲中國文字是一種「象意音節」（ideographic-syllabism）文字，因此研究中國文字必須熟悉中國人的思維方式、生產方法和社會習慣。

此時，劉鶚已於 1903 年出版了《鐵雲藏龜》，收錄了甲骨拓片 1058 片。但當時此書發行量小，方氏本人可能親見到此書，方氏在文章中錯引爲 800 片。《中國早期文字》材料範圍頗廣，涉及到甲骨文、金文、陶文、璽印貨幣文字等。但由於作者鑒別眞僞的能力不夠，他發表的 17 片甲骨摹本，8 片全

〔註101〕Cha1fant : "Early Chinese Writing", memoirs of the Carnegie Museum 4-1, pp.1-35, 1906.

係僞刻，2 片眞僞混雜，僅有 7 片是眞的。方氏考釋的水平也不高，主要是根據文字的形體進行猜測，有時猜對，可有時就難免離題千里。例如他把「𣃁」釋作「鳥」，「翌」釋作「角」，把「旬亡禍」釋讀爲「𠂤父占」。作爲先驅者，這種粗疏是可以諒解的。尤其值得一提的是，方氏當時已經注意到甲骨綴合的問題，他曾將五塊殘片拼合成一片幾乎完整的龜；他不無遺憾地說：「可惜這些（甲骨）的發現者在努力將碎片綴合起來之前就把它們分散開了，現在碎片如此諸多，幾乎不大可能再將它們拼合。」

圖 13-6　《庫方二氏藏甲骨卜辭》書影

（三）金璋的甲骨文收藏與研究

金璋（Lionel Charles Hopkins）生於 1845 年，家庭環境良好，父親和哥哥都擅長寫作。金璋在英國寄宿學校溫切思特（Wenchester）畢業後，於 1874 年到中國當翻譯生，從此一直在英國駐中國領事館工作。1895 年當了上海領事館副領事，1897 年到煙臺當領事，1901～1908 年是天津領事館總領事。金璋很早就對中國文化和中國古文字產生了濃厚的興趣。早在 1881 年，金璋就翻譯了戴侗的《六書通》。成立於 1823 年的英國皇家亞洲文會，是西方世界研究東方學的重要機構。金璋是該會的長期會員，曾經被選爲理事和副主席。從中國退休後，金璋回到英國住在鄉村，終身未娶，一心從事甲骨文的研究。他 1952 年 3 月 11 日去世，享年九十八歲。金氏去世後，他的甲骨收藏捐給了

劍橋大學，藏於該校藝術考古博物館。

　　金璋在 1908 年於天津當總領事之時，就曾手摹了收在新學書院的王懿榮舊藏甲骨，並發表在當年學院院報上。此時他見到方法斂關於甲骨的文章後，兩人從此開始了長期通信關係。金璋委託庫、方二氏代其收購甲骨 800 片左右，但其中有不少贗品。金璋一生所寫的研究甲骨文的文章大約有四五十篇，這些論文多發表在《皇家亞洲文會（大不列顛與愛爾蘭）會刊》上。金璋可以說是早期西方漢學中著述最豐富的甲骨學者。

　　金璋第一篇關於甲骨文的文章是 1911 年的《由最新發現看周朝的文字》。〔註 102〕文章主要從「六書」角度討論了中國文字的特質，但他把剛出土的甲骨文定為周朝文字。雖然他在文中提到了羅振玉和法國漢學家沙畹認為甲骨文是殷商文字的看法，不過他堅持己見，主要根據是甲骨上的文字跟西周金文接近，不少人名也相同。其實，他用來比較的甲骨許多是模倣金文的偽刻。早期研究甲骨的外國學者常常上偽刻的當。金璋不幸亦在其列。他後來糾止了甲骨是周朝遺物的錯誤觀點。但他認為甲骨並非一時之作，而可能是幾百年長期積累的結果，倒不乏先見之明。金璋利用甲骨文材料，討論商代王室祖先、宗教思想和占卜祭祀一類的論著，值得介紹。如他於 1917 年就發表的《商代王室研究（公元前 1766～1154 年）》，〔註 103〕幾乎與王國維寫《殷卜辭中所見先公先王考》、《續考》同時。

　　金璋的更多研究是甲骨文等古文字的考釋，可以說是西方漢學界考釋甲骨文字造詣最深的學者。他於 1917～1927 年間連續發表了《象形文字考探》長篇論文，共考釋了 166 個字辭。〔註 104〕他的考字方法是傳統訓詁學，根據《說文》類比古文字，同時也注意古音問題。他 1945 年發表《薩滿或中國巫：即性之舞和多變之字》〔註 105〕一文，從古文字的角度討論了「巫」、「無」、「舞」的關係，

〔註 102〕Hopkins : "Chinese writing in the Chou dynasty in the light of recent discoveries", Journal of the Royal Asiatic Society of Great Britain & Ireland 1911, pp.1011-34.

〔註 103〕Hopkins : "The sovereigns of the Shang dynasty, B.C.1766-1154", Journal of the Royal Asiatic Society of　Great Britain & Ireland 1917, pp.69-89.

〔註 104〕Hopkins : "Pictographic reconnaissances", Journal of the Royal Asiatic Society of Great Britain & Ireland 1917, pp.775-813；1918, pp.388-431；1919, pp.369-88；1922, pp.49-75；1923, pp.383-91；1924, pp.407-34；1926, pp.46186；1927, pp.769-89；1928, pp.327-37.

〔註 105〕Hopkins : "The Shaman or Chinese Wu：his inspired dancing and versatile character", Journal of the Royal Asiatic Society of Great Britain & Ireland 1945, pp.3-16.

頗有意趣。其晚年一篇論文考釋甲骨文中常見但含義歧說紛紜的成語「不玄冥」一詞，認為最後一個字應當讀作「朱」（＝朱），指塗抹甲骨的顏色，〔註106〕可備一說。他討論的對象常常是中國和日本學者如羅振玉、王襄、高田忠周、郭沫若等，能夠在文字考釋上獨樹一幟，這在西方學者中是極少有的。

（四）明義士的甲骨文收藏與研究

明義士（James M. Menzies），1885 年生於加拿大。他 1905 年從多倫多大學土木工程專業畢業，先做過一段國土測量員，後又學習神學，1910 年作為長老會傳教士來華傳教。先是在河北武安，後來轉到彰德府（安陽）。明氏開始收藏甲骨的時間較晚，但也頗以發現小屯第一人自居。據他自己所言，1914年春，他騎馬在洹水南岸散步時，在棉花地裏發現了碎陶片。當地居民見其為洋人，便向他兜售甲骨。明氏此時尚不知羅振玉之弟羅振常已於他之前 1911年到小屯收購甲骨之事。歐戰爆發，明氏去法國在華工隊當翻譯。1920 年明氏重返中國，先後回到彰德傳教。他結識了當時正在殷墟進行考古發掘的中央研究院史語所考古組的中國考古學家，後又在北京美國人辦的華語學校任教。這期間，明還抽空參加了美國加州大學在耶路撒冷的考古發掘。1932～1937 年，明義士被聘為濟南齊魯大學教授。抗日戰爭爆發，明回到加拿大，在多倫多安大略皇家博物館從事研究。1942 年完成其博士論文《商戈》。他還曾先後在美國戰時新聞局、美國國務院文化關係局服務。明義士於 1957 年 3月 16 日病逝。其大部分收藏捐給了加拿大多倫多安大略皇家博物館。

1917 年明義士從自己收藏甲骨中，選錄了 2369 片甲骨文摹寫成冊，以《殷虛卜辭》〔註107〕為題著錄出版。此書由上海別發洋行印行，成為歐美學者出版的第一部甲骨著錄書。在該書《序言》中，明義士還提到了此書祇是他龐大計劃的第一部，他將繼續寫作第二和第三部，討論中國古代文字的發展以及宗教文化。在齊魯大學任教期間，他潛心於甲骨文的研究，成就顯著。1933年他又將講義稿《甲骨研究》〔註108〕出版，用中文寫作發表，故他的研究多為中國學者所知。在該書中，他詳細講述了他參與早期甲骨文收藏的過程，

〔註106〕Hopkins："A cryptic message and a new solution", Journal of the Royal Asiatic Society of Great Britain & Ireland 1947, pp.191-98.

〔註107〕Menzies：Oracle Records from the Waste of Yin, Shanghai：Kelly and Walsh, 1917.

〔註108〕明義士：《甲骨研究》，齊魯書社 1996 年版（原《甲骨研究初編》，齊魯大學講義 1933 年）。

對於甲骨學史來講是非常有意義的。他注意到了貞人稱謂問題，並根據字體把所謂的「歷組卜辭」定爲武丁時期，實屬卓見。但明義士在 1927 年就寫下了這一看法，一直沒有公開發表。〔註 109〕

1936 年 4 月 23 日和 30 日，明義士還於設在上海的皇家亞洲文會中國北方分會做兩次英文講演，題目分別是「商朝和周朝的藝術」和「商朝的文化宗教思想」。〔註 110〕 在第一場講演中，他主要介紹了商周時期的青銅器的使用和紋飾，也介紹了骨牙器和玉器。他認爲早期藝術表明了中國文化與近東文化有別，自有源頭；還認爲商朝早期的都城應該在山東一帶尋找。在第二次講演中，他主要是從甲骨文來探索商人關於「上帝」和「天」的崇拜。他認爲雖然這些觀念已經存在，但當時還沒有偶像崇拜。在兩次講演中，明氏向聽眾展示了他親自在河南收集的甲骨和其他文物。

另外，與明義士相關的另一位加拿大傳教士懷履光也值得一提。懷履光（William Charles White）曾在中國河南開封傳教，任主教。他在華期間也非常注重對中國古物包括甲骨的收藏，頗有所得。回國後任多倫多大學漢學教授，並兼任多倫多安大略皇家博物館東亞部主任。他將自己收藏多年的甲骨等殷墟遺物捐獻到安大略皇家博物館。這批材料，後經許進雄整理，著錄成《懷特氏等藏甲骨文集》，於 1979 年出版發行。懷履光本人也研究甲骨文字，1946 年著《古代中國骨的文化》一書，對甲骨文的發現及一些重要的骨雕文字進行了公佈和討論。其中該書扉頁上的鑲嵌松綠石的精美骨雕，上有記事刻辭文字「辛酉，王田于雞麓，獲大豕虎，在十月，唯王三祀，劦日」，因爲涉及到殷末紀年，極受學者重視。

（五）吉卜生、蘇柯仁等人的甲骨文研究

英國人吉卜生（Harry E. Gibson）（Gibson）是當年皇家亞洲文會中國北方分會博物館考古部主管。吉氏寫作頗勤，自 1934～1940 年間發表了近 10 篇論文和書評，大都登在《中國雜誌》和《皇家亞洲文會中國北方分會會刊》上面。

方法斂最早爲皇家亞洲文會中國北方分會購進的一批甲骨，收藏於該會博物館考古部中。但這批甲骨遲遲未得發表，直到 1934 年 12 月才由這位掌

〔註 109〕李學勤：《小屯南地甲骨與甲骨分期》所附明義士《殷虛卜辭後編序》，《文物》1984 年第 5 期。
〔註 110〕Menzies : "The art of the Shang and Chou dynasties" and "Culture and religious ideas of the Shang dynasty", Journal of the North China Branch of the Royal Asiatic Society 67, pp.208-11, 1936.

管這批甲骨的吉卜生經過整理,以《商代的圖畫刻辭》爲題部分地發表在《中國雜誌》上。〔註111〕

　　吉氏文章比較通俗易懂,除了談文字學,還利用甲骨文研究祭祀祭牲,以及商代的交通和音樂。〔註112〕值得注意的是,吉氏在一篇文章裏,曾不無得意地宣佈了一項他的新發現:他收藏了一件骨質的尺子,他將此尺子與甲骨鑽鑿對比後,認爲此尺必爲商代貞人製骨時所用。〔註113〕如果這是真的話,這對甲骨文和商代歷史研究來說倒是一件重要的事情。據稱他在博物館裏還陳列了這件尺子和一些甲骨實物,供人觀摩。遺憾的是,這件尺子至今下落不明。吉卜生的缺點是祇管夫子自道,極少引用中國學者的已有研究成果。他還自以爲是地指出甲骨文最早是庫、方二氏發現的,而中國學者是在此之後才對甲骨研究感興趣的,並且他還毫無根據地把庫、方二氏開始收藏甲骨的時間提到 1900 年。〔註114〕這都是其不可取的地方。

　　除了吉卜生關於甲骨文的文章外,《中國雜誌》還發表過主編蘇柯仁的《古代中國馴養動物》和《中國藝術裏的鳥類》。〔註115〕這兩篇論文也引用了甲骨文材料來說明中國古代的家畜動物和鳥類,文中的古文字表是吉卜生代爲繪製的。另外,該刊第三期上登載了美國醫生盈亨利(J. H. Ingram)的《商朝文明和宗教》〔註116〕一文,也頗值得注意。在這篇文章中,盈氏利用了甲骨文證據來談商代的祭祀和占卜。但他的一些觀點都有問題,例如說中國文字與索美爾文(Sumerian linear Script)同源。尤其是在文章開頭,盈氏聲稱明義士 1917 年發表的《殷虛卜辭》,原是他的作品,這頗令人感到意外。但是

〔註111〕 Gibson : "The picture writing of Shang", The China Journal of Sciences and Arts 21-6, pp.277-84, 1934.

〔註112〕 Gibson : "Divination and ritual during the Shang and Chou dynasties", The China Journal of Sciences and Arts 23-1, pp.22-5, 1935;"Music and musical instruments of Shang" Journal of the North China Branch of the Royal Asiatic Society 68, pp.8-18,1937.

〔註113〕 Gibson : "Domestic animals of Shang and their sacrifice", Journal of the North China Branch of the Royal Asiatic Society 69, pp.9-22, 1938.

〔註114〕 Gibson : "The inscribed bones of Shang", Journal of the North China Branch of the Royal Asiatic Society 67, pp.15-24, 1936.

〔註115〕 Sowerby, Arthur de Carle : "The domestic anilnals of ancient China", The China Journal of Sciences and Arts 23-6, pp.233-43, 1935a; "Birds in Chinese art", The China Journal of Sciences and Arts 23-6, pp.326-39, 1935b.

〔註116〕 Ingram. J. : "The civilization and religion of the Shang dynasty", The China Journal of Sciences and Arts3, pp.473-545, 1925.

這件公案至今也未見任何人出來澄清過。

　　另外，英國漢學家葉慈（W. Perceval Yetts）於 1932、1935 年兩次在《亞洲文會會刊》上發表論文，介紹中國殷墟科學考古發掘的新發現。他特意提到了董作賓關於新出土大龜四版的研究及其斷代學上的意義。〔註 117〕

　　（六）馬伯樂等法國學人的甲骨文研究

　　除了以上早期傳教士和駐華使官們的甲骨文研究成績之外，以法國巴黎為中心的歐美漢學研究中心的學者們，也對中國新出土甲骨文字的情況表現出極大的關注，並投入精力進行研究和評述。

　　馬伯樂（Henri Maspero）（1883～1945），法國早期的重要漢學家，主要是對中國的宗教尤其是道教的研究成績最大。他先後出版了《古代中國》（1927年、1955 年再版）、《中國宗教·歷史雜考》（1950 年）、《道教與中國宗教》（1981年）等。

　　方法斂《中國早期文字》一文發表之後，馬伯樂在 1908 年的《法國遠東學院院刊》上發表了書評，〔註 118〕向西方漢學界介紹了方氏論文的主要內容。

　　馬伯樂以其廣博的漢學知識和深厚學力功底，使得他可以同中國學者直接討論，並提出批評。1925 年，在法國巴黎大學留學的中國人張鳳（Tchang fong）發表了其博士論文《甲骨刻字考異補釋》。〔註 119〕此書介紹了甲骨發現及研究概況，並對四十六個已經認出的甲骨文常見字作了進一步發揮，還重新考釋了三個字。這些考釋今天看來大都有問題。馬伯樂很快就寫了關於這部著作的評論，他特別批評了張鳳對文字的考釋缺乏音韻學的知識。〔註 120〕

　　郭沫若三十年代發表《甲骨文研究》和《中國古代社會研究》，成為近代研究先秦歷史的巨著。馬伯樂在他寫的書評中承認郭沫若的著作是「一部滿

〔註 117〕Yetts："The Shang-yin dynasty and the An-yang finds", Journal of the Royal Asiatic Society of Great Britain & Ireland 1933, pp.657-85；"Recent finds near An-yang", Journal of the Royal Asiatic Society of Great Britain & Ireland 1935, pp.467-81.

〔註 118〕Maspero："Review：Frank H. Chalfant：Early Chinese writing", Bulletin deI Ecole Franc：aised Extreme Orient 8, pp.264-7, 1908.

〔註 119〕Tchang Fang：Recherches sur les Os du Ho-Nan et quelques caracteres deI ecriture ancienne, Paris：Librairie orientaliste Paul Geuthhner, 1925.

〔註 120〕Maspero："Review：Tsang Fong：Recherches sur les Os du Ho-Nan et quelques caracteres deI ecriture ancienne", Journal Asiatique 210, pp.127-9, 1927.

是重要事實與創獲的書」，可是也毫不留情地批評說郭氏喜歡跑野馬，論證有時失於過多幻想。馬伯樂的書評由陸侃如譯為中文，在《文學年報》上發表，郭沫若親自作答。〔註121〕這可以算得上是中西學術史上的一段佳話。

法國的其他漢學家如沙畹和伯希和等人也都對甲骨文研究有所關注，有所評述。沙畹（Edward Chavannes）是著名漢學家，曾多次來到中國考察，幫助斯坦因（Mare Aurel Stein）整理從新疆帶回的文書，對中國古代碑刻銘文頗有研究，曾將司馬遷《史記》翻譯成法文。沙畹曾於1911年在《古代亞洲》上發表了《中國上古甲骨卜辭》〔註122〕一文。他綜合了羅振玉、林泰輔、方法斂諸家的觀點，討論了古代龜卜的傳統。關於時代，他同意羅振玉把甲骨定為商朝的遺物。但沙畹對甲骨文考釋並沒有做出太大的貢獻。伯希和（Paul pelliot）曾經著文批評了金璋在研究商代世系和祭祀時過分相信古代文獻的作法，他更傾向於「疑古派」的理論。〔註123〕這說明在考釋古文字和利用之解釋古代思想文化時，法國學者持比較謹慎保守的態度。

（七）勃娜迪等德國學者的甲骨文研究

甲骨文發現與研究的動態，也引起了德國漢學界的重視，尤其是德國女學者勃娜迪跟金璋之間關於所謂「家譜刻辭」的一場爭論，引人注目。

勃娜迪（Anna Bernhardi）是德國最早介紹甲骨的學者。她於1913年在《人類學報告》上發表《中國古代卜骨》，〔註124〕就柏林人類學博物館中所收威爾茨（Wirtz）舊藏甲骨做了介紹。威爾茨是住在中國的德國人。大約在1909年左右，他於山東青島購得甲骨近300片。等到了1912年，他的甲骨藏品增加到700多片。威爾茨於1912年將他的收藏捐贈給柏林人類學博物館。勃娜迪的文章引起了廣泛注意。不久，穆勒（Herbert Mueller）從北平也寄來專文〔註125〕作為回應，進一步介紹甲骨發現和研究的情況。

〔註121〕馬伯樂：《評郭沫若近著兩種》，郭沫若《答馬伯樂先生》，載《文學年報》第二期，1936年。

〔註122〕Chavannes : "La divination par lecaille tortue dans la Haute Antiquite Chinoise", Journal Asiatique17, pp.127-37, 1911.

〔註123〕Pelliot : "Un nouveau periodique oriental : Asia Major", T'oung Pao 22, pp.358-9, 1923.

〔註124〕Bernhardi : "Uber fruhgeschichtliche chinesische Orakelknochen", Zeitschrift fur Ethnologie 45-6, pp.232-8, 1913.

〔註125〕Mueller : "Mitteilungen zur Kritik der fruhgeschichtlichen Chinesischen Orakelknochen", Zeitschrift fur Ethnologie 6, pp.939-41, 1913.

　　1914 年，勃娜迪在一篇比較詳細的論文**裏**，〔註 126〕指出威爾茨舊藏甲骨中也有類似「家譜刻辭」的骨刻辭爲僞刻，就提到大英博物院所收金璋舊藏的那片所謂「家譜刻辭」（《庫方》1506）也可能是僞刻。在此之前，金璋曾兩次著文，《古代中國的一件王室遺物》、《骨上所刻的哀文與家譜》，考釋了甲骨上發現的「家譜」世系。〔註 127〕及見到勃娜迪的文章，金璋立即做出回應，發表論文《一件中國圭璧卜的家譜》，〔註 128〕表示反對勃娜迪的意見，堅持這片甲骨刻辭不僞。金璋說他經過兩次實物觀察認爲不僞，而勃娜迪根據照片判斷其爲僞刻，理由似不充分。

　　由勃娜迪引起的這場西方學者關於這一片「家譜刻辭」的眞僞之爭，在經歷了多年的冷落之後，到上個世紀六七十年代，這片甲骨刻辭的眞僞問題再一次成爲中國學者爭論的焦點。胡厚宣堅持認爲此片刻辭爲僞，于省吾則持不同意見，認爲此片爲眞。〔註 129〕兩人觀點與勃娜迪和金璋一樣，針鋒相對，除了胡厚宣、丁省吾之外，陳夢家、李學勤、嚴一萍、齊义心等許多甲骨學家都參與了這片甲骨眞僞的爭論之中。目前關於《庫方》1506 片的眞僞問題，依然是甲骨學史上的一椿未了公案，仍有待進一步研究。茲不贅述。

〔註 126〕Bernhardi："Fruhgeschichtliche Orakelknochen aus China", Baessler-Archiv4, pp.14-28, 1914.

〔註 127〕Hopkins：1912a（with R. L. Hobson），"A royal relics of ancient China", Man 27, pp.49-52；1912b, "A funeral elegy and a family tree inscribed on bones", Journal of the Royal Asiatic Society of Great Britain & Ireland 1912, pp.1022-8.

〔註 128〕Hopkins："A Chinese pedigree on a tablet-disk", Journal of the Royal Asiatic Society of Great Britain & Ireland 1913, pp.905-10.

〔註 129〕胡厚宣：《甲骨文「家譜刻辭」眞僞問題再商榷》；于省吾：《甲骨文「家譜刻辭」眞僞辨》，《古文字研究》第四輯，中華書局 1980 年版。

圖 13-7　金璋舊藏「家譜刻辭」（庫方 1506）拓本及摹本

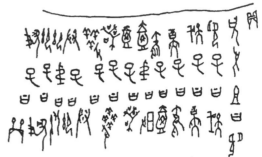

德國科學家魏特夫格（KarI A.WittfogeI）從科學的角度利用甲骨文對商代氣象氣候的研究所取得的成績，也頗令人矚目。魏特夫格於 1940 年在《地理學評論》上發表了《商代甲骨文中的氣象學記錄》。〔註 130〕該文利用了當時所能找到的資料，對甲骨文中的關於氣象的記錄作了系統的研究。魏氏討論了商代曆法的月份，以及每月中的自然現象和商人的活動。他認為商人的季節感很強；商人的曆法建立在農業與王室活動上。魏氏還發現中原一帶公元前三四千年前的氣候要暖和得多。魏氏的研究具有一定的科學性。他本人是科學家，1938 就做出了初步成績，後來又得到白瑞華的指點和中國學者王毓泉的具體幫助。

另外，德國學者愛博華（W. Eberhard）也曾寫文章介紹殷虛考古的進展，其中涉及到甲骨文的發現與研究。〔註 131〕

（八）白瑞華的甲骨材料整理工作

白瑞華（Roswell S. Britton），美國人。1897 年生於中國，其父是美國浸禮會傳教士。白瑞華是燕京大學新聞系創辦人之一，早年研究中國報紙，後來轉向研究甲骨。

白氏在甲骨學方面的主要成就是整理出版方法斂留下來的甲骨摹本。方法斂於 1914 年去世後，他的手稿交給了芝加哥菲爾德博物館的勞佛爾

〔註 130〕Wittfogel : "Meteorological records from the divination inscriptions of Shang", The Geographical Review 30-1, 1940.

〔註 131〕Eberhard : "Zweiter Bericht uber die Ausgrabungen bei An-yang, Honan", Otto Kummel and William Cohen, eds. Ostasiatische Zeitschrift, Berlin/Leipzig, pp.208-13, 1933.

（Berthold Laufer），原打算寄到英國請金璋整理發表，但歐戰爆發，此計劃擱淺。一直到勞佛爾本人也於 1934 年去世，稿子纔再交白瑞華手裏。這些材料經過白瑞華的編輯整理，先後出版了《庫方二氏藏甲骨卜辭》、《甲骨卜辭七集》、《金璋所藏甲骨卜辭》。〔註 132〕白瑞華自己也有《殷虛甲骨相片》、《殷虛甲骨拓片》〔註 133〕等，對美國所藏甲骨有所著錄。

　　白瑞華在甲骨文整理、著錄過程中，已經意識到了甲骨刻辭的僞造是研究甲骨的極大障礙之一。在編輯整理方法斂留下的摹本時，他盡量剔出了能辨認出的僞片。同時，他還指出對僞品也應該研究。白氏是最早嘗試用現代照相技術發表著錄甲骨文的學者，如他於 1935 年在紐約出版了《殷虛甲骨相片》。可惜他在照片的製作中也存在一些問題，如他爲了讓字跡清晰，在拍照前將甲骨弄濕，並對底片進行加工，這都影響了材料本身的科學性，還可能損壞原物。

　　白瑞華自己研究甲骨文的文章不多。他曾做過有關甲骨文的學術講演。〔註 134〕但是應該提到的是，白瑞華對從科學角度研究甲骨很有興趣，他曾一度與伯納提‧皮期萊（A. A. Benedetti-Pichler）合作，對甲骨上塗抹的顏色進行了化學檢測，首次討論了商代甲骨塗抹所用顏色的問題。〔註 135〕

　　（九）布那柯夫的早期甲骨文研究

　　布那柯夫（G. W. Bounacoff），烏克蘭人，曾在列寧格勒東方學院學習中文；其碩士論文是從民族語言學的角度來研究中國的親屬稱謂。1932 年他進入蘇聯科學院莫爾語言思想研究所（Marr Institute of Language and Mentality）

〔註 132〕方法斂摹錄、白瑞華編校：《庫方二氏藏甲骨卜辭》，上海商務印書館石印一冊，1935 年版（The Couling-Chalfant Collection of Inscribed Oracle Bone, Shanghai, 1935.）；《甲骨卜辭七集》，美國紐約影印本一冊，1938 年版（Seven collections of Inscribed Oracle Bone, NewYark, 1938.）；《金璋所藏甲骨卜辭》，美國紐約影印本，1939 年版（The Hopkins Collection of the Inscribed Oracle Bone, NewYork, 1939.）。

〔註 133〕白瑞華：《殷虛甲骨相片》，美國紐約影印本一冊，1936 年版（Yin Bone Photographs, New York, 1936）；《殷墟甲骨拓片》，美國紐約影印本一冊，1937 年版（Oracle-bone color pigments，Harvard Journal of Asiatic Studies 2-1, pp.1-3, 1937.）。

〔註 134〕Britton : "Three Shang inscriptions, Journal of the American Oriental Society 59, p.398, 1939b.

〔註 135〕Britton～Benedetti-Pichier : "Microchemical analysis of pigments used in the fossae of the incisions of Chinese oracle bones", Industrial and Engineering Chemistry, Analytical Edition 9, pp.149-52, 1937.

工作，開始接手對蘇聯科學院所藏甲骨的研究。

1935 年，布那柯夫在蘇聯科學院出版了《安陽龜甲獸骨》〔註 136〕一書，成爲蘇聯研究甲骨文的代表作。此書介紹了中國殷墟甲骨文發現情況和研究簡史，以及蘇聯所藏甲骨文的概況。最有用的是此書後附了一份詳盡的參考書目，共 288 條，幾乎包括了 1932 年以前與甲骨文研究有關的所有中西文著作。

布那柯夫對商代甲骨文的闡釋也極富特色。他批評了傳統的以羅振玉爲代表的甲骨文考釋方法，認爲《說文》和周代金文與甲骨文參比會導致忽略甲骨文本身的時代特點。他對建立在這種考釋基礎上的商代社會文化研究頗持異議。他根據莫爾語言功能進化理論，提出了「指事」相當於手勢語言。他分析了「王」字的功能語義變化，認爲這個字最早指漁獵社會的頭領，後來分化爲指氏族首領和宗教領袖，最後，進一步用來指一個社會在和平與戰時的領袖。商代甲骨文裏的「王」是指軍事領袖，而不是皇帝。布那柯夫試圖應用馬克思主義的歷史唯物論來研究甲骨文。他把商代看作是氏族社會的末期，對研究所謂的「亞細亞生產方式」具有重要意義。

布那柯夫後來又寫過《甲骨文研究的新貢獻》，〔註 137〕對世界範圍內的甲骨文研究動態進行綜述和評價。但在第二次世界大戰中，布那柯夫爲保衛祖國英勇犧牲，英年早逝，爲蘇聯漢學界的巨大損失。

（十）顧立雅和布德勃的甲骨文論戰

顧立雅（Herr lee G. Greel）（1905～1994），美國著名漢學家。1932 年來華進修，與中國許多著名學者過從往來，對中國古代文明和傳統文化有極深的了解。他還幾度來到當時正在考古發掘中的殷墟遺址進行實地考察，並親身參與了考古發掘工作。回美國後一直任芝加哥大學東亞語言和文明系與歷史系的漢學教授。

顧立雅是美國最重要的泰斗級漢學家，一生著述甚豐，影響頗廣。著作計有：《中國世界觀的演進》（1929）、《中國古代文化研究》（1937）、《孔子——人與神話》（1949）、《中國思想從孔子到毛澤東》（1953）、《開明教育中的

〔註 136〕Bounacoff：The oraclebones from Honan（China）（in Russian，with English and Chinese abstracts），Leningrad Moscow：The Academy of Sciences Press, 1935.
〔註 137〕Bounacoff : "New contributions to the study of oracle bones, T'oung Pao, 32, pp.346-52, 1936.

中國文明》（1958）、《中國政術的起源》（第一卷，1970）、《什麼是道教及其他中國文化史研究》（1970）、《申不害——公元前四世紀的中國政治哲學家》（1974）等。關於中國上古歷史文化研究的代表作有《中國的誕生》〔註138〕、《早期中國文化研究》〔註139〕等。

　　顧立雅對商代考古，特別是甲骨文的發現和研究頗有心得。首先他也是一個甲骨文收藏家。在華期間，他出於對甲骨文材料的極大興趣，廣事收羅。1986年，顧立雅將自己平生收藏的殷墟文物，包括青銅器、甲骨文、玉器、陶器等商代文物全部捐獻給芝加哥大學司馬特美術館（The David and Alfred Smart Gallery），其中甲骨43片。對這批甲骨材料，顧立雅《中國的誕生》一書插圖介紹了7片。司馬特美術館圖錄《禮與敬——芝加哥大學的中國文物》〔註140〕一書中，發表了甲骨的照片，其中釋文由夏含夷教授所做。夏含夷後來又寫了《芝加哥大學所藏商代甲骨》，附有摹本，指出其中一片無字，3片為偽片。李學勤先生也曾著文對這批材料做過介紹，尤其是對其中的《顧》74、68、77等三片重要甲骨作了考證，認為這三片應出於小屯村中到村南，三片之外的甲骨多為賓組、出組，當出自村北。〔註141〕

　　顧氏對甲骨文字的研究，比較著名的是他關於「天」字的解釋。顧立雅指出，在甲骨文中偶見的「天」字，祇能看成是「大」的異體。「天」字其實是「大」字的一種變形，「大」字也是人形，「天」、「立」、「王」等都是由它而來。「天」的觀念和獨立的「天」字，乃是周人的創造，與殷人了不相干。這一說法不是單單來自於對字形的考察，而是融入了他對商周時期「天」、「帝」觀念的思考，可以說要弄清「天」字的內涵，必須從上古時代人類精神世界發展的角度來入手。這一看法與郭沫若的觀點不謀而合，因此該文被翻譯成中文，在《燕京學報》上發表。〔註142〕

　　對於甲骨文字的性質和發展階段的認識，顧立雅和當時美國漢學界的另外一位泰斗布德勃之間產生了分歧，由此引發了一場學術論戰，在世界漢學界頗令人關注。布德勃（Peter A. Boodberg）出身俄國貴族，俄國革命時曾避

〔註138〕Creel：Birth of China, London：Peter Owen Ltd, 1936.

〔註139〕Creel：Studies in early Chinese culture, London：Kegan Paul, Trench, Trubner & Co, 1938.

〔註140〕Ritual and Reverence, Chinese Art at the University of Chicago, 1989.

〔註141〕李學勤：《美國顧立雅教授及其舊藏甲骨》，《文物天地》1995年第1期。

〔註142〕顧立雅：《釋天》，《燕京學報》第18期，1935年。

難哈爾濱，自學了中文。1920 年移居美國，進入加州大學伯克萊分校攻讀東方語言學，畢業後留校任教，一直到 1972 去世。

1936 年，顧立雅在漢學權威刊物《通報》上發表了《中國意符文字的性質》。〔註 143〕他認爲中文與其他文字有別，漢字是一種意符文字，能夠直接將意思傳達給讀者。這本是歐美學者在比較了中國文字和西方音符文字之後得出的一個普通結論，本不新鮮。顧立雅是在傳統的理論基礎上，利用了當時已經積累的古文字包括甲骨文材料加以引申，並討論了中文沒有發展成爲音符文字的主要原因。布德勃見到顧氏的文章後，很快在《哈佛亞洲學刊》上發表了《關於上古中文的幾點意見》。〔註 144〕布德勃在他文章裏毫不客氣地指名道姓批評了顧立雅，他極力反對把中文當作與其他文字性質不同的「象形」或「意符」文。顧氏立即做出回應，就布氏的批評一一進行反駁。〔註 145〕布德勃兩年以後，又在《通報》上再次發表了《意符文字，還是偶像崇拜》，〔註 146〕這次對顧立雅的攻擊更加厲害，弄得《通報》主編伯希和出來打圓場，宣佈《通報》不再支持此類論戰。可是，這場論戰的餘續延續不斷，直到今天，兩派之間的鬥爭仍然存在，且愈演愈烈。

綜述歐美甲骨學研究的早期歷程，最初二十年，基本上是由長期居住中國的外國傳教士和外交使官參與其中。他們的主要貢獻除了在甲骨收集方面，也起了向西方漢學界介紹中國學者研究的作用。由於他們的宗教和科學背景，所以此時歐美甲骨學研究，主要是對甲骨文中的祭祀以及動植物有很大的興趣。某些利用社會學理論和科學手段研究甲骨的，成績也較卓著。其後，一批專門的有深厚功底的漢學家的介入甲骨學研究陣營之中，使得甲骨學研究走向了深入和發展。他們重視考古材料，並對漢字性質進行深究，更有的以現代科學手段爲輔，另闢新徑。但是，對於甲骨學研究的一些重要問題，比如分期斷代等卻一直沒有什麼大的突破。在甲骨文字考釋上，西方學者中除了中文修得好的，例如英國金璋，在文字考釋上有一定的成就以外，大部分都是依字形推測，望文生意。

〔註 143〕Creel : "On the nature of Chinese ideography", T'oung Pao 32, pp.85-161, 1936.

〔註 144〕Boodberg : "Some proleptical remarks on the evolution of archaic Chinese", Harvard Journal of Asiatic Studies 2, pp.329-72, 1937.

〔註 145〕Creel : "On the idiographic element in ancient Chinese", T'oung Pao 34, pp.265-94, 1938.

〔註 146〕Boodberg : "Ideography' or Iconolatry", T'oung Pao, 35, pp.266-88, 1940.

三、歐美等國當代甲骨學研究綜覽

　　1950 年以後，西方甲骨文研究基本上是在一些對中國上古歷史素有造詣的漢學家範圍之內進行。雖然這些漢學家們比較分散，不同的國度，不同的科研機構或大學院校，但是因爲這些學者非常注重相關學術的交流與合作，因此研究水平較高，涉及到甲骨學研究的方方面面。這其中有組織、有刊物，還有一些專題的學術討論會。凡此種種，都使得歐美國家甲骨學研究走向深入，達到高潮。

　　（一）歐美國家甲骨文研究的學術會議

　　早在中國改革開放之前或初期，歐美國家的一些甲骨學研究專家就開始發起相關的學術會議，進行甲骨文研究的學術交流。規模較大且影響較深的有如下幾次：

　　1、美國夏威夷「商代文明國際學術研討會」

　　1982 年 9 月 7 日至 11 日，在美國夏威夷東西方中心召開了「商代文明國際討論會」。會議是根據中美文化交流協定，由美國哈佛大學張光直、加州大學洛杉磯分校周鴻翔和伯克利分校吉德煒三位教授發起並組織召集的。出席會議的有來自中國大陸的夏鼐、張政烺、胡厚宣、裘錫圭、林澐、殷瑋璋、安金槐、高志喜、王貴民、鄭振祥、楊錫璋，中國臺灣的高去尋、張秉權、張光遠、嚴一萍、杜正勝、鍾柏生，中國香港的饒宗頤，美國的張光直（哈佛大學人類學系）、吉德煒（加州大學伯克利分校歷史系）、許倬雲（匹茲堡大學歷史系）、周鴻翔（加州大學洛杉磯分校東方語言系）、倪德衛（斯坦福大學語言學系）、凱恩（密執安大學藝術史系）、司禮儀（華盛頓大學亞洲語言文學系），日本的赤冢忠、伊藤道治、松丸道雄，加拿大高島謙一、許進雄，法國的雷煥章（臺灣利氏中國文化研究所），澳大利亞的巴納（澳大利亞國立大學遠東歷史系），西德的張聰東（德國法蘭克福大學），韓國的尹乃鉉（檀國大學歷史系），共計學者 30 餘人，提交會議的論文計 34 篇。

　　會上，有 31 名學者宣讀了論文並參加了討論。學者們就考古發掘的遺址、墓葬、器物、古文字資料和文獻記載，集中探討了商史各階段的發展程度、都邑建置與遷徙、社會結構、政治制度、農業田獵、天曆氣候以及器物斷代、甲骨學、商代易卦和古文字理論、考釋方法等問題。內容豐富、見解新穎，反映了當時國際上甲骨學殷商史研究的水平。

　　其中關於甲骨學研究的論文有：張秉權《論婦好卜辭》、張政烺《婦好略說》、張光遠《從實驗中探索晚商甲骨材料整治與卜刻的方法》、倪德衛《問「問」：甲骨文中「貞」字的意義》、饒宗頤《殷代易卦及有關占卜諸問題》、周鴻翔與沈建華合著《商代氣象統計分析》、胡厚宣《卜辭「日月又食」說》、赤冢忠《商代十干十二支的意義》、司禮儀《甲骨文的語音關聯、文字鑒定及語音解釋》、高島謙一《甲骨文之名詞句及名詞句化》、伊藤道治《甲骨文中語詞「叀」的用法》、許進雄《通過象形文字演繹中國古代分期》、嚴一萍《從月食定點看貞人賓的年代》、張聰東《周原卜辭試釋並簡論其年代與來源》、裘錫圭《甲骨卜辭中所見的田、牧、衛等職官的研究——簡論侯甸男衛等幾種諸侯的起源》、松丸道雄《再論殷墟卜辭中的田獵地問題》、鍾柏生《甲骨文中的農業地理》、雷煥章《關於甲骨文「兕」字問題》等。

　　張政烺《婦好略說》一文，疏證古代世官世婦制度，認為婦好為商之「子」姓即「內姓」世婦轉為妃嬪；婦好一名可以在各王時期存在，故她可以在甲骨文的第一和第四期出現而非一人。也認為該墓銅器有早有晚，銘文字體也不一致。張秉權提出《論婦好卜辭》的文章，則認為原劃在董氏四期的幾片有婦好的卜辭全都是武丁時代的。這一討論牽涉到甲骨文「歷組」卜辭的時代問題，會上也出現了不同的觀點。

　　胡厚宣《卜辭「日月又食」說》指出歷來釋「月」為「夕」之誤，夜晚不能見日蝕，日月也不能同蝕，認為「日月又食」的三條卜辭完全是命辭，不是已經發生的事實，沒有必要和可能據此去推求此種天象發生的時間。嚴一萍的論文，將武丁期一片殘缺干支而舊定「甲午月食」的卜辭改為「壬午月食」，以求合於殷曆，並推定貞人賓在武丁早期任職。這都是以新的方法力求解決長期聚訟的矛盾。周鴻翔等的《商代氣象統計分析》，也提出自己的看法。日本學者赤冢忠《商代十干十二支的意義》，則以為干、支字都分別起源於植物、動物的成長過程。雷煥章釋「兕」字原形本為水牛。

　　會上還有幾篇關於甲骨學和甲骨文字考釋與古文字理論方面的論文。張光遠的論文，是專門通過親自實驗，對商代收取、整理甲骨材料、整治與占卜儀式程序、刻字工具與方法等而得出的一些結論。饒宗頤則以近年來國內所研究的一種八卦符號為基礎，參證文獻記載，認為商代有卜有筮，筮用蓍草，易名「歸藏」，舊說商易特點大致可信。司禮儀的一篇關於甲骨文字考釋的理論與方法問題的文章，從形音義的統一性和語音的重要性，作了比較系

統的闡述。伊藤道治關於「叀」字用法的研究文章，深刻而詳細。許進雄通過古象形文字說明中國古史演進的幾個階段。高島謙一研究甲骨文單位詞與量詞相結合的特點。張聰東一篇論文考釋了周原卜辭並分析了年代和來源問題。等等，都有較新說法。〔註147〕

2、《古代中國》組織的甲骨學研究討論

《古代中國》是美國吉德煒教授領銜的「古代中國研究會」的不定期會刊，專門刊發歐美漢學家對中國古代歷史文化研究的論文，以其科學、嚴謹和學術性強，在西方學界享有盛譽，是歐美漢學研究的主要陣地之一。《古代中國》自創刊以來，就登載相關甲骨文研究的論文，對中國甲骨學的研究動態進行介紹，極大地推動了歐美甲骨學研究的進展。

1983～1985 年，針對美國甲骨學家吉德煒發表的一篇重要論文《商代之「告」：一個修正與預測》，《古代中國》組織了夏含夷、艾蘭、高島謙一、司禮儀、倪德衛、汪德邁等歐美甲骨學家，對吉德煒該文進行評述與討論。〔註148〕

1985～1987 年，針對中國甲骨學家王宇信出版的甲骨學新著《西周甲骨探論》，《古代中國》發表夏含夷對《西周甲骨探論》的書評《周原甲骨卜辭：是不是已經進入了研究階段？》，同時也刊登了吉德煒、李學勤、王宇信、范毓周等關於西周甲骨討論的文章。〔註149〕這一組文章推薦、介紹和評述了關於周原

〔註147〕此部分內容摘引自寒峰《商文化國際討論會在美舉行》，《中國史研究動態》1982 年第 12 期；又寒峰《商代文明國際討論會簡介》，《甲骨文與殷商史》第三輯，上海古籍出版社 1991 年版。

〔註148〕夏含夷、艾蘭、高島謙一、司禮儀、倪德衛、汪德邁等：《評吉德煒〈商代之「告」：一個修正與某些預測〉》，《古代中國》第 9～10 卷，1983～1985（Edward L. Shaughnessy, Sarah Allan, Takashima Kenichi, Paul L. M. Seruys, David S. Nivison, Leon Vandermeersch，Comments on Keightley, David N.“Reports from the Shang: A Correction and Some Sepeculations”, Early China, XI-XII，1985-1987.）。

〔註149〕夏含夷：《周原甲骨卜辭：是不是已經進入了研究階段？》（Zhouyuan Oracle Bone Inscriptions: Entering the Research Stage?）；吉德煒：《周原發現的甲骨刻辭》（Oracle Bone Inscriptions from the Homeland of the Zhou）；李學勤：《商卜辭還是周卜辭？》（Are they Shang Inscriptions or Zhou Inscripions?）；王宇信：《西周甲骨文研究的又一新時期》（One Again on the New Period of Western Zhou Oracle Bone Research）；范毓周：《周原甲骨文的若干評說——答夏含夷》（Some Comments on Zhouyuan Oracle Bone Inscriptions: A Response to Edward L. Shaughnessy）；《古代中國》第 11～12 卷，1985～1987 年（Early China, XI-XII，1985～1987.）。

甲骨文研究的最新動態，對於歐美甲骨學研究來說，無疑也是一次推動。

近年來《古代中國》組織相關學者對於甲骨卜辭命辭性質的討論，尤其引人注目。

早在 1972 年美國加州大學伯克利分校的吉德煒（David N Keightley）教授在一次學術會議上，公然否定卜辭命辭是疑問句的傳統說法，認爲命辭乃是「一有關未來的陳述命題」，是宣示某種「意圖」或「預見」，釋「貞」爲「正」，即正之之意。〔註150〕此後，華盛頓大學舒琭（Paul L_M Serrys）〔註151〕、斯坦福大學的倪德衛（David S. Nivison）〔註152〕、芝加哥大學夏含夷（Edward. L. Shaughnessy）〔註153〕、加拿大籍日本學者高島謙一〔註154〕、旅臺法國學者雷煥章（Jean A. Lefeuvre）〔註155〕等先後著文，參與此問題的討論，對「貞」字的形義及卜辭命辭的性質紛紛提出異議，其觀點與吉德煒相近，「貞」後的命辭除極少數句末有疑問語氣詞者外，都不是問句，而是陳述句。

中國甲骨學者對此問題也進行研究並進行討論。如李學勤先生認爲在「𠂤組卜辭」中，使用「不（否）」、「乎」、「執」等語末助詞的卜辭，應該看作是疑問句。〔註156〕言外之意，句末沒有這些語助詞的卜辭是否是問句還有待研究。李氏還根據西周甲骨卜辭的情況，指出黃組卜辭辭末的「正」或「有正」，西周卜辭辭首的「囟」（斯），都表明這些卜辭不是問句。〔註157〕在 1987 年 9 月安陽「國際商文化學術討論會」上，裘錫圭先生提交了《關於殷墟卜辭的命辭是否問句的考察》的論文，認爲在殷墟卜辭的全部命辭裏，「在承認問句可以不帶句末疑問語氣詞的前提下，大部分命辭可以看作陳述句，也可以看作是非問句。」爲此，他建議今後引用卜辭時，句末一律標以句號，不標問號。〔註158〕裘氏這篇論文雖然否定了美國學者的一些看法，但同時在命辭的

〔註150〕吉德煒：《釋貞——商代貞卜本質的新假設》，太平洋沿岸亞洲研究學會會議論文，加州蒙特利 1972 年。

〔註151〕舒琭：《商代卜辭語言研究》，《通報》卷 60，1974 年。

〔註152〕倪德衛：《問句的問題》，「商代文明國際討論會」論文，美國夏威夷 1982 年。該文又譯作《問「問」》。

〔註153〕夏含夷：《周易的構成》，美國芝加哥大學博士論文，1983 年。

〔註154〕高島謙一：《問鼎》，《古文字研究》第九輯，中華書局 1984 年版。

〔註155〕雷煥章：《法國所藏甲骨錄》，光啓出版社 1985 年版。

〔註156〕李學勤：《關於𠂤組卜辭的一些問題》，《古文字研究》第 3 輯，中華書局 1980 年版。

〔註157〕李學勤：《續論西周甲骨》，《中國語文研究》1985 年第 7 期。

〔註158〕裘錫圭：《關於殷墟卜辭的命辭是否問句的考察》，《中國語文》1988 年第 1

性質上也提出了一些與傳統認識不同的見解。裘氏此論，立即引起了與會者的興趣，胡厚宣、王宇信、陳煒湛等學者堅決反對這一觀點，對此展開了熱烈的討論。

為此，在 1989 年，美國學者夏含夷專門組織李學勤、裘錫圭、王宇信、范毓周等中國學者和外國學者在《古代中國》第 14 期（1989）的「古代中國論壇」上展開筆談，專就卜辭命題性質問題進行討論。

在《古代中國》該期該論壇上，翻譯登載了裘錫圭的那篇論文的摘要，發表了倪德衛的《關於問句的問題》（也有學者譯作《問「問」》）（The「Question」Question）的評述。另外的一組短文則是范毓周、饒宗頤、吉德煒、雷煥章、李學勤、夏含夷、王宇信等著名甲骨學家就裘錫圭和倪德衛的文章展開的討論。短文後附有裘錫圭先生的《對〈關於殷墟卜辭的命辭是否問句的考察〉一文評論的答覆》（Response），補充解釋了自己的觀點，並對一些質疑作了回應。﹝註 159﹞這些討論大多數學者是傾向支持命辭非問句說的，祇有范毓周、王宇信兩位先生堅持「卜以決疑，不疑何卜」的傳統觀念，維護成說。

因為這個問題涉及對甲骨卜辭內涵和性質這一基本問題的正確理解，具有非常重要的學術意義。所以說這次筆談，確實將這一問題的討論推向了深入。

3、韓國「國際甲骨學學術討論會」

1996 年 5 月 31 日至 6 月 1 日，在韓國漢城淑明女子大學召開了「國際甲骨學學術討論會」，來自韓國各大學中文科、歷史科、各博物館和研究機構的學者，及來自中國北京和中國臺北、加拿大以及日本等國家和地區的專家學者共 60 多人，出席了這次會議。

這次會議的論文討論，主要圍繞以下幾個方面的議題展開。

關於甲骨占卜與甲骨文字。韓國鮮文大學李亨求教授《渤海沿岸的甲骨文化與韓國的卜骨文化》認為，無字卜骨的分佈主要在渤海沿岸的各古代文化遺址中，而在松花江流域、韓國的東北部和南部、日本的中部及西部史前遺址發現的無字卜骨，雖時間較晚，但從其分佈及卜骨的形式分析，應與渤海沿岸的卜骨同源，而中國歷史文獻上稱為「東夷」，並有骨卜習俗的地區和民族，諸如扶餘、高句麗、百濟、新羅、加羅、倭等，與上述出土無字卜骨的地點在地域上又完全相合。他認為卜骨應起源於渤海沿岸的北部地區，而

期。

﹝註 159﹞ The Early China Forum, Early china, Vol.14, 1989。

碳十四測定年代數據和有細石器伴出表明，時間爲公元前 3500 年的內蒙古巴林左旗富河溝門遺址出土的最早無字卜骨應給以足夠注意，對殷人尚卜之俗與山東龍山文化有關的傳統看法，「應有重新探討的必要」。裘錫圭《從文字學角度看殷墟甲骨文的複雜性》認爲，殷墟甲骨文除了有比較原始的一面，也還有超前發展的一面。甲骨文是當時的一種俗體文字。甲骨文對同時代的甚至較晚的其他古漢字來說，無論在字體上或文字結句上，又都有一些超前的發展。有些一般認爲出現得較晚的字形，在殷墟甲骨文裏其實已經出現了。韓國漢陽大學孫叡徹教授《甲骨文否定詞試探》，對甲骨文否定詞「不」、「弗」、『勿』、「弜」、「亡」、「毋」等，在各個不同時期的用法，結合大量的例證進行了分析。臺灣蔡哲茂教授多年致力於甲骨斷片的綴合工作並取得顯著的成績，他的《甲骨片綴合三十三片及其考釋》論文，是近年綴合甲骨的新成果。他在對所綴各片逐一作出考釋的同時，還指出了前人所綴之誤。

利用甲骨文材料研究殷商社會歷史，是這次會議的主要議題。韓國檀國大學尹乃鉉教授《甲骨文所見「婦某」在商代史的意義》，認爲所謂商王武丁有 60 多個妻子，這絕不是史實。「婦某」這個稱號，應爲商王諸子（即多子）的妻子。他否定了婦好是女將軍的看法，認爲婦好應是在武丁時期曾與商王室聯姻氏族的稱號。王宇信《商代征伐方國出師典禮蠡測》一文，對甲骨文所反映的軍禮，特別是一直語焉不詳的商王征伐方國出師典禮，從商王征伐方國決策的形成、告祖與祭天、告廟命將稱冊受命、建旗致眾釁祭甲兵、旗物治兵載主師行等幾個方面，將甲骨文材料與文獻和考古資料相結合進行分析，從而較爲明晰地鉤稽出商王朝出兵征伐方國所舉行的一系列典禮。韓國祥明大學金經一教授的《商王名所見圖騰內含》，指出商王室實行族外婚制，商王祖先名尚存圖騰意識的殘餘痕跡，諸如夔、虎祖丁、虎甲、羌甲等皆是。虎方本爲極勇猛的方國，可能在虎祖丁、虎甲當政時，曾娶虎方之女以完成政治聯盟，因而後世子孫定其祖先廟號時，存虎族之方名，以紀念其祖先曾採取的特殊政治措施。而盤庚之父羌甲時，尚未與羌方對抗嚴重，互相通婚的可能性很大。盤庚定其廟號時，存羌族之名，以保留其父曾處於與羌方聯姻的特殊情況。韓國木浦大學丁一教授《關於甲骨文和商周青銅器銘文所見的竹國、其侯、亞其、孤竹、長方》，認爲遼寧喀左縣出土的《亞微罍》的「微」字，不是微而應爲「長」。「孤竹」爲今遼寧喀左縣一帶的竹國，而原來甲骨文所見之竹國應在現山西省，商末周初孤竹從山西遷至今遼寧喀左縣孤山附

近。因此，《亞長罍》「父丁孤竹亞長」的長，應就是甲骨文的長方，長方後
裔之一部早已屬於孤竹。因此，意味著長方氏族之一部亦與箕子集團移住遼
寧喀左一帶。許進雄教授在《古文字中特殊身分者的形象》一文中認為，在
較早的階段，創字者基於生活經驗，有以複雜的人形表達某種特殊身分的作
法。而到了有意以形聲字的方式造字時，「就很有條例地以從頁的意符代表頭
部，從見的意符代表視覺意義，就很少再以之代表特殊的身分者了」。他分析
了「畫有眼睛與眉毛的人形」字，「畫有頭部的頁形字」，「畫有眼睛的見形」
字等，歸納出「如果一字的意義與頭的器官沒有直接關聯，但字形卻以繁雜
的人形去表達，就往往含有強調身分的用意」。「最複雜的人形雖不一定是非
巫師莫屬，大都可與其職業拉上關係」。而「次繁的人形大部分表現貴族的身
分」。商周文字有這樣一致的表現手法，「暗示當日有一致的條例、一定的傳
承，某種機構負責」。韓國東義大學河永三《甲骨文所見的以人們為中心主義》
論述了甲骨文所見很多字形都是以「我」為主描繪有關形象，並從這樣的角
度出發，分析了甲骨文字所反映的商代人們的自然觀、鬼神觀、時間觀和審
美觀等幾個方面。日本池澤優發表的《對殷代祖先崇拜的解釋》，根據對武丁
期王朝賓組卜辭和非王卜辭，即了組（《合集》乙一）、午組（《合集》丙一）
和第十五次發掘所得（《合集》丙二）中對殷先王、先妣的祭祀的整理和對第
五期周祭先王先妣卜辭的分析，認為先工先妣既是殷人宗族的保護者，也是
懲罰者，並通過祭祀而加強其宗族首領的地位。武丁時期祖先的神力是通過
現實生活中的異常現象（災禍）表現的，而乙、辛時期是預先引入祖先的動
力概念，反映了理想主義的傾向。

　　關於各國的甲骨文研究狀況和動態，也分別由各國予以介紹。裘錫圭專
就 1990 年以來中國國內出版的甲骨著作做了介紹，並報告了中國社會科學院
歷史所先秦史室承擔的國家「九五」社會科學基金項目「甲骨學一百年」和
社會科學院重點項目《合集補遺》等二項重點課題正在進行。許進雄主要介
紹了美國、加拿大甲骨現藏、著錄出版，和美、加學者出版的甲骨學著作。
蔡哲茂介紹了臺灣甲骨收藏和著錄，以及出版的重要甲骨學著作。在將甲骨
文輸入電腦和追索已著錄的甲骨文來源等方面，也取得了重要的進展。池澤
優主要介紹了日本自 1978 年至 1995 年期間出版的甲骨專著和發表的甲骨學
商史論文。梁東淑教授則介紹了自 1970 年甲骨文研究在韓國興起，先後出版
了《甲骨文與殷文化略論》、《殷王朝的崇神思想與王權變遷》、《商王朝史研

究》等著作。自 80 年代以後，韓國學者的甲骨學研究漸趨活躍，一批碩士、博士論文面世。而現在，《古文字論集》（甲骨學特集）的出版，集中發表了韓國甲骨學者的一批論文，反映了今天韓國甲骨學研究的繁榮。與此同時，董作賓《甲骨學六十年》、饒宗頤《殷代貞卜文字通考》、李學勤《古文字學初階》等已在韓國翻譯出版。

出席會議的學者們經過認眞討論，一致同意成立「韓國中國古文字學會」，以組織和推動韓國學者對中國甲骨文和其它古文字研究的深入和發展。這次在漢城「國際甲骨學學術討論會」的成功召開和學者們提交論文的集冊刊出，標誌著韓國的甲骨學研究進入了一個新階段。〔註160〕

4、法國「紀念甲骨文發現 100 週年國際學術研討會」

甲骨文發現一百週年之際，在中國河南安陽、鄭州、北京、南京、臺灣等地分別舉行了紀念性質的學術研討會，歐美學者也多參與其中。而且在歐美國家和地區也有一些紀念甲骨文發現的學術會議，其中以在法國巴黎召開的「甲骨文發現百週年紀念國際會議」規模爲大，影響較廣。

1999 年 12 月 1 日－3 日，「甲骨文發現百週年紀念國際會議」在法國巴黎舉行，參加會議學者來自法、美、日、加、中等國家，共向大會提交論文 20 多篇。學者們在甲骨學的各個研究領域都展開了深入探討和熱烈爭論。

這些論文可以概括成以下幾個專題：

關於甲骨文性質的討論，這是比較集中的一個議題。吉德煒的《貞人的筆記——商代甲骨文的二手性》認爲商代存在非祭祀用的文件記錄系統，具有書寫記錄的條件，卜辭契刻與占卜活動不是同時進行的，而是在占卜事項應驗後加以記錄，其間有時間上的間隔，所以貞人應該有備忘用的筆記本，占卜事項先是記錄在這種筆記本上，最後才被契刻在甲骨上。從這種意義上說，甲骨文不是第一手的資料，而是具有「二手性」，學者在應用時也應有所注意。阿辻哲次《甲骨文中表意符號的方向性》認爲在一些甲骨文字中意符排列的方向和位置在表示字義時起著關鍵作用，視覺在辨別字義方面起著重要作用。這種通過意符的方向表示字義的方法具有較廣的適用範圍，受特定語言的影響較小，在傳遞資訊方面具有優越性。鮑則岳《甲骨文的構造》認爲甲骨文字像其它古文字一樣具有表聲功能的部分，甲骨文字特別是多筆劃

〔註160〕此一部分參閱丁一：《韓國「國際甲骨學學術討論會」述要》，《中國史研究動態》1996 年第 9 期。

組合的甲骨文字大都有一個聲旁，並對部分甲骨文字作了具體分析。朱歧祥《甲骨字表》根據造字方法把《甲骨文編》所錄甲骨文字劃分為形意字、純粹約定字和形聲字三種，按順序分組作了討論，並總結了甲骨文種類字形的總體分佈情況。

關於甲骨卜辭語言研究。董琨《周原甲骨文音系特點初探》運用音韻分佈、假借、諧聲等方法，排列出周甲文字聲韻分佈表和周甲文字關係字聲韻分析表，對周原甲骨文音系的若干主要特點進行了探討和總結。森賀一惠《甲骨文的情態》對「不」、「弗」、「勿」、「毋」以及「隹」、「叀」等虛詞的情態性進行了深入討論，認為表達意願的情態詞同時也可以有表達可能性的功能，視其處於不同的語境中具有不同的性質。

關於甲骨文字的考釋。段振美、朱愛芹《〈安陽散見殷墟甲骨〉選釋》，對《安陽散見殷墟甲骨》中的六版甲骨拓片進行了考釋。單周堯《說ψ》對各家關於ψ字考釋作了全面考證和分析，認為ψ等為屮木之形，本為草木茲長之茲，後假借為近指代詞，與「此」相當。游順釗《甲骨文王室稱謂中所見的象徵參照物》，對甲骨文中王、婦、我等字的參照物進行了探討，認為王字是斧鉞的象形，皇字取象於羽冠，婦字則是對宮扇的摹寫，我字是一種有齒斧鉞形器具，余則是一種禮器。這些文字都是取自於象徵王室權勢、武威、高貴、功德等事物的形象，在世界其他文化中也存在這一現象。麥里筱《從寶字演變論證字體結構上的保守性為漢字經久不廢的一個因素》，則是對「寶」字形體演變過程的考證。

關於甲骨文殷商史研究。趙誠《甲骨文研究史中焦點之一探索》，對甲骨文中羌甲時而為大示，時而又被排除在大示之外的現象進行討論，認為大示不能等同於直系，而是指有子繼位為王的先王。與兄終弟及的王位傳承制度相應，一世並非祇有一個大示。羌甲有子繼位為王，所以可稱大示。但是，隨著商人王位繼承制度的變革，父子傳承制日益鞏固，在祭祀系統中也開始排除一世有多個大示的現象，於是羌甲被排除在大示之外。高島謙一《甲骨文字形結構與商代宇宙觀》，對甲骨文字特別是那些與其自然形態相異被翻轉90 度寫作垂直形象的甲骨文字作了探討，認為甲骨文字形傾向於方形，尤其是傾向於垂直長方形，這可能反映了商人的宇宙結構觀念；商人的宇宙觀並不像有的學者推測的那樣是方形的，而是由一個中心點向各方延伸，祇是在表達時借助了四個主要方向概念，所以甲骨文中的「四方」、「四土」具有後

來的「天下」的含義；而甲骨文字形卻表明其本身沒有一個中心點，但表現出一種「向心力」，這種「向心力」使甲骨文字趨向作垂直長方形，但也有少數文字不符合這種「向心力」。之所以出現這兩種差別是因爲「整體強調」和「部位強調」的不同，凡是摹寫事物整體的「整體強調」型文字，皆表現出「向心力」和垂直長方形趨向，而摹寫事物局部「部位強調」型文字，則沒有「向心力」和垂直長方形趨向。

關於甲骨學研究的綜述。李學勤《甲骨文與「夏商周斷代工程」》，對「夏商周斷代工程」在日月食推定、商末三王年祀推排、碳十四測年等方面對甲骨材料的利用和取得的成果作了介紹。裘錫圭《七十年代以來殷墟甲骨文研究的進展》，對自 70 年代以來甲骨學在資料書和工具書的編纂與出版、甲骨分類和斷代、卜辭語法、文字考釋、甲骨學與自然科學的結合等方面進行了總結概括和簡述。汪濤《甲骨與西方漢學》，對西方美、英、德、俄等國家早期研究甲骨文的學者及其研究歷程和成果作了較詳細的介紹，同時簡述了 20世紀 50 年代以後的西方甲骨學研究情況。

還有幾篇是用法語寫成的論文：汪德邁《Quelques observations au sujit de la mise en page des textes de divination sur plastron》，風儀誠《龜版卜辭佈局初步研究》，羅端《Etudes grammaticales des inscriptions Shang:resultats acquis》，蒲芳莎《Variantes graphiques dans inscriptions sur os et ecailles》，雷煥章《La conservation formationnelle dans les inscriptions oracusaires et son evolution dans les inscriptions bronze》。

這次會議，充分交流了世界各國甲骨學研究狀況，對於推動歐美甲骨學研究來說也是一次意義深遠的盛會。〔註161〕

（二）吉德煒的甲骨文研究

當代歐美甲骨學家中，美國加州大學伯克利分校的著名漢學家吉德煒教授成就最大，號稱巨擘。

吉德煒（David N. Keightley），1932 年出生於倫敦，後移居美國。1956年，他在紐約大學獲得歐洲現代史的碩士學位。之後他先在世界出版公司作

〔註161〕 此一部分參閱徐義華：《法國巴黎「紀念甲骨文發現 100 週年國際學術研討會」簡介》，自中國社會科學院歷史研究所先秦史研究室網站。該會之後，由法國社會科學院編輯之《甲骨文發現百週年國際學術會議論文集》（2001 年），惜乎未能見之。

編輯，後作自由撰稿人。1962 年，他在哥倫比亞大學研究生院學習漢語，學術視野轉到了古代中國。1969 年，他以《古代中國的公共勞動：商和西周的強制勞動研究》（Public Work in Ancient China: A Study of Forced Labor in the Shang and Western Chon）獲得哥倫比亞大學的哲學博士學位。同年，受聘於加州大學伯克利分校歷史系任教。此後他一直致力於有關中國古代歷史文化方面的研究。他被推選為以美國加州大學為中心的學術組織「古代中國研究會」的主席，並擔任該組織出版的刊物《古代中國》（Early China）的主編。吉德煒辛勤著述，碩果纍纍。

圖 13-8　吉德煒照片

　　吉德煒是西方研究甲骨文的先鋒人物，多年來一直潛心研究殷墟甲骨文字。自 1969 年以來，吉德煒相繼撰寫了《島邦男的〈殷墟卜辭綜類〉》等 10 多篇研究評論，及《釋貞──關於商代占卜性質的一個新假設》、《宗教信仰與都市主義的起源》、《商代占卜與商代的形而上學──附論新石器時代的占卜與形而上學》、《商朝歷史時期的年代──中國青銅時代編年史上的一個問題》、《〈古本竹書紀年〉的真實性》、《安陽新發現的甲骨》、《關於中國人如何形成的思考》等 30 多篇論文，出版了《中國文明的起源》、《祖先的景觀：晚商中國的時間、空間和社會（公元前 1200～1045 年）》、《貞人的筆記──商代甲骨文的二手性》等多部著作。

　　代表其甲骨學研究最高成果的是 1978 年出版的、享有盛名的甲骨學專著《商代史料──中國青銅時代的甲骨文》（Sources of Shang history, the oracle bone inscriptions of Bronze Age China, 1978）。〔註162〕

　　《商代史料——中國青銅時代的甲骨文》，是一部總結甲骨文研究的通論性著作。主體部分有作者自序、前言、五章正文及五個附錄等。作者在序言中明確指出，這是一部讓研究或有志於研究甲骨者反覆使用的工具。它主要是爲了向初學者介紹甲骨文、界定其性質、闡釋通讀方法、說明如何用它們作商史研究的史料。第一章，論述商代占卜過程。第二章，論述卜辭的內容與結構。第三章，全面介紹甲骨文研究和考釋成果，包括所取得的成就、甲骨著錄情況、甲骨字彙索引編纂情況及概論、文獻目錄的出版過程等，還全面介紹並討論了卜辭的解讀、通讀甲骨殘辭、如何研究甲骨上卜辭的各項內容等方面。第四章，是有關甲骨文斷代問題的討論，系統地介紹了董作賓先生的分期斷代理論，並提出了自己的看法，將斷代標準分爲「內在標準」、甲骨學形態標準和考古學標準等三個方面。「內在標準」包括：祖先稱謂、貞人、字體、刻辭、卜辭位置、邊緣記事刻辭、序辭與後辭形式、卜兆、驗辭、兆序和成套性、兆辭、事類與習用語等。在這一部分**裏**，他還介紹了午組卜辭、子組卜辭的爭論，提出了自己的看法，認爲這些卜辭是王組卜辭，同意貝塚茂樹等人的觀點，而不贊同董作賓的新舊分派理論。第五章，論述了甲骨文不是唯一的商代史料，在青銅、陶、骨、石、玉等質料器物上的文字以外，將來還有可能在絲、帛、竹、木等材料上發現商代文字。甲骨文不是商代的檔案，它祇能反映商代思想的某些方面而不能包括商代社會的全部。此外，還對辨僞的方法、標準、拓本及摹本、照相的製作方法等作了介紹。除正文外，本書的附錄也內容豐富，分別包括甲骨鑒別、牛肩胛骨和龜腹甲的比例、標本的尺子、甲骨的絕對年代的研究與測定、見於各期的事類、習用語出現的規律、甲骨著錄書目、所引文獻目錄等等。書中配有大量的插圖與表格，使一些數據資訊一目了然，閱讀起來極其方便。再有就是對香港、臺灣以及國外其他國家和地區的甲骨學研究成果，作了較爲全面的介紹。這是中國大陸甲骨學著作所不能具備的。

　　雖然西方學者早就開始了甲骨學研究，如方法斂、庫壽齡、明義士等，但像這樣運用歐美語言文字寫作的全面論述甲骨學的著作還很少見。正如著名考古學家、哈佛大學教授張光直先生在該書封底所評價的那樣：「本書將受到學習中國古代歷史文化的學生們的熱情歡迎與感謝。作爲西方第一部系統介紹商代

〔註162〕吉德煒：《商代史料——中國青銅時代的甲骨文》，加州大學 1978 年版。

甲骨刻辭的入門書，作為對於任何語言撰寫的同類著作來講，都是最完善的一部著作。《商代史料》在未來的歲月裏將是這一領域裏的一本標準教科書。同時，學習中國古典文獻和古典宗教的學生們也會感到它是十分有用的。」

（三）高島謙一的甲骨文研究

高島謙一（Ken-ichi Takashima），日裔學者，早年留學美國，1973 年以《武丁卜辭中的否定詞》（Negatives in the King Wu-Ting Bone Inscriptions）一文，獲得美國華盛頓大學哲學博士學位。現任職於加拿大不列顛哥倫比亞大學亞洲系教授，國際知名的甲骨學專家。

高島謙一教授對甲骨文的研究，主要是從語言學角度對甲骨卜辭的文字、詞彙、語法的探索與復原，從甲骨文字形結構研究當時造字觀念和社會生活。

關於甲骨文語言學研究，高島謙一有一系列的研究論文發表，如《甲骨刻辭中的從屬結構——特別關於詞語「其」》、《商代甲骨文和上古漢語中的「屮‧又‧有」字的釋讀》、《對商代史料的若干語言學上的解釋》、《從語族、語源、語意和祭祀看商代甲骨文中的上古漢字「有」》、《眔詞在卜辭和銘文中的連接用法》、《甲骨文中的並聯名詞例語》、《問「鼎」》、《甲骨文中的數詞補語》、《甲骨文之名詞化及名詞的派生》、《甲骨文否定詞之形態論》、《殷代貞卜言語的本質》、《甲骨文中否定詞的構詞形態》、《古代中國西藏語中的兩個或一個係詞？甲骨刻辭中的「隹」和「叀」》、《商代係詞的研究》〔註163〕等。觀點新穎，自成

〔註163〕高島謙一（Ken-ichi Takashima）：Subordinate Structure in Oracle Bone Inscriptions：With Particular Reference to the Particle Ch』i（其），Monumenta Serica, Vol.33, 1977～1978；Deciphment of the Word Yu 屮‧又‧有 in Shang Oracle Bone Inscriptions and in Pre-classical Chinese，Early China, 4, 1978～1979；Some Philological Note to Sources of Shang History，Early China，5，1979～1980：The Early Archaic Chinese Word Yu in the Shang Oracle Bone Inscriptions：Word-Family, Etymology, Grammar, Semantics and Sacrifices, Cahiers de Linguistigue Asia Orienticle, No.8, 1980.10；《眔詞在卜辭和銘文中的連接用法》, Paper to the Westcoast Branch of the American Orieatal Society, Califomia, March, 24～25, 1983；Noun Phrases in the Oracle-Bone Inscriptions, Monumenta Serica, Vol.36, 1984～1985；《問「鼎」》(《古文字研究》第 9 輯，中華書局 1984 年版；《甲骨文中的數詞補語》, Journal of Chinese Linguistics, Vol.13, no.1, 1985；Nominalization and Nominal Derivation with Particular Reference to the Language of Oracle Bone Inscriptions, East Asian Language, No.2, University of Hawaii, 1985；Morphology of the Negatives in Oracle Bone Inscriptions，《アジア‧アフリカ語の計數研究》第 30 冊，日本東京外國語大學亞非言語文化研究所，1988 年；《殷代貞卜言語的本質》，《東京大學東

體系。

高島謙一對甲骨文語言學的研究，往往能將現代語言學理論應用在其中。比如在分析否定詞構形形態時，給「不、弗、勿、毋」四個詞進行了擬音，並進行了音義相關性的分析：一、*p－類否定詞：bu/*pjeg 不；fu/*pjet弗；二、*m－類否定詞：wu/*mjeg 毋；wu/*mjet 勿；他說，從聲母來看，*p－類否定詞的共性是「不可控制性」，*m－類否定詞的共性是「可控制性」；又從韻尾來看，也可分爲兩類，*eg 類否定（不、毋）是狀態／事態否定詞，*et 類否定詞則是非狀態／非事態否定詞。當然這種語音分析結論的可信性，還要經過實際用例的檢驗，但其科學的研究方法可以給我們以啓發。

同時，高島的甲骨文語言研究，還將漢語甲骨文字與藏語進行對比分析，頗具特色。漢語和藏語有共同的原始母語，因而甲骨文中的某個虛詞，可能就和藏語中的一些詞同源。如在研究卜辭中的「眔」時，高島謙一即聯繫了與「眔」同源的一些藏語詞：』du－ba、』dus－pa、sdud－pa、sdup，這些藏語詞都有聯合的意義，「眔」也是如此。高島另一篇論文《古代中國西藏語中的兩個或一個係詞？甲骨刻辭中的「隹」和「叀」》，從這個標題就可以看出他在此文中使用了相同的研究方法。研究甲骨文中的虛詞，聯繫到與它同源的一些藏語詞，這對於正確把握卜辭虛詞的意義顯然很有作用。

近年高島謙一和日本著名甲骨學家伊藤道治教授合作，在日本出版了《中國古代文化研究》（上、下卷，英文版），這是近年海內外出版的關於商代宗教祭祀（伊藤負責）和語言學（高島負責）研究的一部重要著作。《中國古代文化研究》第一卷的第二部分爲高島謙一所撰《語言與古文字》。第二部分是從下述章節展開討論的：第一章《句法與語義學》，討論了「從屬結構與虛詞『其』」、「名詞詞組的結構」、「強調動詞詞組」、「數量補語的分析」等。第二章爲《詞法與語源》，分析了「屮和又」、「鼎字研究」、「否定詞詞法」、「名詞化與派生名詞」等方面。第三章爲《連詞研究的問題》，研究是從「音韻問題（隹、叀的分析）」、「詞法問題」等方面進行的，並專對甲骨文「隹」和「叀」的用法和古文字字義進行了分析。《語言與古文字》，對甲骨文的語言結構進

洋文化研究所紀要》第 110 冊，1989 年；《甲骨文中否定詞的構詞形態》，《殷墟博物苑苑刊》創刊號，中國社會科學出版社 1989 年版；《古代中國西藏語中的兩個或一個係詞？甲骨刻辭中的「隹」和「叀」》，Monumenta Serica, Vol.38, 1988～1989：A Study of the Copulas in Shang Chinese,《東京大學東洋文化研究所紀要》第 112 冊，1990 年。

行較爲系統的考察和分析。該書這一部分集中反映了高島教授多年致力於甲骨文的語言學研究成果，不僅是近年從語言學方面研究甲骨文語法規模最宏偉的著作，而且論題也較爲廣博和系統，堪稱近百年來甲骨文語言學研究的最重要成果。高島教授的不少論述，將對甲骨學人大有啓發，將推動和促進殷墟甲骨文的語言學考察。

甲骨文研究之外，高島先生還致力於甲骨文工具書的編纂工作。經過松丸道雄與高島謙一辛勤地合作編纂，1994 年出版了煌煌 730 多頁的《甲骨文字字釋綜覽》，〔註 164〕是目前最爲全面的甲骨學研究工具書之一。該書的主要部分爲「字釋綜覽」。「綜覽」按《甲骨文編》的收字順序部居甲骨文字，共十九篇，其中第一篇至第十四篇爲單字，第十五篇爲合文，第十六、十七篇爲《甲骨文編》未釋字，第十八篇爲《甲骨文編》所無字，第十九篇爲《甲骨文編》和《殷墟卜辭綜類》所無字。另有「文獻目錄」、「字釋索引」、「《甲骨文編》內相關番號檢索表」、「《殷墟卜辭綜類》《甲骨文編》檢索表」、「後記」等項。其特點是每一甲骨文字均摹寫原篆，備列諸家字釋，書後詳附文獻出處。該書系統收集了 1988 年之前世界各地的 471 位學者的 1904 種論著中的甲骨文字考釋觀點，全面反映了甲骨文字考釋的來龍去脈和研究成果，是九十年來甲骨文研究的集大成之作。

近年高島謙一還與華東師範大學中國文字研究與應用中心合作主編了《漢英對照甲骨文今譯類檢》，2004 年由廣西教育出版社出版發行。這對甲骨文字的世界性普及應用，將起到積極的推動作用。

（四）艾蘭的甲骨文研究

艾蘭（Sarah Allan），1945 年生於美國，先後在加利福尼亞大學洛杉磯分校和柏克萊分校學習中文，1974 年以論文《世襲與禪讓》〔註 165〕（The Heir and the Sage: Dynastic Legend in Early China）獲博士學位。1972 年始在英國倫敦大學亞非學院任教，1995 年夏始任美國達特默思學院教授。她廣泛研究甲骨文、青銅器、竹簡等中國出土古文字材料，對先秦的文獻、考古、思想和文

〔註 164〕松丸道雄，高島謙一合編：《甲骨文字字釋綜覽》，東京大學東洋文化研究所，東京大學出版會 1994 年版。
〔註 165〕Sarah Allan："The Heir and the Sage: Dynastic Legend in Early China", CMC, San Francisco, 1981. 又艾蘭：《世襲與禪讓——古代中國的王朝更替傳説》，孫心菲、周言譯，北京大學出版社 2001 年版。

化頗多涉獵，從文字器物與思想哲學兩個方面，對中國古代文化史與哲學史作了不懈地探索，取得了驕人的成績。

圖 13-9　艾蘭照片

　　艾蘭是當代西方出色的漢學家。她對於甲骨學的研究，祇是其廣泛而厚重的漢學研究的一個方面而已。

　　艾蘭在甲骨文研究中的重要貢獻，便是參預整理和編撰《英國所藏甲骨集》。1982 年始，艾蘭與中國社會科學院歷史研究所的李學勤、齊文心合作，對英國所藏甲骨進行調察和施拓，拓集英國十一個公私單位所藏約 3000 片甲骨，經過辨僞，略去全僞和字跡不清的殘片，選用甲骨凡 2674 片。其中，除了摹本中已發表過的 1649 片外，增加了 1025 片前此未曾發表過的新材料，輯成《英國所藏甲骨集》〔註166〕（Oracle Bone Collections in Great Britain）。全書分上、下兩編，上編爲圖版，下編爲釋文和附錄，於 1985 年和 1991 年由中華書局陸續出版。據該書所附分期分類表看，這些甲骨有 66%屬於董作賓劃分的第一期。這期甲骨是商朝占卜內容最爲廣泛的時期，價值也最大。《英國所藏甲骨集》的問世，爲研究和澄清甲骨學和商史中的一些疑難問題，提供了信而可徵的新材料，其學術價值是顯見的。

　　艾蘭除了參加整理和編撰《英國所藏甲骨集》外，她自己在甲骨研究上的另一貢獻，便是採用新的技術和手段來鑒定甲骨。艾蘭以攝影機加於顯微鏡上拍攝甲骨單字或局部，通過顯微放大顯示出了刻道的形態，弄清了用刀刻劃的次數及筆劃的先後，從而爲眞字和僞刻字的比較提供了更科學的手

〔註166〕李學勤、艾蘭、齊文心編著：《英國所藏甲骨集》，中華書局 1985、1991 年出版。

段，某些疑難問題由是得到重新檢驗和解決。關於契刻的刻刀、關於卜辭與兆的時間先後、關於筆劃的方向和順序、關於刻手與貞人等，都可以通過顯微照片得到解決。此外，通過顯微照片還能就甲骨分期和書體的演變及僞刻等問題提供確鑿的根據。當然，這一研究還有進一步探討的餘地。然而，她這種顯微放大的方法無疑是甲骨研究中方法論意義上的重要突破。

在艾蘭的許多著作中，都應用了甲骨文字材料，並從甲骨占卜和占卜刻辭內容對商代的思想文化和宗教神話作了較深入的研究，形成了自己的一家之言。比如在代表作《龜之謎——商代神話、祭祀、藝術和宇宙觀研究》（The Shape of the Turtle: Myth，Art and Cosmos in Early China）中，廣泛利用甲骨文材料，研究商代藝術、宇宙觀和祭祀占卜等內容，並在更廣泛的先秦文化範疇之中，探求甲骨占卜的宗教含義和其中反映的神話的背景。比如，她認爲「十日」神話的原型表明商代人把自己與太陽、火聯繫在一起。那麼，根據結構主義的二元對立觀念，商代人心目中的「夏人」，自然就與月亮、水相聯繫。這樣，作者就較合理地解釋了神話中夏朝發洪水、商朝來旱災這些現象，同時也較圓滿地解釋了夏朝滅亡前「十日並出」的含義——商即將誕生。艾蘭進一步指出，商人的對應性思維和原始分類不僅是用於理解和組織自然及人類社會的方法，也是一種控制宇宙的手段。後來對應性思維原則系統化爲外露的科學體系，於是，商代神話思想中水、火、日、月等基本因素的對應後來發展成了「陰陽」論中的基本宇宙力量；大地亞形、具有神秘力量的數字「五」引出了後來的「五行」說。關於商代的思想，艾蘭認爲仍然是「神話性」的，意即商人的思維還不是一種自我意識的產物，因爲有意識性的分析需伴隨著文獻化的傳統而成長起來。艾蘭從中國先秦文獻和考古材料出發，去發掘中國古代思想中固有的無比豐富的相關思維的內容，透過商代神話與思想的詭譎雜亂的表層形態而揭示出具有規律性的深層結構，並爲後代思想的演變發展提供了具有說服力的原生意義上的說明。

在《龜之謎》中，艾蘭探索了商代宗教思想的各個方面，但是對於主要使用的三個方面的材料——考古發現、甲骨文材料和後來的文獻，也有她自己的獨到見解。她認爲，考古文物是那個時代思想的物質產物，例如墓制、隨葬禮器及其紋飾都反映出一定的思想情況。甲骨文提供了另一種當時的證據，它們是研究那個時代宗教思想的豐富材料，它們的基本主題是祭祀和占卜的陳述。可是它們雖然某種程度上代表著商代的宗教思想，但因爲是專門

的占卜記錄，沒有更多的講解敘述，於是仍得參照後來的文獻。這些文獻之所以有用，不僅是由於它們記錄了後來傳統中的商代情況，它們本身還反映了從商代發展而來的思想體系。

另外，艾蘭的《「亞」形與殷人的宇宙觀》〔註167〕、《談殷代宇宙觀與占卜》〔註168〕等論文，也都是利用甲骨占卜和甲骨文材料對商代人們的觀念、思想進行研究的單篇力作。在這些論文中，艾蘭考證了殷墟甲骨文中的「方」字，也已具有方形的意義，而商代「亞」形大墓和占卜用的龜板所呈的「亞」形，代表了殷代人已有的宇宙觀念；等等。

除了以上三位最著名的外國甲骨學家外，還有美國的倪德衛、夏含夷、班大衛、司禮儀、周策縱，法國的雷煥章、游順釗，德國的張聰東，俄國的劉克甫，韓國的尹乃鉉，意大利的安東尼奧，澳大利亞的格列斯派等，也都有一些甲骨學論著問世，成為國際知名的甲骨學家。限於篇幅，茲不贅述。

四、華裔學者在歐美的甲骨學研究狀況

研究甲骨學的歐美學者中，還有一批是華裔學者。這些學者大多數是從臺灣或香港而來，原來既有了一定的甲骨學研究基礎或深厚的中國傳統學問修養，到歐美國家大學執教或在科研機構研究，他們的甲骨文研究或相關探索，也融會到了歐美漢學研究之中，而成為歐美漢學中的亮點或重要組成部分。

限於篇幅，在此謹介紹丁驌、張光直、周鴻翔和許進雄等人的研究成果。

（一）丁驌的甲骨文研究

丁驌（William. S. Ting），字龍驤，祖籍雲南曲靖。1927 年考入輔仁大學，次年轉入燕京大學地學系。1933 年畢業後，往察哈爾懷來天興煤礦實習，後到南京入中央研究院地質研究所工作。1934 年考中第二屆中英庚款留學赴英，在蘇格蘭格拉斯哥大學地理系學習，留英期間曾赴北歐瑞典、挪威等國調查地貌。1937 年論文答辯通過獲博士學位。之後即途經歐陸返國服務。1949 年以前，丁先生長期在中央大學任教。其後來到美國，任洛杉磯州州立大學地質系教授。丁驌先生是我國老一輩地理學家。

〔註167〕艾蘭：《「亞」形與殷人的宇宙觀》，《中國文化》第 4 期，三聯書店 1992 年版，第 32 頁。

〔註168〕艾蘭：《談殷代的宇宙觀與占卜》，《殷墟博物苑苑刊》創刊號，中國社會科學出版社 1989 年版。

　　丁驌早在燕大時，初習甲骨文字，此後六十餘年堅持不懈，在教書育人同時，仍在不斷地探求甲骨文化，勤於著述，不斷有力作面世。其甲骨文研究涉及甲骨文字考釋、甲骨分期、殷商王室世系、殷商曆法與紀年、殷商文化和地形地貌、上古動植物學等方面諸多問題。丁先生以現代科學的角度介入甲骨學研究，嚴謹有據，故而對甲骨文字的名物考證、利用甲骨文金文對殷周曆法的推求，皆有獨到的見解。所作論著享譽國際，名動士林。

　　丁驌的甲骨學研究用力最多的是對甲骨文字的考釋。自 1985 年起，丁先後發表了《東薇堂讀契記》、《論契瑣記》、《契文獸類及獸形字釋》、《鳳凰與鳳鳥》、《骨柶刻辭釋》、《釋互屯以與》、《說爽》、《說周原契數》、《契之春秋字》、《釋歲》、《子字說》、《釋辰》、《贅言》、《說木杏束》、《說后》、《屯乙八八九六版辭釋》、《說女字》、《說求御》、《釋妥》、《釋賓安定》、《釋見》、《說契文龜字》、《釋昫與龍》、《說桑與絲織》、《□祭說》等多篇甲骨文字考釋論文，﹝註169﹞這些論文大都發表在先後設在臺灣、香港和美國的《中國文字》上。

﹝註169﹞丁驌：《東薇堂讀契記》（一）（二）（三）（四），《中國文字》新 10、11、12、15、19 期，美國藝文印書館 1985 年 9、1986 年 6、1988 年 7、1991 年 9、1994 年 9 月，後併為《東薇堂讀契記》，臺灣藝文印書館 1989 年版；《論契瑣記》，《中國文字》新 7 期，美國藝文印書館 1983 年 4 月；《契文獸類及獸形字釋》及《續》，《中國文字》第 21、22 冊，1966 年 9、12 月；「Name of Animals and Related Words in Bone Inscriptions of the Chinese Shang Dynasty」，《中國文字》第 23 冊，1967 年 3 月；《鳳凰與鳳鳥》，《中央研究院民族學研究所集刊》第 25 期，中央研究院 1967 年；《骨柶刻辭釋》，《中國文字》新 2 期，香港藝文印書館 1989 月；《釋互屯以與》，《中國文字》新 2 期，香港藝文印書館 1980 年 9 月；《說爽》，《中國文字》，新 5 期，美國藝文印書館，1981 年 12 月；《說周原契數》，《中國文字》，新 5 期，美國藝文印書館，1981 年 12 月；《契之春秋字》，《中國文字》新 15 期（嚴一萍先生八十誕辰紀念刊），藝文印書館 1991 年 9 月；《釋歲》，〈中國文字〉新 18 期，美國藝文印書館 1994 年 1 月；《子字說》、《釋辰》，《中國文字》新 7 期，美國藝文印書館 1983 年 4 月；《說木杏束》，《中國文字》第 33 冊，1969 年 9 月；《說后》，《中國文字》第 31 冊，1969 年 3 月；《屯乙八八九六版辭釋》，《中國文字》第 38 冊，（董作賓先生逝世七週年紀念專號），1970 年 12 月；《說女字》，《中國文字》第 37 冊，1970 年 9 月；《說求御》，《中國文字》第 37 冊，1970 年 9 月；《釋妥》，《中國文字》第 39 冊，1971 年 3 月；《釋賓安定》，《中國文字》第 39 冊，1971 年 3 月；《釋見》，《中國文字》第 44 冊，1972 年 6 月；《說契文龜字》，《中央研究院民族學研究所集刊》第 27 集，臺北中央研究院，1969 年春季；《釋昫與龍》，《中國文字》第 32 冊，藝文印書館 1969 年 9 月；《說桑與絲織》，《中國文字》新 6 期，美國藝文印書館 1982 年 5 月；《□祭說》，《社會科學戰線》1993 年第 6 期。

　　丁驌的甲骨文字考釋，因爲注重將現代科學知識用於其中，所以考釋成果多眞實不虛，堅實可信。比如在其《契文獸類及獸形字釋》一文中，丁驌根據動物學知識，研究了甲骨文中「牛」資料，指出殷人所用的家牛是聖水牛，而殷牛則爲古時的野牛——兕。這一觀點因爲有其科學的依據而受到人們的重視。再如《說契文龜字》中對甲骨文「龜」字的考證，同樣是利用科學的動物學知識而考釋古文字，因此其結論也是令人信服的。這種情況在丁先生的考字中，比比皆是，茲不枚舉。

　　關於甲骨學的研究，丁驌的論著涉及到甲骨文例〔註170〕、甲骨文分期斷代〔註171〕、甲骨文所反映的商代天文、曆法、紀年等〔註172〕方面的問題，尤其是後者，丁氏的科學研究素養得以充分發揮，其研究成果極受學人重視。

　　丁氏的甲骨學研究中，以甲骨文材料研究殷商時代的歷史，是其重要一方面，涉及到戰爭、地理、氣象、氣候等。〔註173〕如他在《華北地形史與商

〔註170〕　丁驌：《殷貞卜之格式與貞辭、允辭、驗辭之解釋》、《庫一五一六佚文之推測》、《契辭比勘之例》，《中國文字》新 2 期，香港藝文印書館 1980 年 9 月。

〔註171〕　丁驌：《讀嚴著甲骨學》，《中國文字》新 2 期，香港藝文印書館 1980 年 9 月；《扶》，《中國文字》新 5 期，美國藝文印書館 1981 年 12 月；《四期卜辭繫年》、《讀嚴一萍著甲骨斷代問題》，《中國文字》新 8 期，美國藝文印書館 1983 年 10 月；《三期與武乙卜辭之區別》，《中國文字》新 12 期（嚴一萍先生逝世週年紀念特刊），美國藝文印書館 1988 年 7 月；《讀乙辛祀譜述見》，《中國文字》新 14 期，美國藝文印書館 1991 年 5 月。

〔註172〕　丁驌：《重訂帝辛征人方日譜》，《董作賓先生逝世十四週年紀念刊》，臺灣藝文印書館 1979 年 3 月；《西周王年與殷世新說》，《中國文字》新 4 期，香港藝文印書館 1981 年 7 月；《西周往年新說更正》，《中國文字》新 5 期，美國藝文印書館 1981 年 12 月；《甲午月食問題》、《商殷歷史雜記》，《中國文字》新 6 期，美國藝文印書館 1982 年 5 月；《節氣閏與朔簡說》、《由節氣求法計四期之閏》、《由帝辛十祀閏九月推測殷世之閏法》，《中國文字》新 8 期，美國藝文印書館 1983 年 10 月；《伐紂之年不必爲寅年》，《中國文字》新 10 期，美國藝文印書館 1985 年 9 月；《殷曆何法》，《中國文字》新 11 期，美國藝文印書館 1986 年 6 月；《商周定氣冬至儒日表》，臺灣藝文印書館 1991 年版；《史上星象記錄雜考》，《中國文字》新 17 期（董作賓先生百歲誕辰紀念特刊），美國藝文印書館 1993 年 3 月；《歲星》，《中國文字》新 18 期，美國藝文印書館 1994 年 1 月；《今來望之疑》，《殷都學刊》1994 年第 2 期；《星宿赤經在歷史上之應用》，《中國文字》新 20 期，美國藝文印書館 1995 年 12 月。

〔註173〕　丁驌：《華北地形史與商殷的歷史》，《中央研究院民族學研究所集刊》第 20 期，1965 年；《伐紂之記載檢討》，《中國文字》新 13 期，美國藝文印書館 1990 年 2 月；《中國地理、民族與傳說史》，《中央研究院民族學研究所集刊》第 29 期（慶祝淩純聲先生七十歲論文集）第一分冊，1970 年；《殷商歷史雜記》，《中國文字》新 6 期，美國藝文印書館 1982 年 5 月；《夏商史研究》，臺灣藝

殷的歷史》一文中，根據對黃河沖積量和黃土被蝕去容積的估算，推測出夏代之前及夏商時期華北地區的地貌狀況，認爲「禹之前」華北黃河沿岸的氣溫爲夏熱多溫，到禹時逐漸減低，商代早、中期最冷，盤庚遷殷時又轉暖，「約同今日九江－南昌、岳陽一帶的氣溫」。這一研究，可以和竺可楨等人的商代氣候理論互爲表裏，參照使用。

丁驌利用甲骨文材料對殷商王室世系及婚姻制度研究，《中國古代的親屬稱謂》、《論殷王妣諡法》、《再論商王妣廟號的兩組說》、《子郭》、《諸妣母》、《諸婦名》、《諸子名》、《由小后辛說起》、《商殷王室的婚姻制度》等，〔註 174〕也頗令人稱道。如在其《商殷王室之婚姻制度》〔註 175〕一文中，丁氏指出：商殷之王妣均以 10 干爲名，10 干分兩系，系下有組。王系之干爲甲壬、乙丁兩組；妣系之干爲癸辛己丙庚戊，組別不明顯，似爲陰陽兩組，即癸辛己一組，丙庚戊一組。屬於王系干名之王，其配必在妣系干中，如祖丁配癸、辛、己、庚、戊（？）；屬於妣系干名之王，其配必在王系干中，如示癸配甲，人庚配壬。王系干之乙丁組，從來不作入祀之妣。故妣系干之王配，皆出王系之甲壬一組。雖然契辭有妣丨、以丨，分別見於四期及一期，但不成「法定配偶」，亦未入祀。所謂「法定」，乃吾人之解釋。因入祀之妣與王必分別屬之兩不同之「系」也，故可推論爲「系外婚制」。

（二）張光直的甲骨文研究

張光直（Chang Kwang-chih）（1931～2001），臺灣板橋人，生於北平。1954年臺灣大學考古人類學系畢業，1960 年獲美國哈佛大學哲學博士。1961 年先任耶魯大學人類學系教授、系主任。1977 年任哈佛大學人類考古學系教授、系主

文印書館 1992 年版。
〔註 174〕 丁驌：《中國古代的親屬稱謂》，《中國民族學十週年紀念論文集》1944 年 12月；《論殷王妣諡法》，《中央研究院民族學研究所集刊》第 19 期，1965 年春季；《再論商王妣廟號的兩組說》，《中央研究院民族學研究所集刊》第 21 期，1966 年春季；《子郭》，《中國文字》第 32 冊，臺灣藝文印書館 1969 年 6 月；《諸妣母》，《中國文字》第 33 冊，臺灣藝文印書館 1969 年 9 月；《諸婦名》，《中國文字》第 34 冊，臺灣藝文印書館 1969 年 12 月；《諸子名》，《中國文字》第 36 冊，臺灣藝文印書館 1970 年 3 月；《由小后辛說起》，《中國文字》新 2 期，香港藝文印書館 1980 年 9 月；《商殷王室的婚姻制度》，《中國文字》新 16 期，美國藝文印書館 1992 年 4 月。
〔註 175〕 丁驌：《商殷王室之婚姻制度》，《殷都學刊》1991 年第 4 期，又收入《甲骨文與殷商文化研究》，中州古籍出版社，1992 年。

任。美國科學院及文理科學院院士，爲國際知名的考古學權威。1994 年任臺灣中央研究院副院長，兼任哈佛大學講座教授。他的學術代表作《古代中國考古學》〔註 176〕、《中國青銅時代》、《中國青銅時代》二集〔註 177〕、《美術、神話與祭祀》〔註 178〕、《商代文明》〔註 179〕、《考古學再思》等，深受國內讀者的喜愛。他的許多重要作品都是英文的，像《古代中國考古學》是世界範圍內的考古學教材，影響巨大。有些已經被譯成日文或韓文，近年來也開始譯成中文。

　　作爲考古學家的張光直，雖然不是以研究甲骨文爲專長，但淹博貫通、興趣廣泛的他，對甲骨文的熟練掌握並廣泛使用，對甲骨文所反映的商代歷史文化特徵的正確解讀，自也非常人所能及。他的許多考古學論文中，經常使用甲骨文材料來說明問題，〔註 180〕在此不能枚舉。他還經常著文評述一些

〔註 176〕張光直：《古代中國考古學》，美國耶魯大學出版社 1963 年初版，1968、1971、1977 年分別再版（The Archaeology of Ancient China, Yale University Press, 1963、1968、1971、1977.）。

〔註 177〕張光直：《中國青銅時代》，香港中文大學出版社 1982 年版；又三聯書店 1983 年版；《中國青銅時代》二集，三聯書店 1990 年版。

〔註 178〕張光直：《美術、神話與祭祀》（Art, Myth, and Ritual：The Path to Political Authority in Ancient China），Harvard University Press, 1983；又郭淨中譯本，遼寧教育出版社 1988 年版。

〔註 179〕張光直：《商代文明》，耶魯大學出版社 1980 年版（Shang Civilization, Yale University Press, 1980.）；又尹乃鉉韓譯本，漢城民音社 1989 年版；又毛小雨中譯本，北京工藝美術出版社 1999 年 1 月版。

〔註 180〕張光直：《商名試釋》，《中國商代文化國際討論會論文集》，中國大百科全書出版社 1998 年版；《天干：揭開商史的鑰匙》（T'ien-Kan: A Key to the History of the Shang），芮大衛、錢存訓編著《古代中國——早期文明研究》，香港中文大學 1978 年版；《商王廟號新論》，《中央研究院民族學研究所集刊》，第 15 期，1963 年版；《商王廟號新考》，《中國青銅時代》，三聯書店 1983 年版；《談王亥與伊尹的祭日並再論殷商王制》，《中國青銅時代》，生活・讀書・新知三聯書店 1983 年版；《殷墟 5 號墓和殷墟考古中關於盤庚、小辛、小乙的時代問題》，美國夏威夷東西方中心國際商代文明討論會論文，1982 年 9 月，又《文物》1989 年第 9 期；《華夏考古》1989 年第 2 期（Yinxu Tomb Number Five and the Question of the Pangeng-Xiaoxin-Xiaoyi Period in Yinxu Archaeology, Mimeograph, International Conference on Shang Civilization, East-West Centre, Honolulu, Hl, 1982.9.）；《論商朝時「商」字的意義》，《古代中國》第 20 卷，1995 年（On the Meaning of Shang in the Shang Dynasty, Early China, 20, 1995.）；《商史新料三則》，《中央研究院歷史語言研究所集刊》第 50 本 4 分冊，《慶祝歷史語言研究所成立五十週年紀念論文集》，1979 年 12 月；《殷禮中的二分現象》，《慶祝李濟先生七十歲論文集》上冊，臺北清華學報社 1965 年 9 月版；又收入《中國青銅時代》，三聯書店 1983 年 9 月；《關於「商王廟號新考」一文的補充意見》，《中央研究院民族學研究所集刊》第

甲骨學研究的論著，向世界推介這些研究成果。〔註181〕

　　張先生對商代文明的研究是最全面而權威的。1980 年，張光直先生出版了他的傳世名著《商代文明》（Shang Civilization）一書，是耶魯大學出版社《中國早期文明叢書》的第一本。他的所有關於甲骨文和殷商文化的研究成果，都集中地收錄在該書之中。

　　他在《商代文明》「緒論」部分，講了研究商代文明的五把鑰匙，也即「通向商代的五條門徑」：傳統的歷史文獻、青銅器、甲骨文、考古學、理論模式。用國內通用的詞語來說，這「五條門徑」包括了歷史學、文獻學、考古學、古文字學和理論的探討。所以，「五條門徑」實際是對商代文明的多學科的綜合研究。這其中就包括甲骨文。我們認爲張先生自己是擁有了這五把鑰匙的。正是基於他深厚的考古學、人類學、文字學和文獻學等各方面的素養，基於他對殷墟甲骨文的稔熟和獨特理解，所以能夠全面地整合商代的材料，並對商文明的各個方面進行深入而富有啓發的研究，能產出這麼豐厚的令人稱道的學術成果。

　　就在《商代文明》「緒論」部分中，張光直先生詳細地介紹了甲骨文的發現過程、發掘過程和研究的歷程，並綜合多位甲骨學家的研究成果，對占卜甲骨的製作、占卜的過程、甲骨文字的性質、特徵和書寫契刻方式，以及甲骨卜辭的構成以及所反映的內容等，做了清晰準確地描述，並且給初學者介紹了一些入門的著錄書籍和讀物等。由此可見張先生對甲骨文知識了如指掌，能夠極其熟練地運用。

　　在第一章「安陽和王都」中，張先生在介紹考古發掘婦好墓出土的銅器銘文時，也和甲骨文中出現的「婦好」等辭例相聯繫，並介紹了甲骨文中「婦好」的武功事跡，認爲銘文中的「婦好」、「司母辛」和武丁時代甲骨卜辭中的「婦好」是同一人，認爲「司母辛」（妣辛）是武丁之妻婦好的廟號。強調這樣從甲骨文和商代考古兩方面確定商代人物的研究，具有重要學術意義。

　　　　　19 期，1965 年春季。
〔註181〕 張光直：《評〈殷虛建築遺存〉》，《臺灣大學考古人類學刊》，第 15、16 期合
　　　　　刊，1960 年 11 月；《評吉德煒著〈商代史料──中國青銅時代的甲骨文〉》，
　　　　　《哈佛亞洲研究雜誌》第 41 卷第 2 期，1981 年（The Journal of Asian Studies,
　　　　　Vol. Xxxvii, No. 2, 1981）；《吉德煒編古代中國》，《美國東方雜誌》第 97 卷第
　　　　　1 期，1977 年（David N. Keightley: Early China, Journal of the American
　　　　　Oriental, Vol. XCVII, No.1, 1977.）；《李濟著〈安陽〉一書的評介》，《哈佛亞
　　　　　洲研究雜誌》第 38 卷第 2 期，1978 年；又陳思民中譯，《考古學參考資料》
　　　　　第 5 輯，文物出版社 1982 年 3 月。

對於商代的宗廟和王都建築等，也多能聯繫甲骨文中的字形如「邑」、「衛」、「墉」、「享」、「京」、「亞」、「宗」、「室」等說明其形制和構造，並且以文獻材料和考古資料補充證明之。

同樣在這一章裏，張光直先生涉及到了甲骨文斷代的問題。他詳細介紹了學術界關於分期斷代的研究成果，尤其是對董作賓先生的分期成果作了詳明的描述。對於學術界所謂自組、子組兩群甲骨文的時代歸屬問題，綜述了爭論兩派的意見，董作賓、島邦男把它們說成是第四期的文武丁時代，而陳夢家、貝塚茂樹等人認為是第一期武丁時代（貝塚說包含著第二期）。張光直認為雙方都沒有從甲骨文本身得到有說服力的資料，而主張通過考慮出土情況來搞清問題。但他還是採納了第一種董、島的意見，認為董氏的五期分法簡明扼要，更易於操作和為人們所接受。

在第二章「自然資源和經濟資源」中，張光直先生也多次利用甲骨文材料說明當時的自然環境和經濟資源問題。如從卜雨卜辭的研究來說明當時的氣候狀態，是溫暖的森林覆蓋較好的生態環境；從田獵卜辭所獲野生動物和祭祀卜辭作為犧牲的家養動物，來說明當時有適宜大量野生動物生息繁衍的自然環境；用甲骨文中大量的帶有木字旁的複合字和作為食糧的五穀（黍、稷、稻、麥、秠）等資料，來說明當時植被的繁茂；用甲骨文中大量甲橋記事刻辭，來說明當時各地向王都的貢納卜用龜甲的情況等等。

在該書的第三章「商王朝及其統治機構」中，張氏先是利用甲骨文等古文字中「族」的字形材料，來說明「族」作為軍事機構及其演變過程。之後在論證「安陽的王室血統」和「王室血統的內部分立和繼承規則」時，更是大量利用甲骨文材料，來詳述他在《商王廟號新考》一文中的觀點。他認為殷廟號中的十干不是表示該祖先的生日或死日，而是十個集團之名，並且王位是在乙、丁兩大集團之間按伯叔傳甥方式交替相續的。這十個集團在「子」姓統治民族中是組成最強王族的下級集團，通過王族的族內婚進行著王位的相續，這一相續法被稱為乙——丁體系。當乙集團某人成為王時，丁集團的長者或強者位居同樣有權的首相地位，到王死後就從本集團出而為王。為此目的而維持兩大集團間隔代交替的執政制是可行的，但通過它也可能把王位獨佔到王族內。張氏乙——丁體系的集團說，與董作賓所謂新派舊派在祭祀等習慣上對立的學說是相聯的。張氏還認為，乙集團（據他說，除甲之外，又包括庚、辛）和丁集團（庚、辛也包括在內）的對立，是與侯家莊西北岡

大墓的配置（分爲東西兩區）相對應的，也恰與董氏新舊的分派成對應。張氏還進一步與周代的昭穆制相聯繫。乙集團增加甲、戊組，庚、辛組同屬乙、丁兩集團，屬乙、丁集團名的王隔代輪換，即出現了伯叔傳甥的相續制。其後在「統治階級的其他成員」一節中，引用了甲骨文中的「婦」、「子」及其他材料來說明貴族和官員們的生存狀態和組織結構等。

與此相關的，是張光直在一些論文中對這一理論體系的解釋。比如張先生也總結了先妣在卜辭祀典中的四個特點：其一，祀典中的先妣無以乙及丁爲廟號的；其二，祀典裏僅直系先王的先妣有干名記錄，其餘先妣的日名多不詳；其三，先妣與其配偶沒有同干名的；其四，先妣的日名與其配偶先王的日名有一定的結合的規律的傾向，如甲不配乙，癸衹配丁，戊己庚辛則丁乙皆配，壬則乙丁俱不配。〔註182〕對此，張先生也提供了一個自認爲「更爲合理有據的說法」，認爲這與商人廟號分類有關。

張先生在考察商族先公先王廟號制度時，結果發現，夒、王亥、嶽的祭日常在辛日。非常有意味的是，張先生發現，王國維考證的作爲「高辛氏」帝嚳的「夒」，對其的祭祀標明有祭日的四條卜辭中有三條也竟是在辛日。看來，商族遠祖帝嚳所以名「高辛氏」，是有其根據的，並非古人所云乃是名字，而是對其的祭日。〔註183〕張對祭祀先公祭日用辛的現象進行了大膽推測，他認爲「這一段歷史時期（按，即指自高辛氏帝嚳直到王亥）雖然尚未有以十日爲名的習俗，卻已有以祖廟或廟主的分類制度，而辛這一號的地位始終最爲尊崇。」「辛是近B組的。A組之執政，始於上甲而完成於成湯。假如王恆是上甲的先人，則季、王亥、王恆與上甲這三代，便包括了商史上的一個大的轉捩點，即自以辛或B爲首領的制度，轉爲A、B兩組輪流繼承的制度。」〔註184〕

在第四章「國家經濟和政治秩序」中，首先從甲骨文田獵卜辭地名系聯探討了商代晚期的狩獵場所區域所在，雖然認爲地名系聯難以確定，但還是相信田獵區集中在河南省沁陽一帶的說法。其他對於貴族領地、王權、信仰、聯盟與戰爭、農業、王朝與其他方國之間的關係等內容，也都是從甲骨文材

〔註182〕張光直：《商王廟號新考》，《中國青銅時代》，第90頁，香港中文大學出版社1982年版。
〔註183〕張光直：《天干：揭開商史的鑰匙》，芮大衛、錢存訓編著《古代中國——早期文明研究》，第37頁，香港中文大學1978年版。
〔註184〕張光直：《談王亥與伊尹的祭日並再論殷商王制》，收入《中國青銅時代》，三聯書店1983年版。

料入手進行分析，從而得出了較爲可信的結論。

張氏對甲骨文字研究的單篇論文較爲少見，但即使在少數這樣的論文中，他也能做到析形、釋義、考字、解史的地步，令人信服。比如對於甲骨文中的「商」字的考證，他有《商名試釋》和《在商朝的「商」字的意義》等論文。張先生認爲，甲骨文中「商」字上爲「辛」，下爲「丙」「口」，「商」字甲骨文從「辛」，表明商人出自帝嚳高辛氏。又說「辛」字代表頭戴方頂帽子的商代祖先的正面人像。《說文》說「商」從章，《禮記》載「章甫，殷道也。」章甫是殷人所戴的帽子，代表了殷商的統治階級，這從婦好墓出土的玉人可以爲證。「商」字中的「辛」代表殷商祖先像，中部的「丙」代表祭祀祖先的供桌或祭壇，「商」字所象即是將祖先像置於祭壇之上。下面如有「口」字（也可省去，無關宏旨），當指祭祀之人口中念念有詞。整個字的意思是「祭祖」或「祖先崇拜」的會意。張光直先生認爲，「商」字源於祭祖，擴大之意爲「商」王祭祖之邑，再擴大之稱在「商」邑祭祖之統治王朝。簡而言之，「商」就是祖。商城就是祖先之城，也是祭祖之城。〔註185〕

同時，爲了尋找甲骨文中的聖都「大邑商」遺址所在，張先生生命的最後一段歷程所作的最後一個重要學術課題，就是從事「大邑商」的田野考古調查與發掘。張先生認爲甲骨文中的「大邑商」是商王室的宗廟所在，商王屢屢到大邑商祭祖，其地望就在今河南省商丘地區。20 世紀 90 年代初，張先生與張長壽合作，在商丘一帶進行考古調查。商丘地處黃河下游的黃泛區，古代遺址深埋在地下超過 10 米，過去考古工作很少。張先生知難而進，首先組織了一支遙感勘探隊，進行調查。可惜「大邑商」不見蹤跡，祇是在商丘市附近發現春秋時代的一座宋城。張先生的這種執著的探索精神，令人欽佩。

另外，值得介紹的是，1982 年在美國夏威夷召開的「國際商文明學術會議」等多次與甲骨文殷商史有關的會議，都是由張光直先生發起舉辦的。他的學術領袖地位和卓越的組織能力，爲海峽兩岸和歐美學術界的甲骨文研究學術交流提供了難得的機會。

（三）許進雄的甲骨文研究

許進雄（Hsu Chin-hsiung）（1941～），臺灣高雄人。1968 年臺灣大學中文研究所研究生畢業後，經李濟、屈萬里先生的推薦，受聘於加拿大多倫多市

〔註185〕張光直：《商名試釋》，《中國商代文化國際討論會論文集》，中國大百科全書出版社 1998 年版。

皇家安大略省博物館遠東部整理館藏甲骨。歷任博物館研究助理、助理研究員、副研究員、研究員，任遠東部主任之職八年之餘。在博物館任職期間，以半工半讀的方式，於 1974 年取得多倫多大學東亞系博士學位。1977 年起在該校東亞系執教，主講中國文字學、經學史、中國古代社會等課。1996 年退休，返臺任臺灣大學中文系教授。2006 年退休後，轉任世新大學中文系教授，講授中國文字學、甲骨學、中國古代社會、中國文物等課程。

圖 13-10　許進雄照片

許進雄為國際知名甲骨學者，著作豐贍。先後出版有關甲骨學專著《殷卜辭中五種祭祀的研究》、《殷墟卜辭後編》、《甲骨上的鑽鑿形態》、《明義士所藏甲骨文字：拓片、釋義》、《懷特氏等收藏甲骨文集》、《甲骨上鑽鑿形態的研究》及《中國古代社會》(中英韓文本)、《古事雜談》、《簡明中國文字學》、《文物小講》等十幾部著作，學術論文 40 餘篇。

許進雄的甲骨文研究視野開闊，涉及面廣，但大致可分為：甲骨文材料整理與著錄、甲骨文綴合研究、甲骨鑽鑿形態研究、甲骨文字考釋、甲骨文分期研究、甲骨文祭祀與曆法研究、甲骨文殷商史研究、歐美甲骨學史綜述與研究動態介紹等幾個方面。

關於甲骨文材料整理與著錄，主要是對收藏於加拿大多倫多皇家安大略博物館的殷墟甲骨材料（其中大宗的是明義士和懷履光舊藏甲骨）的整理與編輯出版。這項工作是許氏從臺灣來到加拿大的主要工作任務，佔用了他在加拿大工作的大部分的精力和時間，先後整理出《明義士收藏甲骨》(The Menzies Collection of Shang Dynasty Oracle Bone)、《明義士收藏甲骨文字第二

本‧釋文篇》（The Menzies Collection of Shang Dynasty Oracle Bones , Vol. ii the Text）、《殷虛卜辭後編》（上下）附釋文、《懷特氏等收藏甲骨文集》（Oracle Bones from the White and other Collections） 〔註 186〕等重要的甲骨著錄書。在此基礎上，許氏還編制了該博物館所藏甲骨文字的簡介和索引，〔註 187〕向學術界提供利用這批甲骨材料的方便。

甲骨文字綴合，也是許氏在整理甲骨材料過程中的一項工作。其綴合甲骨成果，先後發表有《甲骨綴合新例》、《甲骨綴合補遺》、《甲骨綴合新例》（二）、《五種祭祀卜辭的新綴合例——連小月的現象》、《周祭卜骨綴合一例》〔註 188〕等。

許氏在甲骨學研究方面成就最大的、影響最著的，要數他在整理甲骨材料過程中對占卜甲骨的鑽鑿形態的研究。在這一方面，許氏先後出版了《卜骨上的鑿鑽形態》、《甲骨上鑽鑿形態的研究》等專著，〔註 189〕發表了《甲骨的長鑿形態示例》、《鑿鑽研究略述》、《讀小屯南地甲骨的鑽鑿形態》、《鑽鑿對卜辭斷代的重要性》〔註 190〕等論文。這方面的研究過去有人做了，但多不

〔註 186〕許進雄：《明義士收藏甲骨》，加拿大多倫多皇家安大略博物館，1972 年版（The Menzies Collection of Shang Dynasty Oracle Bone, The Royal Ontario Museum, Toronto, Canada, 1972.）；《明義士收藏甲骨文字第二本‧釋文篇》，加拿大多倫多皇家安大略博物館，1977 年版（The Menzies Collection of Shang Dynasty Oracle Bones , Vol. ii the Text, The Royal Ontario Museum, Toronto, Canada，1972.）；《殷虛卜辭後編》（上下）附釋文，臺灣藝文印書館影印本，1972 年 3 月版；《懷特氏等收藏甲骨文集》，加拿大多倫多皇家安大略博物館影印本，1972 年版（Oracle Bones from the White and other Collections, The Royal Ontario Museum, Toronto, Canada, 1979.）。

〔註 187〕許進雄：《簡介加拿大皇家安大略博物館所藏甲骨文字》，《書目季刊》第 5 卷第 3 期，1971 年；《皇家安大略博物館收藏甲骨文字索引》（一）（二）（三）（四）（五）（六）（七）（八）（九），《中國文字》新 4、5、6、7、8、9、10、11、12 期，香港藝文印書館 1981 年 7 月、美國藝文印書館，1981 年 12 月、1982 年 5 月、1982 年 10 月、1983 年 4 月、1984 年 9 月、1985 年 9 月、1986 年 6 月、1988 年 7 月。

〔註 188〕許進雄：《甲骨綴合新例》，《中國文字》新 1 期，香港藝文印書館 1980 年 3 月；《甲骨綴合補遺》，《中國文字》新 3 期，香港藝文印書館 1981 年 3 月；《甲骨綴合新例》（二），《中國文字》新 9 期，美國藝文印書館 1984 年 9 月；《五種祭祀卜辭的新綴合例——連小月的現象》，《中國文字》新 10 期，美國藝文印書館 1985 年 9 月；《周祭卜骨綴合一例》，《胡厚宣先生紀念文集》，科學出版社 1998 年 11 月版。

〔註 189〕許進雄：《卜骨上的鑿鑽形態》，臺灣藝文印書館 1973 年版；《甲骨上鑽鑿形態的研究》，臺灣藝文印書館 1979 年 3 月版。

〔註 190〕許進雄：《甲骨的長鑿形態示例》，董作賓先生逝世十四週年紀念刊，臺灣藝

系統。許氏的研究不僅限於多倫多博物館的甲骨材料，而是放眼全世界所藏甲骨材料對這一問題進行研究，總結出了甲骨鑽鑿形態的各種特徵和時代變化，系統、全面且成體系。他的這些研究結論也爲後來殷墟發掘的新材料所證實。尤其是他將甲骨鑽鑿形態作爲一個時代的標準，用來對甲骨文材料進行分期斷代，補充了董作賓甲骨文分期的十項標準，被張光直先生豔稱爲第十一項標準，具有較高的學術價值。

許進雄對於甲骨义分期斷代的研究，雖然不是其主要的研究方向，但從甲骨鑽鑿和卜骨技術的角度，也提出了一些分期的標準和理論，比如其《略談貞人的在職年代》、《談貞人荷的年代》、《從長鑿的配置試分第三與第四期的卜骨》、《骨卜技術與甲骨斷代》、《區分第二期與第四期卜骨的嘗試》、《第三期兆側刻辭》、《武乙征召方日程》等，〔註191〕頗受人們的重視。

對甲骨文中的祭祀研究並由五種祭祀祀譜而對商代曆法的復原，是許進雄甲骨文研究的另一方面重要內容，《甲骨卜辭中五種祭祀祀首的商討》、《五種祭祀的祀周和祀序》、《殷卜辭中五種祭祀的研究》、《殷卜辭中五種祭祀研究的新觀念——加拿大皇家安大略博物館的一版明義士先生收藏的龜背甲》、《五種祭祀的新觀念與殷曆的探討》、《第五期五種祭祀祀譜的復原——兼談晚商的曆法》〔註192〕等，是這方面的代表作品。他關於五種祭祀的研究，

文印書館 1978 年 3 月；《鑿鑽研究略述》，《屈萬里先生七秩榮慶論文集》，臺灣聯經出版事業公司 1979 年 10 月；《讀小屯南地甲骨的鑽鑿形態》，《中國語文研究》1984 年第 9 期；《鑽鑿對卜辭斷代的重要性》，《中國文字》第 37 冊，1970 年 9 月。

〔註191〕許進雄：《略談貞人的在職年代》，《中國文字》第 44 冊，1972 年 6 月；《談貞人荷的年代》，《中國文字》第 43 冊，1972 年 3 月；《從長鑿的配置試分第三與第四期的卜骨》，《中國文字》第 48 冊，1973 年 6 月；《骨卜技術與甲骨斷代》（Scapulimantic Techniques and Periodic Classification），加拿大多倫多大學哲學博士學位論文，1974 年 5 月；《區分第二期與第四期卜骨的嘗試》，《中國文字》新 9 期，美國藝文印書館 1984 年 9 月；《第三期兆側刻辭》，臺灣師範大學國文系、中央研究院歷史語言研究所編輯《甲骨文發現一百週年學術研討會論文集》，1998 年 5 月；《武乙征召方日程》，《中國文字》新 12 期，「嚴一萍先生逝世週年紀念特刊」，美國藝文印書館 1988 年 7 月。

〔註192〕許進雄：《甲骨卜辭中五種祭祀祀首的商討》，《中國文字》第 22 冊，1966 年 12 月；《五種祭祀的祀周和祀序》，《中國文字》第 24 冊，1967 年 6 月；《殷卜辭中五種祭祀的研究》，《臺灣大學文學院文史叢刊》之二十六，1968 年 6 月；《殷卜辭中五種祭祀研究的新觀念——加拿大皇家安大略博物館的一版明義士先生收藏的龜背甲》，《中國文字》第 35 冊，1970 年 3 月；《五種祭祀的新觀念與殷曆的探討》，《中國文字》第 41 期，1971 年 9 月；《第五期五種祭

系統論證了周祭之特性，受祭者之資格，重新排定了祭譜，在祀首擬定上與諸家以「肜祀」、「祭祀」爲祀首不同，而是以翌祀爲祀首。

對甲骨文字的考釋，許氏也時有所獲。如《識字有感》、《工字是何形象》、《談與金有關的字》、《釋御》、《說燎》〔註 193〕等，皆是其類。但是利用對甲骨文字的考釋與分析，復原研究當時的社會歷史面貌，更是許氏甲骨文研究中的強項，成績卓著。比如《文字所表現的葬俗》、《甲骨文所表現的牛耕》、《通過象形文字演繹中國古代分期》、《從古文字看床與疾病的關係》、《古文字中特殊身份者的形象》、《三千年前絕跡於中國的象》、《古文字所反映不斷追求完善的商代冶金工藝》、《從古文字看古文化》〔註 194〕等，皆能以字考史，用出土古文字材料補苴古典文獻記載之不足。比如他認爲，通過古代象形文字可以說明中國古史演進的幾個階段；甲骨文「災」字，象洪水浩蕩，波濤滾滾之狀；卜辭中的「多毓」，指「繁衍家族的眾男女祖先」；甲骨文「聖」字，是一個有大耳朵的人在一張嘴之旁，表示此人有聰敏的聽力以聆聽口所發出之聲音；從甲骨文字形來看，龍的原形與鱷魚關係密切；甲骨文中的床

祀祀譜的復原——兼談晚商的曆法》，《大陸雜誌》第 73 卷第 3 期，1986 年 9 月；又《古文字研究》第 18 輯，中華書局 1992 年 8 月。

〔註 193〕 許進雄：《識字有感》（一、二），《中國文字》新 1、2 期，香港藝文印書館 1980 年 3 月、9 月；《工字是何形象》，《中國文字》新 23 期（嚴一萍先生逝世十週年紀念特刊），1997 年 12 月；《談與金有關的字》，《殷都學刊》1992 年第 4 期；又《中國文字》新 16 期，美國藝文印書館 1992 年 4 月；《釋御》，《中國文字》第 12 冊，1963 年 6 月；《說燎》，《中國文字》第 13 冊，1964 年 9 月。

〔註 194〕 許進雄：《對張光直先生「商王廟號新考」的幾點意見》，《中央研究院民族學研究所集刊》第 19 期，1965 年春季；《燎祭、封禪與明堂建築》，《中國文字》第 19 冊，1966 年 8 月；《文字所表現的葬俗》，《中國文字》新 2 期，香港藝文印書館 1980 年 9 月；《甲骨文所表現的牛耕》，《中國文字》新 04 期，藝文印書館 1981 年 7 月；《通過象形文字演繹中國古代分期》，美國夏威夷東西方中心國際商代文明討論會論文，1982 年 9 月（An Epigraphic Interpretation of the Slages in Ancient Chinese History, Mimeograph, International Conference on Shang Civilization, East-West Centre, Honolulu, Hl, 1982.9.）；《從古文字看床與疾病的關係》，《中國文字》新 10 期，美國藝文印書館 1985 年 9 月；《古文字中特殊身份者的形象》，韓國漢城淑明女子大學校創學 90 週年紀念·國際甲骨學學術討論會論文，1996 年 5 月；《三千年前絕跡於中國的象》，《中原文獻》第 22 卷第 2 期，1990 年 4 月；《古文字所反映不斷追求完善的商代冶金工藝》，《亞洲與科技文明》，趙令揚、馮錦榮編，香港明報出版社 1995 年版；《從古文字看古文化》，臺灣中央大學文學院中國文學系等編《第七屆中國文字學全國學術討論會論文集》，1997 年；《殷商已普遍使用毛筆》，《中原文獻》第 22 卷第 4 期，1990 年 10 月。

字，並非普通人的臥具而是死人的喪具等等，皆切實可信且能引起人們的興味。許氏在這方面的研究，後來集結成《中國古代社會》〔註195〕一書，多次再版發行，深受學界的重視與好評。

（四）周鴻翔的甲骨文研究

周鴻翔（Hung-Hsiang Chou），香港人士。早年就學於香港中文大學，師從於著名甲骨學家饒宗頤教授。後游學澳大利亞，1968 年以《商朝行政的幾個方面──僅以甲骨文為證據的概論》〔註196〕為學位論文，獲得堪培拉澳大利亞國立大學哲學博士學位。現任美國加州大學洛杉磯分校東方語言系教授，是著名旅美華裔甲骨學家。

周鴻翔對甲骨學研究的貢獻，首先應該說是他利用在美國工作的方便條件，對美國所藏甲骨材料的搜集和研究，著錄成《美國所藏甲骨錄》〔註197〕一書。該書精裝一冊，拓本影印。書前有作者自序。該書所收拓本以收藏家順序編成通號，正反分號，計有：卡內基博物館藏 413 片（編號 1～413 號），哥倫比亞大學藏 67 片（413～480 號），費里埃藝術館藏 1 片（編號 481 號），哈佛大學藏 60 片（編號 482～541 號），國會圖書館藏 4 片（編號 542～556 號），歷史與技術博物館藏 2 片（編號 557～558 號），自然與歷史博物館（即原菲爾德博物院）藏 6 片（編號 559～564 號），普林斯頓大學藏 119 片（編號 565～684 號），W. R. 納爾遜藝術館藏 12 片（編號 685～696 號），M. H. 楊紀念館藏 4 片（編號 697～700 號）。共計著錄拓片 700 片。在諸家著錄美國所藏甲骨著錄書中，所錄甲骨材料數量最多，也較為全面。對於美國所藏殷墟甲骨文字材料，周氏還另有論文專門介紹。〔註198〕

〔註195〕許進雄：《中國古代社會──文字與人類學的透視》，臺灣藝文印書館英文本 1984 年 9 月版：又臺灣商務印書館 1988 年版（Ward, Alfred H. C. Ancient Chinese Society, Taibei：Yee Wen Publishing Co, 1984.）。

〔註196〕周鴻翔：《商朝行政的幾個方面──僅以甲骨文為證據的概論》，坎培拉澳大利亞國立大學哲學博士學位論文，1968 年（Some Aspects of Shang Administration: A Survey Based Solely on the Evidance Available in the Oracle Bone Texts, Philosophy Doctor, Manuscript. Canberla, Australian National University, 1968.）。

〔註197〕周鴻翔：《美國所藏甲骨錄》，加利福尼亞大學出版 1976 年 5 月版（Oracle Bone Collections in the United States, University of California Press. Mag, 1976.）。

〔註198〕周鴻翔：《美國所藏甲骨文的報告》（A Report on the Oracle Bone Collections in the United States），美國洛杉磯太平洋海岸亞洲學會會議論文，1971 年。

　　周氏的甲骨文研究，雖然發表的論著不多，但涉及面廣，且研究較爲深入，計有：甲骨文知識介紹，如《甲骨文——三千年前的殷朝王室喜卜告祖先、甲骨卜辭是中國文明起源的綫索》、《中國的卜骨》、《古代中國の骨占い》等；〔註199〕對甲骨文字契刻機器和工具的推測，如《殷代刻字刀的推測》；〔註200〕對甲骨文對貞文例的探索，有《卜辭對貞述例》專著出版，〔註201〕這是專門研究甲骨卜辭中的對貞辭例特徵的一部力作；利用甲骨文材料研究商代卜辭人物，如《商朝的帚某》〔註202〕等；關於甲骨辨僞探究，有《甲骨辨僞四事》〔註203〕等；關於利用計算機等現代科技手段對甲骨文進行統計和整理研究等方面，包括甲骨材料綴合，如《甲骨文破片的電腦拼對法》〔註204〕等；以及甲骨文氣象卜辭統計，如《商代氣象統計分析》〔註205〕等。關於商代氣象的統計分析表明，甲骨文時代從十一月至正月求雨次數極少，二月至五月增長，六月開始減少，到九月達到最低數，十月增加，十一月又下降，一年之中有幾次起伏，因此認爲商代降雨情況並不均勻。〔註206〕

　　周氏利用甲骨文研究商代歷史，尤其是對商代王世世系的研究，成績顯著，令人矚目。他的這一研究彙集成《商殷帝王本紀》，〔註207〕1958 年在香

〔註199〕周鴻翔：《甲骨文——三千年前的殷朝王室喜卜告祖先、甲骨卜辭是中國文明起源的線索》，《科學的美國人》第 240 卷第 4 期，1979 年 4 月（Scientific American Vol. 240，No.4，1979.4）；《中國的卜骨》，《科學的美國人》第 240 卷第 4 期，1979 年 4 月（Chinese Oracle Bones, Scientific American Vol. 240，No.4, 1979.4）；又高島謙一英譯日《古代中國の骨占い》，《サィエンス》1979 年第 6 號；又陳仲玉譯《甲骨文》，《大陸雜誌》第 62 卷第 4 期，1981 年 2 月。

〔註200〕周鴻翔：《殷代刻字刀的推測》，《聯合書院學報》第 6 期，1967 年。

〔註201〕周鴻翔：《卜辭對貞述例》，香港萬有書局 1969 年 6 月版。

〔註202〕周鴻翔：《商朝的帚某》，《華裔學志》第 29 卷，1970～1971 年（Monumenta Serica，xxix，1970～1971.）。

〔註203〕周鴻翔：《甲骨辨僞四事——這是一連串與甲骨辨僞有關的文章的第一篇》，《饒宗頤教授南遊贈別論文集》，香港 1970 年 3 月。

〔註204〕周鴻翔：《甲骨文破片的電腦拼對法》，《考古學》第 3 卷，1973 年 6 月（Computer Matching of Oracle Bone Fragments, Archaeology, number 3, 1973.6）；又陳仲玉英譯中《大陸雜誌》第 47 卷第 6 期，1973 年 12 月。

〔註205〕周鴻翔、沈建華：《商代氣象統計分析》，美國夏威夷國際商史討論會論文，1982 年 9 月（Hung-shiang Chou, Jian-hua Shen, Lisa I.Heyes: Statisical Analysis of Shang Divinations Regarding Rain,1982.9）。

〔註206〕Hung-shiang Chou, Jian-hua Shen, Lisa I.Heyes: Statisical Analysis of Shang Divinations Regarding Rain, 1982 年美國夏威夷國際商史討論會論文。

〔註207〕周鴻翔：《商殷帝王本紀》，香港 1958 年出版。

港出版發行。

　　該書是周鴻翔多年以甲骨文材料探究殷商歷史的研究總集,仿照司馬遷《史記‧殷本紀》的形式,寫作而成的新版《殷本紀》。平裝一冊,書前有饒宗頤《序》和《自序》。該書以古文獻結合甲骨文資料,集諸家觀點考論商代帝王世系,分為四個部分:(一)夏、商、周帝王世系比較表;(二)前論:甲、商殷正名;乙、卜辭所見商先公上甲以上無徵說;丙、王亥非振說;丁、商殷諸王繫年;戊、卜辭所見商殷男女地位平等說;己、商殷諸王別名、配偶、在位年數及定都所在總表;(三)本紀:嚳、契、昭明、相土、昌若、曹圉、冥、振、微、報乙、報丙、報丁、主壬、主癸、天乙、太丁、外丙、中壬、太甲、沃丁、太庚、小甲、雍己、大戊、仲丁、外壬、河亶甲、祖乙、祖辛、沃甲、祖丁、南庚、陽甲、盤庚、小辛、小乙、武丁、祖己、祖庚、祖甲、廩辛、康丁、武乙、文丁、帝乙、帝辛;(四)附圖:甲骨所見商殷帝系表。

　　周氏在此書中,對以往成說多有駁辯,而能自出機杼,成一家之言。他對先商世系的研究完全以甲骨卜辭為準,因此對以往諸家關於上甲以上先公的考定一概加以否定,認為「契文所見商殷先公先王,上甲以下迄帝乙,確而可信,而上甲以上,則皆無徵焉。」上甲「既稱『大宗』,必為殷人認可之先公,今所始始於上甲,殷人遂尊之為『元宗』、『一宗』及『上宗』,故殷人所行最隆重之祭禮如『周祭』、『歲祭』、『合祭』等,亦起自上甲。凡此,皆足徵殷人所祀先公先王,蓋起自上甲,上甲以上則不及,可知卜辭所見商殷先公,上甲以下皆確而有徵,上甲以上則不然,若『帝嚳』、若『契』、若『昭明』、若『相土』、若『昌若』、若『曹圉』、若『冥』、若『振』,或一字為名,或二字為名,既無生日以資比附,亦乏形實可供稽考。學者於此,輒取卜辭中一二祭祀對象,或以其形近,或取其音轉,或輾轉假借,肆下己意,謂某即某也。漫無所歸,類皆臆說附會耳。」

　　尤其對王國維考證的卜辭中王亥即文獻中「振」、「該」這一歷來被認為「極其精確」而對商史研究貢獻巨大的學術結論,周氏認為尤不可信,殊不成立。周氏的理由有三:其一,商殷先公先王,除了上甲以前的遠祖外,都以生日為名,天干為名,而卜辭中「王亥」獨以地支為名,與史實相違;其二,史籍中的「振」、「核」、「垓」、「該」等,無稱「王亥」者,商族先公先王,也無稱「王」者,卜辭「王亥」與史實相左;其三,王氏以卜辭中的「王恒」為王亥之弟,然史籍無王恒,《天問》孤證,《山海經》怪誕無稽,穿鑿

比附，說難成立。至於王亥者何人，周氏以爲與其穿鑿，不若存疑。與其轉折比附《殷本紀》之「振」，不若訓帝嚳之弟「該」更爲直接。另外《淮南子‧地名訓》之「豎亥」，《左傳》昭公二十九年：「少皥有四叔：曰重、曰該、曰修、曰熙⋯⋯」之「該」，也都比訓爲「振」之訛體爲宜。

周氏也不同意商族先公有根國一世，其理由有三：其一，夏帝相與少康之間，已歷殷王相土、昌若、曹圉、冥四世，若益「根國」，其非夏二帝之間而歷五商王，於理殊難通。其二，《國語‧周語下》云：「玄王勤商，十四世而興。」所謂十四世，即自契至湯十四世。若有「根國」一世，則爲十五世矣，顯與《周語》、《荀子》不符。其三，禮疏出自唐人之手，雖文引《世本》，但可能出《世本》原書之誤，或爲孔氏徵引時之誤，當不如較禮疏爲先之《史記》、《漢書》、《帝王世紀》等書可靠。

對於商湯諸多名諱的記載，古今學人論之者錯綜複雜，周氏則綜合古今學說，爲之梳理：「湯以乙日生，故名『大乙』，古籍訛爲『天乙』。履、湯皆生時別名，猶帝嚳之名夋。湯音轉爲唐（契文僅見唐未見湯，頗疑本爲唐，古籍音誤作湯）。至成湯、武湯、成唐、武唐、武王等，則皆商殷後人追號耳。《殷本紀》引申《詩（長發）》『武王』一名謂湯自言吾甚威武，號曰武王。王若虛《滹南遺老集》、崔述《商考信錄》皆謂湯決無此語，其說甚確。（商殷先公名，所見皆爲廟號，另有私名者，則起自『天乙』以迄『帝辛』，俱載於今本紀年。）」其言亦有所得，可備一說。

再如對於商代先公王亥「服牛」、相土「乘馬」，周氏之論也迥異群倫。王國維認爲「服牛」是以牛拉車，陳夢家認爲「服牛」是「始牧牛羊」，周氏則認爲「服牛」非駕牛拉車，非「牧夫牛羊」，而是以牛耕田，也就是說在先商時代殷人就已經以牛耕田了。周先生還認爲殷人先「乘馬」後「服牛」爲不可能：「竊以爲相土既已先作乘馬，能以馬曳車於前，馬當較牛疾速遠甚，安有捨馬用牛之理。予以爲服牛應爲胲始用牛耕田，故云服云僕，所以爲人服務或僕役於人也。」

周氏研究殷商歷史，於破裂成說頗有其功，其說能否成立雖尚在兩可之間，然其治學之獨立精神委實令人慨然敬歎。

第十四章　百年契學的回顧展望

第一節　百年甲骨學的成績回顧

一、甲骨學百年的盛大紀念

　　隨著甲骨文發現一百年的來臨，眾多知名學者對百年甲骨學研究進行了回顧和展望。〔註1〕

　　因為關於甲骨文發現時間的爭論，究竟是在 1898 年，還是在 1899 年，學術界觀點不一，所以在臺灣和大陸分別舉行了兩次大型的紀念甲骨文發現的學術會議，臺灣學者持甲骨文發現於 1898 年說，所以由臺灣師範大學國文系和中央研究院歷史語言研究所聯合，在 1998 年 5 月 10 日到 12 日於臺北舉行，會後出版了論文集；〔註2〕而大陸主辦者持甲骨文發現於 1899 年說，由

〔註1〕　李學勤：《甲骨學一百年的回顧與前瞻》，《文物》1998 年第 1 期；朱鳳瀚：《近百年來的殷墟甲骨文研究》，《歷史研究》1997 年第 1 期；范毓周：《甲骨文研究的歷史、現狀與未來展望》，《史學月刊》1999 年第 1 期；王宇信：《甲骨學研究一百年》，《殷都學刊》1999 年第 2 期；王冠英：《甲骨文發現 100 年來的回顧》，《文物天地》1999 年第 4 期；陳煒湛：《近 20 年來甲骨文研究的主要成就》，《學術研究》1999 年第 11 期；楊升南：《百年來的殷墟甲骨文研究》，《人民日報》1999 年 7 月 24 日；宋鎮豪：《甲骨文發現一百週年之際的觀覽》，《人民日報》（海外版）1999 年 12 月 29 日；曹定雲：《甲骨文發現百年回顧》，《科技日報》1999 年 8 月 7 日、11 日；郭勝強：《甲骨學百年簡史》，安陽政府網「殷商文化網頁」。

〔註2〕　臺灣師範大學國文系、中央研究院歷史語言研究所編：《甲骨文發現一百週年學術研討會論文集》，臺北，文史哲出版社 1998 年版。

中國社會科學院歷史研究所、考古研究所和中國殷商文化學會、河南省安陽市人民政府和河南安陽高等師範專科學校等聯合，在 1999 年 8 月 20 日至 23 日於安陽舉行，會後也出版了論文集。〔註3〕對於臺灣學者何以選在 1998 年舉行甲骨文發現百週年紀念活動，與會的大陸學者和臺灣學者各有說辭。參加臺灣紀念會的大陸學者楊升南先生，在綜述這場紀念會時說，臺灣所以選在 1998 年紀念甲骨文發現百年活動，是因為中國向來有過虛歲生日的傳統，〔註4〕而臺灣學者季旭升在綜述會議時，一方面也說到了中國有過虛歲生日的傳統，另一方面，選在這一年開百年紀念會的主要原因是怕與大陸會議衝突而不能使重要學者到會。他雖然說選在這一年開百年紀念會並不代表主會者認定這是唯一正確的說法，但還是強調了「甲骨文是哪一年被發現的，學術上還頗不易斷定。但 1898 年也是可信的說法之一。」〔註5〕由此可以約略看出兩地學者在認識上的差別。

此外，在天津〔註6〕、南京〔註7〕、上海〔註8〕、鄭州〔註9〕、煙臺〔註10〕以及法國巴黎〔註11〕和日本東京〔註12〕等地，也分別於 1998 年和 1999 年召

〔註3〕 中國社會科學院歷史研究所、考古研究所、安陽市人民政府、中國殷商文化學會、安陽高等師範專科學校編：《紀念甲骨文發現一百週年國際學術研討會論文集》，社會科學文獻出版社 2003 年版。

〔註4〕 楊升南：《甲骨文發現一百週年學術研討會在臺灣師大和史語所召開》，《中國史研究動態》1998 年第 9 期。

〔註5〕 季旭升：《甲骨文發現一百週年學術研討會紀要》，臺灣《中國歷史學會會訊》第 62 期，1998 年。

〔註6〕 天津學者於 1998 年於《天津文史》開闢了「紀念甲骨文發現一百週年」專欄，集中發表了一批關於甲骨文發現的論文，主要觀點是，甲骨文是 1898 年由天津的孟定生、王襄發現的，王懿榮購藏甲骨文晚於王襄和孟定生。

〔註7〕 江蘇省甲骨文學會、江蘇省社科聯、江蘇省教育工會、南京大學歷史系、中國社會科學院甲骨學商史研究中心、河南大學歷史文化學院、臺灣甲骨文學會聯合舉辦「紀念甲骨文發現一百週年」、「甲骨學與商代文明國際學術研討會」、「首屆海峽兩岸甲骨文書法聯展」、「海內外甲骨文書法藝術展」，江蘇南京，1999 年 4 月。

〔註8〕 上海博物館和國家圖書館聯合主辦「甲骨文發現一百週年特展」，上海博物館，1999 年 7 月 15 日至 8 月 15 日。

〔註9〕 河南省社會科學院、河南省社會科學研究聯合會主辦「甲骨發現一百週年座談會」，河南鄭州，1999 年 10 月。

〔註10〕 1999 年 6 月 16 日，在山東省煙臺市舉行了「紀念王懿榮發現甲骨文 100 週年大會」，會後出版了《王懿榮集》和《紀念王懿榮發現甲骨文一百週年論文集》。

〔註11〕 1999 年在法國召開的甲骨文百年紀念學術研討會，有報導《甲骨文發現百週年紀念國際會議在法國舉行》，《中國語文》2000 年第 02 期（總 275 期）。事

開了紀念甲骨文發現百週年的圖片展覽和學術研討會等紀念活動。辦會的時間不同，反映了主辦紀念會的單位和學者對殷墟甲骨文發現的不同觀點。

這些紀念活動，以在安陽召開的「紀念甲骨文發現一百週年國際學術研討會」最為盛大，影響也廣。來自世界各地的上百位專家學者出席大會，當時的國家領導人、中國社會科學院院長李鐵映先生蒞臨大會，並發表了「弘揚優秀文化傳統，促進中華民族振興」的重要講話，更將這一紀念活動推向高潮。

圖 14-1 《甲骨學一百年》及《紀念殷墟甲骨文發現一百週年國際學術研討會論文集》書影

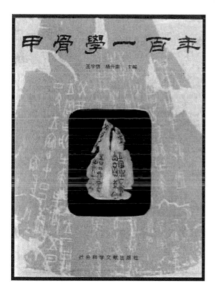

為迎接甲骨文發現一百週年的到來，甲骨學家王宇信、楊升南、宋鎮豪等人主持的國家社會科學基金和中國社會科學院「九五」重點科研項目「甲骨學一百年」，推出了一批甲骨學研究成果：《甲骨學一百年》、《甲骨文合集補編》、《百年甲骨學論著目》〔註 13〕三部巨帙。其中《甲骨學一百年》一書，彙集眾多甲骨學家多年研究成果而就，總結和概括了甲骨學發展一百年來的學術研究

後有論文集出版，法國科學院編《甲骨文發現百年紀念國際會議論文集》，巴黎，2001 年 9 月。

〔註 12〕 關於日本的紀念活動，未見正式報導，詳情不曉。

〔註 13〕 王宇信、楊升南主編：《甲骨學一百年》，社會科學文獻出版社 1999 年版；彭邦炯、謝濟、馬季凡主編：《甲骨文合集補編》，語文出版社 1999 年版；宋鎮豪、常耀華主編：《百年甲骨學論著目》，語文出版社 1999 年版。

情況，是繼陳夢家《殷虛卜辭綜述》之後的又一部集大成式的甲骨學巨著。《甲骨文合集補編》，吸收了《甲骨文合集》之外海內外有關甲骨著錄、綴合和整理的新成就，收錄甲骨藏片 15000 餘片，大部分是第一次公開發表，這是繼《甲骨文合集》之後在甲骨材料著錄方面又一部劃時代巨著。《百年甲骨學論著目》的統計，搜彙了自 1899 年至 1999 年一百年間海內外所有有關論著目錄，涉及世界十多個國家或地區的各種語種，按甲骨發現、甲骨綜論、甲骨著錄、甲骨研究、專題分論、甲骨類編、書刊評介等，分門別類，做了一個世紀性的全面彙總與著錄。

同時還發佈了編集大型資料文庫《甲骨文獻集成》，以及利用甲骨文及考古材料與文獻資料，全方位整體研究的系列大型多卷本斷代史著《商代史》撰述等科研項目，在中國社會科學院歷史所也已開始啓動的消息。重建中國上古史的重要一環，填補史著空白可望在數年內變成事實。

二、甲骨學研究隊伍的壯大

總結百年來甲骨學的研究隊伍，即可發現目前甲骨學研究的盛況。早在五十年前，胡厚宣在《五十年甲骨學論著目》**裏**，曾統計出自甲骨文發現至 1949 年的前 50 年內，有關論著爲 876 種，專著 148 部，論文 728 篇；〔註14〕研究甲骨學殷商史而有論著的作者，人數爲 289 人，中國學者 230 人，外國學者 59 人。1981 年王宇信先生統計了自 1949 年以來 30 年的甲骨學研究成績，共有 160 位學者發表了 320 種論著，其中著錄 13 部，專著 43 部，論文 264 篇。〔註15〕1984年胡厚宣先生在全國商史學術討論會上宣稱，國內外研究甲骨文並有著述的學者先後達 500 人，出版、發表了甲骨學專著、論文達 3000 種。〔註16〕1989 年王宇信先生的再次統計，自 1903 年劉鶚著錄《鐵雲藏龜》以來截止到 1987 年，共有甲骨著錄書 131 部，建國以來的甲骨學論著 1050 多種。〔註17〕1991 年濮茅左先生也對甲骨學論著作了大規模的統計，甲骨學論著已有 5000 多種。而濮氏《甲骨學與商史論著目錄》〔註18〕本身即是一本厚達 561 頁、篇幅多達 66 萬字

〔註14〕 胡厚宣：《五十年甲骨文發現的總結》，商務印書館 1951 年版。
〔註15〕 王宇信：《建國以來甲骨文研究》附錄，中國社會科學出版社 1981 年版。
〔註16〕 胡厚宣：《全國商史學術討論會開幕詞》，《全國商史學術討論會論文集》，《殷都學刊》增刊 1985 年版。
〔註17〕 王宇信：《甲骨學通論》書後附錄，中國社會科學出版社 1989 年版。
〔註18〕 濮茅左：《甲骨學與商史論著目錄》，上海古籍出版社 1991 年版。

的巨書，可見甲骨學研究之盛況。現在根據《百年甲骨學論著目》一書的統計，有關論著已超過 10000 種，作者隊伍達到 3800 多人，分佈於包括中國大陸及港澳、臺灣在內，日本、美國、加拿大、英國、法國、德國、意大利、比利時、荷蘭、瑞典、瑞士、俄羅斯、匈牙利、澳大利亞、韓國、新加坡等世界 17 個國家，其中中國（包括臺、港、澳地區）3332 人，外國 502 人。兩者相比，後 50 年有關論著的總數已超出前 50 年的十倍強，甲骨學的研究隊伍，本國人數約增加 13.5 倍，國外則增加約 7.5 倍，國別又增加了 7 個；其中，英國增加了 3.5 倍，俄羅斯增加了 7 倍，日本增加了 6 倍多，法國增加了 7 倍，加拿大增加了 8 倍，美國增加了 17.6 倍，韓國屬於零的突破，增值為 0：40。而國外研究人數增加的絕對值，尤以美、日居多。近十幾年來，甲骨文殷商史研究的論著，又平均每年以差不多 200 多種的數量刊佈出來，大大高於過去。這期間，學術討論會幾乎每年都在舉行，新人輩出，著作如林，甲骨學研究如火如荼。

　　從這些統計數字來看，甲骨學如今作為一門國際性顯學，研究成績是多麼豐碩可觀，進展態勢是多麼強勁可喜，學術前景方興未艾，不可限量。

三、甲骨文數量和字數的統計

　　對於甲骨文字的數量和甲骨片數的統計，一百年來也一直是個未能全面澄清的話題。早在 50 年代初，對甲骨學史瞭如指掌、對甲骨片如數家珍的胡厚宣先生就曾有過三種不同的統計：第一是 1950 年在《五十年甲骨文發現的總結》「引言」中統計為 161259 片，第二是在同書的「第八節」中統計為 161889 片，〔註 19〕第三是 1952 年《五十年甲骨學論著目》「序言」中統計為 161989 片。〔註 20〕到 1984 年，胡氏對甲骨文發現材料再統計的結果是：「國內及港臺收藏甲骨 127904 片，加上國外 12 個國家收藏甲骨 26700 片，國內外總共收藏甲骨 154604 片。舉成數而言，我們就可以說，85 年來殷墟出土的甲骨文材料總共約有 15 萬片左右。」〔註 21〕到 1990 年前後，胡先生仍認為甲骨文字發現以來共出土十五萬片以上。〔註 22〕王宇信先生也持十五

〔註 19〕　胡厚宣：《五十年甲骨文發現的總結》，商務印書館 1951 年版。
〔註 20〕　胡厚宣：《五十年甲骨學論著目》，中華書局 1952 年版。
〔註 21〕　胡厚宣：《八十五年來甲骨文材料之再統計》，《史學月刊》1984 年第 5 期；《古籍整理出版情況簡報》第 10 號。
〔註 22〕　胡厚宣：《大陸現藏之甲骨文字》，《中央研究院歷史語言研究所集刊》，第六十七本第四分冊。

萬片的說法。〔註23〕

對於胡氏早年的統計，董作賓先生曾有過批評，說他是「了不得的誇張」，「距離眞實性太遠」。董先生自己的統計是「約爲 96118 片，不足十萬片。」〔註24〕1954 年陳夢家根據實物估計總數約爲十萬片。〔註25〕至 1956 年陳氏出版《殷虛卜辭綜述》時，認爲甲骨總數約爲 98000 片，「由此可知出土的甲骨大約十萬片」。〔註26〕孟世凱先生也認爲近十萬片爲妥。〔註27〕陳煒湛先生原來同意十萬片的說法，〔註28〕但到了 2000 年後，陳先生又提出了 83000 片左右的說法。〔註29〕三種統計結果分別相差甚大，究竟誰的估計較接近事實呢？

近年青年學者孫亞冰在前人統計的基礎之上，對甲骨文數量進行了一次全新的普查，得出這樣的結果：國內大陸收藏甲骨的有 93 個單位，36 個私人，共有 8 萬片左右，大宗收藏者有中國國家圖書館 34512 片、中國社會科學院考古所 6560 片、山東省博物館 5468 片、上海博物館 5275 片、故宮博物院 4000 多片、北京大學 3001 片、南京博物院 2921 片等。臺灣收藏甲骨的有 5 個單位，4 個私人，總計有 3 萬多片，大宗收藏者有中央研究院歷史語言研究所多於 26128 片、歷史博物館 4378 片等。香港有 4 個單位共藏甲骨 90 片。國外有 14 個國家收藏甲骨，有 2 萬多片，他們分別是日本 8000 多片、加拿大 7402 片、英國 3141 片、美國多於 1892 片、德國 851 片、俄羅斯 199 片、瑞典 111 片、瑞士 69 片、法國 59 片、新加坡 28 片、荷蘭 10 片、新西蘭 10 片、比利時 7 片、韓國 7 片。以上統計的甲骨都是殷墟出土的刻辭甲骨。

殷墟以外出土的甲骨，即陝西岐山鳳雛遺址 H11 出的 213 片和 H31 出的 6 片、扶風齊家遺址出土採集的 6 片、扶風強家採集 1 片、西安豐鎬遺址出的 3 片、山西洪趙坊堆遺址出的 1 片、北京昌平白浮墓出的 4 片、房山琉璃河遺址出的 3 片、房山鎮江營遺址出的 1 片、河北邢臺南小汪遺址出的 1 片、河南鄭州二里岡遺址出的 2 片、鄭州電校遺址出的 2 片、舞陽賈湖遺址出的 8 片、山

〔註23〕王宇信：《甲骨學通論》，中國社會科學出版社 1989 年版，第 1 頁。

〔註24〕董作賓：《甲骨學五十年》，第 187 頁。

〔註25〕陳夢家：《解放後甲骨的新資料和整理研究》，《文物參考資料》1954 年第 5 期。

〔註26〕陳夢家：《殷虛卜辭綜述》，中華書局 1988 年版，第 48 頁。

〔註27〕孟世凱：《中華民族文化的凝聚力——漢字》，《中華文化論壇》1997 年第 1 期。

〔註28〕陳煒湛：《甲骨文簡論》，上海古籍出版社 1987 年第一版，1999 年第二版，第 10 頁。

〔註29〕陳煒湛：《關於殷墟甲骨文的兩個基本數字》，《中國文物報》2003 年 1 月 3 日。

東桓臺史家遺址出的 1 片、湖北襄樊出的 1 片。2002 年陝西周原遺址齊家北地又發現 1 片有字甲骨，上有三十餘字。2003 年濟南大辛莊商代遺址又發現 8 片有文字的甲片，其中有 4 片可綴合成一個幾乎完整的龜腹甲，上面有 25 個清晰的文字。到目前為止，殷墟以外有 15 個地點共發現 262 片甲骨文。

　　綜上所述，甲骨文既包括殷墟出土的，也包括殷墟以外出土的，百年來共出土了 13 萬片甲骨文材料。〔註30〕這是一個新的數據，正確與否，還有待於時間的檢驗。

　　至於甲骨文中到底有多少單字，也是一個多年未得澄清的問題，長期以來學者間有各種估計。一般的說法是，甲骨文有單字 4500 個左右，經過學者考證確認者不過 1500 個字。其實，孫海波《甲骨文編》全書共收甲骨文單字 4672 個。〔註31〕金祥恒《續甲骨文編》全書共有甲骨文單字 2574 個。〔註32〕五十年代陳夢家曾估計，「甲骨上的文字總數約有 3000～3500 字，前人已經審釋的不超過 1000 字。」〔註33〕其後，1967 年，島邦男《殷墟卜辭綜類》統計為 3324 個。〔註34〕1989 年，姚孝遂、肖丁等人編纂《殷墟甲骨刻辭類纂》，列有字形總表，共列字日 3673 個，減去重複 3 個，應為 3870 個。〔註35〕1993 年松丸道雄、高島謙一編著《甲骨文字字釋綜覽》，得字形 3395 個，〔註36〕李宗焜曾就甲骨文單字字表對甲骨文字數作了新的統計，得單字總數的最大值是 3948，最小值是 3809。〔註37〕近年沈建華、曹錦炎編纂成《新編甲骨文字形總表》，共列甲骨文字形 3986 個，剔出合文 8 個，得甲骨單字總數 3978 個。〔註38〕出此，陳煒湛先生認為約而言之，甲骨文單字可以說有 4000 個。〔註39〕至於這 4000 個甲骨單字中，有多少已經學者考釋出來，並得到學術界

〔註30〕孫亞冰：《百年來甲骨材料的再統計》，《中國文物報》2003 年 5 月 9 日第 7 版。
〔註31〕孫海波：《甲骨文編》（增訂本），中華書局 1992 年版。
〔註32〕金祥恒：《續甲骨文編》，臺灣大學出版社 1959 年版。
〔註33〕陳夢家：《解放後甲骨的新資料和整理研究》，《文物參考資料》1954 年第 5 期。
〔註34〕島邦男：《殷墟卜辭綜類》，日本汲古書院 1967 年版；1971 年增訂出版，1979 年增訂第二次印刷。
〔註35〕姚孝遂、肖丁：《殷墟甲骨刻辭類纂》，中華書局 1989 年版。
〔註36〕松丸道雄、高島謙一編著：《甲骨文字字釋綜覽》，東京大學東洋文化研究所 1993 年版。
〔註37〕李宗焜：《殷墟甲骨文字表》，北京大學古文獻研究所博士論文，1995 年通過答辯。
〔註38〕沈建華、曹錦炎：《新編甲骨文字形總表》，香港中文大學出版社 2001 年版。
〔註39〕陳煒湛：《關於殷墟甲骨文的兩個基本數字》，《中國文物報》2003 年 1 月 3 日。

的普遍認可呢？這個問題向無確論，一般認爲是 1500 個左右，也有人認爲 1000
左右的。近年王蘊智先生致力於甲骨文字形的研究，其《商代文字可釋字形
的初步整理》一文列字頭爲 1487 個。〔註40〕這應該是一個比較嚴謹的說法。

四、甲骨學研究的主要成績

百年來的甲骨文研究，大致可劃分爲四個階段：1899 年至 1927 年爲第一
階段，這是私人非科學發掘時期，學者們祇能就流散的甲骨作分散研究。1928
年至 1949 年爲第二階段，由中央研究院史語所主持對殷墟遺址進行了十五次
科學發掘，獲得有字甲骨二萬餘片。第三階段從 1950 年到 1966 年，由於科
學發掘材料的刊佈，甲骨文研究得以走向深入。第四階段從 1978 年至今，是
甲骨文研究飛速發展和取得突出成果的時期。如今甲骨學研究本身也已經成
爲一門國際顯學。

百年來，學者們從各個角度對甲骨文進行研究，其研究成果十分豐富。
概括而言，主要有以下幾方面：

首先是甲骨文原材料的搜集、整理和公佈，這是甲骨文研究的第一步。
1903 年劉鶚出版了《鐵雲藏龜》，這是第一部著錄甲骨材料的專書。其後羅振
玉、王國維、王襄、郭沫若、胡厚宣等及一批國外學者從事甲骨文的搜集整
理，使 1928 年科學發掘以前私人掘得的甲骨片，基本上被刊佈出來。從 1928
年開始，史語所把先後對殷墟十五次發掘的甲骨片，分別著錄《殷虛文字甲
編》、《殷虛文字乙編》和《殷虛文字乙編補遺》三部書中。1973 年在小屯南
地出土的甲骨，已收錄在《小屯南地甲骨》一書內。1982 年中華書局出齊了
由郭沫若任主編、胡厚宣任總編輯的《甲骨文合集》(共 13 冊)，收錄甲骨 41956
片。1999 年語文出版社出版的《甲骨文合集補編》，收錄《甲骨文合集》遺漏
和國外新近出版而未及收入的甲骨 13450 片。這兩部書的出版，就把 1999 年
以前出土的有重要內容的甲骨片基本上都公佈了出來。甲骨文資料的科學整
理，彙集刊佈，爲下個世紀的甲骨學研究提供了極大的方便。

其次是文字的考釋和漢字構造理論的建立。甲骨文字是迄今發現較爲成
熟的中國古文字，是漢字的源頭。第一，研究甲骨文首先要識字。在這方面，
孫詒讓、羅振玉、王國維、葉玉森、王襄、于省吾、唐蘭等先輩學者做出了

〔註40〕 王蘊智《商代文字可釋字形的初步整理》，《中國文字》新 25 期，藝文印書館
1999 年 12 月。

突出的貢獻，如羅振玉《殷虛書契考釋》（1915）、于省吾《甲骨文字釋林》（1979年）、唐蘭《殷虛文字記》（1981 年）等。由於對甲骨文字的考釋，新的漢字構造理論就打破傳統的「六書」說而建立起來。所謂「六書」即象形、指事、會意、形聲、假借、轉注，從東漢許慎以來的近兩千年中，一直被認爲是漢字構造的理論基礎。1934 年唐蘭在《古文字學導論》一書中，首先指出六書的局限，1949 年又在《中國文字學》中提出象形、象意、形聲的「三書」說。陳夢家在 1956 年出版的《殷虛卜辭綜述》中指出象形、象意實爲古之圖畫文字，他提出漢字構造應爲象形、假借、形聲的新「三書」說。裘錫圭在《古文字學概要》（1988 年出版）一書中，贊成陳夢家的「三書」說，同時指出「三書」不能概括全部漢字，五類文字即記號字、半記號字、變體表音字、合音字、兩聲字等不能納入「三書」之中，應特別另加注意。這樣，「三書」說的理論就由甲骨文字的考釋而建立起來，從而使古文字學成爲一門有規律可循的科學。第二，是甲骨文字的理論研究。姚孝遂《古漢字的形體結構及其發展階段》（《古文字研究》第 4 輯）、《再論古漢字的性質》（《古文字研究》第 17 輯），趙誠《甲骨文字的二重性與其構形關係》（《古文字研究》第 6 輯）、《甲骨文字學綱要》（商務印書館 1993 年版），李圃《甲骨文文字學》（1995 年，上海學林出版社）等，都是對甲骨文字理論的有益探究。甲骨文中有單字約 4000 個，百年來經學者考釋而能認識的約有 1500 個，其中有 500 個左右的字各家的解釋不一致。剩下未釋的 2500 字，多是人名、族名、地名等死文字，使用頻率極低，故對甲骨卜辭文句的理解影響不大；但是未識之字中有些也可能包涵有重要的社會歷史資訊，所以說繼續考釋文字，將是二十一世紀甲骨文研究的重要課題之一。

　　第三是甲骨文工具書的編纂。甲骨文工具書是儲存甲骨文材料的資訊彙集，它既是了解以前研究資訊的途徑，又是新研究工作的起點。甲骨文材料的公佈、文字考釋的進展，推動了工具書的編纂。甲骨文工具書的種類大致有五：其一，是關於甲骨字形的書。最早的是 1916 年羅振玉的《殷虛文字待問編》、1923 年商承祚的《殷虛文字編》、1933 年朱芳圃的《甲骨學文字編》，其後有孫海波的《甲骨文編》（1934 年）、金祥恒的《續甲骨文編》（1959 年）等。這類書多按《說文》部首分類，注意字型摹寫的準確，每字下附有出處及簡單的釋文。其二，是甲骨卜辭資料類編。此類書以字頭爲準，將該字所在的甲骨卜辭類集在該字下，以便檢索。王襄的《簠室殷契類纂》（1920 年）

開其端,其後有日本學者島邦男的《殷墟卜辭綜類》(1967 年)接踵其跡,至
姚孝遂、肖丁主編的《殷墟甲骨刻辭類纂》(1989 年)總其大成,爲學術界提
供了極爲方便的甲骨文字查閱工具。其三,是彙編各家對甲骨文字考釋的字
典性書。最主要的有李孝定編的《甲骨文字集釋》(1965 年)、徐中舒主編的
《甲骨文字典》(1988 年)、松丸道雄、高島謙一編纂的《甲骨文字字釋綜覽》
(1993 年),于省吾主編的《甲骨文字詁林》(1996 年)則是這類書籍的集大
成式的典型代表。其四,是有關甲骨卜辭內容的事類通檢。如曾毅公的《甲
骨地名通檢》(1939 年),彙編甲骨文中所見地名共九百一十九個。趙誠的《甲
骨文簡明詞典——卜辭分類讀本》(1988 年),也是對甲骨文進行分類的嘗試。
饒宗頤主編的《甲骨文通檢》分人名、地名、天文氣象、人物職官、田獵、
祭祀典禮、雜類等七類九個分冊,於 1992 年陸續出版。其五,是論著目錄索
引。如胡厚宣的《五十年甲骨學論著目》(1952 年)、濮茅左的《甲骨學與商
史論著目錄》(1991 年)等。宋鎮豪、常耀華編著的《百年甲骨學論著目》(1999
年),則是這類工具書的最新最全著作。以上五類工具書的編纂,收集了大量
的資訊,爲二十一世紀的甲骨學研究奠定了基礎。

圖 14-2　《甲骨文獻集成》書影

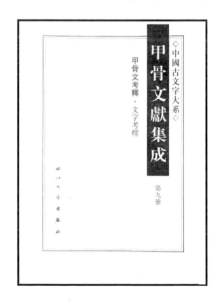

第四是甲骨文的分期斷代研究。殷墟甲骨文是盤庚遷殷至紂王亡國期間
的文字材料。經八代十二王,歷時二百七十三年。祇有將每片甲骨所屬的王

世劃分清楚，方能從甲骨文裏勾繪出商代社會的歷史面貌。甲骨片所屬的王世，早在甲骨文發現的初期，羅振玉、王國維、明義士以及郭沫若等就曾注意到。1933 年，董作賓出版了《甲骨文斷代研究例》，提出用世系、稱謂、貞人、坑位、方國、人物、事類、文法、書體等十個標準來確定每片甲骨的時代，並將所出甲骨劃分爲五個時期：即第一期，武丁及其以前；二期，祖庚祖甲；三期，廩辛康丁；四期，武乙文丁；五期，帝乙帝辛。後來胡厚宣也有四期說，陳夢家有九期之分，皆是對董氏分期法的調整補充。1979 年許進雄在《甲骨上的鑽鑿形態》一書中提出用鑽鑿形態來斷代，是對董氏十項標準的補充。通過這些標準，殷墟甲骨每片的時代大致可以置於各王之下。1976 年由殷墟婦好墓的發現，引發了對「歷組卜辭」時代是否提前的討論。李學勤將此組卜辭由董作賓的四期提前到武丁晚年到祖甲時期，並提出以甲骨文字體爲標準進行分組整理和殷墟甲骨的兩系說。甲骨學家如胡厚宣、李學勤等由甲骨分期而尋找武丁以前卜辭以及對帝乙帝辛卜辭的區分，皆是可貴的有益探索。甲骨文的分期分組研究的討論，方興未艾，仍將是未來甲骨學研究的學術前沿和研究熱點所在。

　　第五是利用甲骨文研究商代社會史。甲骨上的文字是商代留下來的第一手材料，未經後人篡改過，故十分珍貴。利用甲骨文資料研究商代社會史是研究甲骨文的重要目的。甲骨文發現以前，學術界由於受「古史辨」派的影響，商代在中國歷史上是否存在，不能肯定。夏代是否實有，就更難說了。甲骨文發現以後，王國維根據甲骨文中所見的商王名字於 1917 年寫出了著名的《殷卜辭中所見先公先王考》和《殷卜辭中所見先公先王續考》二文，大體排出了商代一個可靠世系，從而證明《史記‧殷本紀》等古籍中所載商史是可信的。而《史記‧夏本紀》所記夏代的世系由此也就不可輕易否定，這樣就把我國可信的歷史提前了近一千年。此後，郭沫若、胡厚宣等學者利用甲骨文資料對商代政治、經濟、文化、軍事、社會生活等方面的研究，都取得十分重大的成果，使我們今天已經能勾畫出商代社會的大體輪廓。

　　第六，甲骨學通論或總結性著作的撰寫和出版。隨著甲骨文研究的蓬勃發展，一批總結甲骨文研究的通論性著作相繼面世。如董作賓的《甲骨學五十年》（1956 年）、陳夢家的《殷虛卜辭綜述》（1956 年）、日本島邦男的《殷墟卜辭研究》（1967 年）、嚴一萍的《甲骨學》（1978 年）、張秉權的《甲骨文與甲骨學》（1978 年）、美國吉德煒的《商代史料——中國青銅時代的甲骨文》

（1978 年）、吳浩坤與潘悠合著的《中國甲骨學史》（1985 年）、陳煒湛《甲骨文簡論》（1987 年）、馬如森《殷墟甲骨文引論》（1993 年）、王宇信的《甲骨學通論》（1989 年）、王宇信、楊升南主編《甲骨學一百年》（1999 年）、王宇信《中國甲骨學》（2009 年）、王宇信《甲骨學導論》（2010 年）等。這些不同時期的著作，總結了前期學者的研究成果，對甲骨學家和重要的甲骨著作進行評價，分析了甲骨文研究中各個領域所取得的成就和存在的問題，為下一時期甲骨文的研究提出了主攻方向。一些以普通民眾為讀者對象的小冊子和學術性與趣味性相結合的甲骨學讀物，也如雨後春筍般地出現於神州大地。如王明閣《甲骨學初論》、孟世凱《殷墟甲骨文簡述》、蕭艾《甲骨文史話》、陳煒湛《古文字趣談》、《漢字古今談》、范毓周《甲骨文》、朱彥民《巫史重光》等書，普遍受到歡迎。

第二節　甲骨學未來前景的展望

一、百年甲骨學研究的思考

　　甲骨文是一種古老的文字，但甲骨學則是一門新興的學科。隨著多年來甲骨文字材料的不斷出土，不斷增多，收集、著錄條件逐漸科學化，通過國內外一大批頗有造詣的學者對文字的釋讀、卜辭文例的總結、分期斷代的探索、卜辭內容的社會歷史文化的考證與研究，以及學科本身體例的建立等等，甲骨學已成為一門有嚴密規律和許多重大研究課題的新興學科。

　　特別值得注意的是，甲骨學今後的發展一定要進一步以考古學為基礎。甲骨本身是一種考古遺物，考古學的理論和方法同樣適用於甲骨的研究。隨著考古學與現代科技的結合，甲骨的鑒定研究也會引進新的手段。

　　如果從學科劃分的角度來說，甲骨學屬於傳統的金石學範疇，但它又不完全等同於傳統的金石學。甲骨學是隨著我國現代考古學的建立而產生的。甲骨文與殷墟考古的關係密不可分，尤其是 1928 年以後的殷墟甲骨文是通過考古發掘出土的考古材料。殷墟考古發掘中的地層、坑位、同出器物等考古現象，又極大地促進和帶動了甲骨文的研究。因此我們說，甲骨學是隸屬於考古學的一門分支學科，並與語言文字學、歷史學等有著密切的關係。

　　以往甲骨學的研究儘管已有相當長的歷史，儘管目前甲骨學研究的學者

眾多，研究成果汗牛充棟，甲骨學研究體系已經非常完備，但是，甲骨學仍然是一塊剛剛開墾的處女地，荒蕪之處還很多，許多疑難問題還沒有得到解決。實際上，甲骨學上有許多的東西，甚至是基本的東西還沒弄清，有許多課題需要繼續深入地研究。也就是說，甲骨學上的許多奧妙還不曾抉發，用以探究古代歷史文化也大有可為。以為甲骨研究得差不多了的止步自畫的觀點，是不可取的。

對此，甲骨學家們頭腦非常地清醒。許多學者在憧憬甲骨學研究未來的發展時，都對甲骨學研究所面臨的問題進行冷靜的分析，認為甲骨學研究還有很多事情要做。如甲骨學家李學勤先生所說：「目前我們關於甲骨文的知識還很不夠。許多甲骨文字仍未釋出，文句不能讀懂，至於所反映的制度，我們不了解的更多。如裘錫圭最近所寫的《關於殷墟卜辭的命辭是否問句的考察》，便涉及幾乎全部甲骨文如何理解的問題。」〔註41〕

二、未來甲骨學研究前景的展望

在甲骨文發現一百年學術紀念之際，有許多學者對近百年甲骨學成績進行回顧，分門別類地介紹了近一個世紀以來甲骨學研究各個方面的成績，對學者的研究給予了中肯的評論，同時也對未來甲骨學的發展態勢和走向作了憧憬，對甲骨學發展的前景作了展望，認為21世紀的甲骨學，應屬於全面系統深入研究的階段，應著力探索文字的研究、卜法文例的研究、綴合排譜的研究、禮制的研究、地理的研究、非王卜辭的研究、西周甲骨的研究等七大課題，以期使這門國際性的學科得到更迅速的發展。

在此，綜合李學勤〔註42〕、朱鳳瀚〔註43〕、王宇信〔註44〕、范毓周〔註45〕等先生關於甲骨學研究的規劃，對未來甲骨學研究趨勢和方向作了幾個方面的設想：

〔註41〕 李學勤：《商代史和甲骨學研究展望》，《走出疑古時代》第 59 頁，遼寧大學
出版社 1997 年版。

〔註42〕 李學勤《甲骨學一百年的回顧與前瞻》，《文物》1998 年第 1 期；《甲骨學的七
個課題》，《歷史研究》1999 年第 5 期。

〔註43〕 朱鳳瀚：《近百年來的殷墟甲骨文研究》，《歷史研究》1997 年第 1 期。

〔註44〕 王宇信：《甲骨學研究一百年》，《殷都學刊》1999 年第 2 期。

〔註45〕 范毓周：《甲骨文研究的歷史、現狀與未來展望》，《史學月刊》1999 年第 1
期。

（一）繼續致力於甲骨文的字的考釋

甲骨的鑒定研究，由文字的辨識考釋開始。文字的釋讀，始終是甲骨文研究的中心內容和關鍵所在。甲骨文的文字識讀仍是比較薄弱的環節，甲骨文中還有大量未獲解讀的文字有待於學者們運用更加科學的方法進一步研究。得到釋讀並為大家所公認的不及一半，所以考釋文字仍是我們迫切的任務。今後甲骨文字識字問題仍然是需要學者再作努力的重要研究領域。甲骨文字研究要想繼續深入，識別一些長期未能解決的難字是首先要做的一件基礎性的工作。甲骨文中有些字，僅是人名、地名暫時不識還無關大局，但有些字經常出現，對於理解詞義很關鍵，如果長久不能釋讀或者不明確其字義，自然會影響到正確運用卜辭去研究史學問題。例如裘錫圭先生近年釋出賓組卜辭內的「皿」字，〔註 46〕不僅好多文句的難點渙然冰釋，還促進了月食記錄的順利推算。〔註 47〕有計劃地將這一類字選出釋讀，會對學科前進多所裨益。祇有通過搜集更齊備的資料，搞清某些難識的甲骨文字形的演變的綫索，尋找其與商周金文及戰國、秦漢文字字形上的聯繫，同時注意文例的比較與同文的比勘，聯繫具體辭例疏通其字義，纔有可能在文字考釋上有所進展。釋讀古文字，一般就是說明該字相當於後世的某字，這便要指出其間字形演變的聯繫，有時也涉及音和義的演變。不能說明這種聯繫，釋讀即缺乏可信的基礎。以往釋讀甲骨文字，總是從具體的卜辭裏某個字出發，尋找其與後世文字的關係。考慮到商代晚期文字已具備成熟的系統，今後不妨試以後世的文字為起點，追溯其在甲骨文中是否存在，如果存在又作何形體，揣想必能有不少收穫。

（二）加強甲骨卜辭的分類、斷代工作的科學性

甲骨卜辭發展的「兩系說」、歷組卜辭時代的提前等新見解是建立在對卜辭內涵深入分析基礎之上的，如果新說能更好地解決董氏五期分法不好解釋的一些現象，當然是可以用來改造舊說的。但目前甲骨卜辭的分類與斷代工作要更深入一步，還需增強科學性，要有科學的理論根據。例如新說欲成立，有以下幾方面問題需要繼續更好地解決：其一是分類的標準問題；其二是「兩系說」如何從史學角度作解釋；其三是歷組卜辭提前也有待於甲骨出土的地

〔註46〕裘錫圭：《釋殷虛卜辭中的"皿""盂"等字》，香港中文大學《第二屆國際中國古文字學研討會論文集》，1993 年。
〔註47〕張培瑜：《甲骨文日月食與商王武丁的年代》，《文物》1999 年第 3 期。

層根據作證明。

對於「兩系說」中的王系卜辭，以往的研究較多些。而對所謂「非王卜辭」，以往的研究顯得單薄。「非王卜辭」的概念是 50 年代由李學勤先生提出的。這個觀點曾有學者批評反對。〔註 48〕但是從後來一系列發現看，這一觀點仍是可以採取的。YH127 坑在賓組王卜辭之外，又有「子組」、「午組」、「𠂤組」等幾種「非王卜辭」，就表明了這樣的現象。1991 年，殷墟花園莊東地 H3 坑出土的大批甲骨，整版的不少，是「非王卜辭」的又一新例。

由於「非王卜辭」被區別出來較晚，所以過去的研究主要集中於「王卜辭」方面，沒有深入分析「非王卜辭」的性質和內容。仔細考察互不相同的各種「非王卜辭」，使我們能夠看到當時社會的更多側面。「非王卜辭」很多地方和常見的「王卜辭」不一樣，甚至文字的寫法、辭語的格式都富於變化，足以增進人們對當時文化面貌的認識。

（三）更好地利用甲骨文資料，深化對商代社會形態的認識

用甲骨文研究商史固然已取得許多收穫，但在有關商代社會形態及等級身份研究的一些重要問題上，仍存在較多分歧。這些分歧的造成，有的在於對具體卜辭字釋與辭義的理解不同。當然這種問題的解決一方面需要深入考察有關的關鍵字詞在商、西周時代使用的習慣並與相近同的文例相比勘；另一方面需要從卜辭以及時代相近的文獻語法角度來作論證，這其中當然也包括應本著什麼原則去處理史料與理論的關係的問題。更好地利用甲骨卜辭資料與其他多種考古與文獻資料相結合，在歷史唯物主義指導下，實事求是地闡明商代在特定的歷史背景與人文、地理環境下國家與階級社會的實況與特點，從而豐富我們對中國國家起源與其早期形態的認識，這不僅是對中國古史研究，也是對世界古代文明史研究極有意義的事情。如果在這個問題上我們的古史研究者能有共識，則在對殷墟卜辭中反映社會等級身份與經濟形態、國家形態的許多資料的解釋上，即能展開更為熱烈而又更富學術意義的討論，這樣纔能真正促進商史研究的深入。

在利用甲骨文資料研究商代歷史文化方面，也有許多需要解決的問題。例如，過去雖然已有很多學者對商代晚期的社會性質、階級關係、國家結構、土地制度等問題作過研究和討論，但所得結論目前還有不少問題，遠遠不能

〔註48〕李瑾：《殷周考古論著》，河南大學出版社 1992 年版，第 1～55 頁。

被視爲定論。此外，商代晚期的對外戰爭和軍事制度，以及與之相關的商代疆域、歷史地理等方面，目前的研究也還不夠充分，還需要進一步加強。

（四）加強對商代祭祀制度和禮儀制度的研究

有關祭祀制度的內容在殷墟甲骨文中佔了相當大的比例，作爲「國之大事」之一的祭祀，在當時人們的社會生活與精神生活中都占有相當重要的位置，自然應是甲骨文研究的一項重要課題。但是至今除了對周祭制度的研究已相當深入外，其他諸種祭祀制度的研究仍相當薄弱，尤其是諸種祭祀制度之間的體系關係沒有搞清，其間還有不少難點。這都是需要今後甲骨學者們作深入考察的重要問題。

甲骨文所反映禮制的分析研究，長期以來未能得到足夠重視。〔註 49〕我國夏商周三代，禮制一脈相承，對於其間損益沿革的關係，孔子曾歎息因文獻不足，「殷禮」不足徵。甲骨的出現，使佚亡無存的殷禮有了大量的材料依據。由禮制角度研究，可以爲解讀甲骨提供新的啓示。近期的殷墟甲骨分期研究，指出當時卜法存在兩個系統，卜官亦有左右之別。這使人聯想到上述《周禮・大卜》所云「大卜掌三兆之法，一曰玉兆，二曰瓦兆，三曰原兆」，被認爲是夏商周三代卜法，故商代應有兩種卜法並存。殷墟也有商末周人卜法的實例，如 1950 年四盤磨出土的卜骨、1980 年清理出的卜甲，足證所謂「三兆之法」並非子虛烏有。商周禮制的同異，自王國維撰《殷周制度論》以來，已成爲古代研究中的一大問題，需要更多的研究予以證實。

（五）在甲骨文研究中應積極採用新技術手段

利用電子計算機進行綴合甲骨碎片的試驗，異軍突起。隨著電子計算機進入到現代社會中來，1973 年國外開始有人嘗試利用電子計算機對甲骨碎片進行拼合。1974 年中國學者也開始進行這方面的試驗。根據童恩正等人的報告，他們對殷墟第三次發掘中大連坑出的 263 片與殷墟第四次發掘中 E16 坑中出土的 154 片甲骨按時代、字跡、骨版、碎片、卜辭、邊緣等特徵譯寫數據，編定程序，進行自動綴合試驗，其成功率雖僅達 40%左右，〔註 50〕但它畢竟開創了將現代技術應用於甲骨文研究的先例，是甲骨文研究通向現代化

〔註49〕 王宇信：《甲骨學通論》，李學勤序，中國社會科學出版社 1989 年版。
〔註50〕 童恩正、張陞楷、陳景春：《關於使用電子計算機綴合商代卜甲碎片的初步報告》，《考古》，1977 年第 3 期。

的可喜先聲。1987 年南京大學的「計算機甲骨文資訊處理系統」、1995 年香港中文大學的「甲骨文資料庫電腦檢索系統」和臺灣成功大學用電子計算機技術編製的「世界甲骨檢索全集」等科研項目的實施，將電子計算機技術運用於甲骨文研究，大大地提高研究的科學性與效率。此外，1996 年 5 月 16 日開始啓動的「夏商周斷代工程」將採用加速器質譜法（AMS）測定有年祀、稱謂和天象記錄的甲骨的年代。毫無疑問，將諸種高科技手段應用於甲骨文研究是今後甲骨文研究的新途徑。

再者，安陽殷墟還需要進一步進行帶有明確科學目的的發掘工作。同時，考古工作者還需要結合自己有的資料，把凡是經過科學發掘的甲骨文，依照出土坑位和共存文化遺物，整理爲成套的科學資料，以便海內外甲骨學者和考古學者共同合作，把目前的甲骨文研究提高到一個更高的水平上來。

總之，甲骨文研究有著極爲廣闊的發展前景，有一系列的重要課題有待學者進一步開掘研究與探討。可以預期，隨著甲骨文研究在各個分支領域不斷取得重要成就和重大突破，甲骨文研究必將會有一個飛躍性的發展。甲骨學作爲一門舉世矚目的國際性學科，必將吸引更多的中外學者投身到它的各個領域的研究中來，在不久的未來會有更加長足的進步。

附錄一　甲骨學大事記（1899～2010）

1899 年

　　王懿榮在北京第一個鑒定並開始購藏甲骨文。

　　與此同時，王襄與孟定生也在天津開始購藏甲骨文。

1900 年

　　秋，王懿榮以身殉國。

1901 年

　　端方、劉鶚等人開始搜集甲骨，甲骨文僞品開始出現。

1902 年

　　劉鶚購入王懿榮所藏甲骨。

　　羅振玉在劉鶚家始見甲骨文並爲之墨拓。

1903 年

　　第一部甲骨著錄書《鐵雲藏龜》出版。

　　美國長老會駐濰縣宣教士方法斂和英國浸禮會駐青州宣教士庫壽齡爲上海亞洲學會博物館購得甲骨 400 片。

1904 年

　　孫詒讓撰甲骨學史上第一部研究著作《契文舉例》。

　　多，小屯村民於村北朱姓地中大肆挖掘甲骨。

　　美國人方法斂及英國人庫壽齡、駐濰縣牧師柏爾根、英國人赫布金、德

國人威爾茨等在濰縣、青島等地搜購甲骨文。

1905 年

孫詒讓《名原》出版。

1906 年

羅振玉開始收集甲骨文資料。

1907 年

羅振玉研究甲骨文，已「漸能尋繹其義」，但「猶末及箋記」。(《殷虛書契》自序)

1908 年

羅振玉訪知甲骨文確切出土於河南安陽小屯村。

1909 年

春，小屯村張家地出土大批甲骨。

日本人林泰輔開始研究甲骨文，爲日本第一位研究甲骨文的學者。

7 月，劉鶚卒於迪化（即今烏魯木齊）。

1910 年

6 月，羅振玉《殷商貞卜文字考》出版，他考知河南安陽小屯村爲商朝「武乙之墟」。

1911 年

羅振玉派其弟羅振常等赴河南安陽小屯村收購甲骨文，所獲甚夥。《殷虛書契菁華》一書所收大骨四版即爲此次所得精品。

冬，羅振玉舉家赴日本。王國維同行。

1912 年

羅振玉在日本整理所藏甲骨文。

1913 年

羅振玉《殷虛書契》在日本出版。

1914 年

春天，英國駐安陽長老會牧師、加拿大人明義士開始在安陽小屯村收購甲骨。

10 月，羅振玉《殷虛書契菁華》出版。

1915 年

1 月，羅振玉《殷虛書契考釋》出版。

2 月，羅振玉《鐵雲藏龜之餘》出版。

3 月，羅振玉從日本回國，親至河南安陽踏訪殷墟遺址。

1916 年

4 月，羅振玉《殷虛書契後編》出版。

5 月，《殷虛古器物圖錄》出版。

6 月，《殷虛文字待問編》出版。

1917 年

3～7 月，王國維《殷卜辭中所見先公先王考》及《續考》等劃時代著作發表。

春，明義士《殷虛卜辭》出版。此書為西方學者所編第一部甲骨著錄書。

5 月，姬佛陀《戩壽堂所藏殷虛文字》（王國維編）及考釋（王國維作）出版。

8 月，孫詒讓《契文舉例》由吉金盦叢書石印出版。

1918 年

4 月，林泰輔來中國並至河南安陽小屯村考察，為踏訪殷墟的第一位日本甲骨學者。

1919 年

大批偽刻甲骨文出現，古董商詭稱是安陽新出甲骨文。董作賓少時老師時經訓購得偽品數百片，編入《河南地志》中，稱為「商簡」。

1920 年

華北大旱，小屯村民在村北大肆挖掘甲骨。

9 月，林義光《文源》由北京大學石印出版。

12 月，王襄《簠室殷契類纂》由天津博物院出版。

1921 年

6 月，柯昌濟《殷虛書契補釋》自刻出版。

7月，林泰輔《龜甲獸骨文字》出版，此書爲日本學者所編第一部甲骨著
錄書。

1922 年

北京達古齋主人霍保祿將所收藏甲骨 462 片捐贈給北京大學研究所國學
門。

1923 年

春，小屯村中張家菜地出土甲骨。

7月，商承祚《殷虛文字類編》出版。

12月，葉玉森《殷契鉤沉》出版。

1924 年

小屯村人築牆發現一坑甲骨，爲明義士購得。

7月，葉玉森《說契》及《研契枝譚》出版。

1925 年

小屯村人在村前路旁挖掘，得甲骨數筐·其大胛骨尺餘。這批甲骨多爲
上海古董商購得，後歸劉體智。

2月，陳邦懷《殷虛書契考釋小箋》石印出版。

5月，葉玉森《鐵雲藏龜拾遺》由五鳳硯齋影印出版。

8月，王國維《古史新證》由清華研究院出版。

9月，王襄《簠室殷契徵文》由天津博物院石印出版。

1926 年

3月，小屯村民在村中張學獻家菜地挖得大批甲骨，後爲明義士購得。

4月，余永梁《殷虛文字考》發表於清華研究院《國學論叢》第一卷第一
號。

1927 年

5月3日上午，王國維自沉於北京頤和園昆明湖。

1928 年

春，北伐軍作戰安陽。戰事結束後，小屯村民在村前路旁及麥場前樹林
中大規模挖掘甲骨所得甲骨多賣給上海、開封古董商。

2月，郭沫若《卜辭中之古代社會》發表。

6 月，陳邦福《殷虛靁契考》出版。

7 月，陳邦福《殷虛甄微》出版。

胡光煒《甲骨文例》出版。

8 月，中央研究院歷史語言研究所派董作賓赴河南省安陽小屯村，調查甲骨出土情形。

10 月，中央研究院歷史語言研究所派董作賓主持安陽小屯村科學發掘甲骨文工作。此為中國考古學史上著名的 15 次大規模科學發掘殷墟之始。此次發掘甲骨 854 片。

12 月，董作賓《新獲卜辭寫本》發表。

中央研究院歷史語言研究所李濟、董作賓再次赴安陽調查。

1929 年

3～5 月，第 2 次科學發掘殷墟工作開始，出土有字甲骨 740 片。

8 月，董作賓《商代龜卜之推測》發表。

9 月，王襄《簠室殷契徵文》增訂本由天津博物院石印出版。

10～12 月，第 3 次科學發掘殷墟工作開始，出土有字甲骨 3012 片，出有人龜四版、牛頭刻辭一個、鹿頭刻辭一個。

何日章代表河南省博物館發掘殷墟兩月餘，也得到許多甲骨。

12 月，中央研究院歷史語言研究所創刊《安陽發掘報告》，專門發表殷墟遺址考古發掘的相關材料和研究文章。四期之後，被《田野考古報告》和《中國考古學報》代替。

1930 年

3～4 月，何日章代表河南省博物館再赴安陽殷墟發掘，先後又兩次開工，兩次所得有字甲骨 3656 片。

5 月，郭沫若《中國古代社會研究》由上海聯合書店出版。

該年，董作賓發表《獲白麟解》於《安陽發掘報告》第二輯。

傅斯年為了解決與河南地方關於發掘殷墟的矛盾，親赴河南開封協調此事。

1931 年

3～5 月，第 4 次科學發掘殷墟工作開始，出土有字甲骨 782 片，鹿骨刻辭一片，小屯村東南後岡出土甲骨一片。

5 月，郭沫若《甲骨文字研究》由上海大東書局出版。

6 月，董作賓《大龜四版考釋》發表。

8 月，關百益編《殷虛文字存眞》剪貼拓本八集。

11～12 月，第 5 次科學發掘殷墟工作開始，出土有字甲骨 381 片。

1932 年

4～5 月，第 6 次科學發掘殷墟工作開始，出土有字牛肩胛骨一片。

8 月，郭沫若《金文叢考》由日本文求堂出版。

10～12 月，第 7 次科學發掘殷墟工作開始，出土有字甲骨 29 片。

1933 年

1 月，董作賓《甲骨文斷代研究例》發表於《中央研究院歷史語言研究所
　　集刊》外編第一種《慶祝蔡元培先生六十五歲論文集》，此文爲甲
　　骨學史上劃時代名作。

4 月，商承祚《福氏所藏甲骨文字》出版。

5 月，郭沫若《卜辭通纂》在日本文求堂出版。

9 月，羅振玉《殷虛書契續編》出版。

10 月，葉玉森《殷虛書契前編集釋》出版。

　　　商承祚《殷契佚存》出版。

10～12 月，第 8 次科學發掘殷墟工作開始，出土有字甲骨 258 片。

11 月，陳晉《龜甲文字概論》由上海中華書局出版。

12 月，朱芳圃《甲骨學文字編》由商務印書館出版。

同月，郭沫若《殷契餘論》出版。

　　　徐協貞《殷契通釋》由北平文楷齋出版。

　　　該年，明義士《甲骨研究初編》由齊魯大學講義本石印出版。

1934 年

3～6 月，第 9 次科學發掘殷墟工作開始，在小屯村中出土有字甲骨 441
　　片，在侯家莊南地出土甲骨 16 片。

9 月，周傳儒《甲骨文字與殷商制度》由開明書店出版。

10～12 月，第 10 次科學發掘殷墟工作開始，在侯家莊西北岡發掘商代王
　　陵，未出土甲骨文。

10 月，孫海波《甲骨文編》由哈佛燕京學社出版。

　　　　唐蘭《殷虛文字記》由北京大學講義石印出版。

本年，葉玉森逝世。

1935 年

　　2 月，黃濬《鄴中片羽》初集二卷由北平尊古齋出版。

　　　　金祖同《郭齋所藏甲骨拓本》與《殷虛卜辭講話》合爲一冊由上海中國書店出版。

　　　　朱芳圃《甲骨學商史編》由上海中華書局出版。

　　3～6 月，第 11 次科學發掘殷墟工作開始，在侯家莊西北岡發掘商代王陵，未發現甲骨文字。

　　7 月，董作賓《骨文例》發表。

　　9～12 月，第 12 次科學發掘殷墟工作開始，仍在西北岡發掘王陵，未發現甲骨。

　　11 月，邵子楓《甲骨書錄題解》附《甲骨論义題解》由商務印書館出版。

　　該年，方法斂、白瑞華《庫方二氏藏甲骨卜辭》由上海商務印書館出版。

　　明義士《柏根氏舊藏甲骨文字》由齊魯大學國學研究所出版。

　　白瑞華《殷虛甲骨相片》由美國紐約出版。

　　布那柯夫《安陽龜甲獸骨》由蘇聯研究院莫爾語言思想研究所出版。

1936 年

　　3～6 月，第 13 次科學發掘殷墟工作開始，在村中發現有字甲骨 17804片，YH127 坑發現有字甲骨 17096 片，屬於科學發掘殷墟以來的重大甲骨文發現。

　　9～12 月，第 14 次科學發掘殷墟工作開始出土有字甲骨 2 片。

1937 年

　　3～6 月，第 15 次科學發掘殷墟工作開始，在小屯村中出土有字甲骨 555片。

　　4 月，董作賓、胡厚宣《甲骨年表》由商務印書館出版。

　　5 月，郭沫若《殷契粹編》由日本東京文求堂出版。

　　7 月，徐英《甲骨文字理惑》由安徽大學出版。

　　8 月，黃濬《鄴中片羽》第二集第二冊由北京尊古齋出版。

　　　　該年，衛聚賢《中國考古學史》由商務印書館出版。

1938 年

　　1 月，孫海波《甲骨文錄》由河南通志館出版。

　　當年，美國方法斂摹、白瑞華校《甲骨卜辭七集》在紐約出版。

1939 年

　　4 月，唐蘭《天壤閣甲骨文存》由北京輔仁大學出版。

　　5 月，金祖同《殷契遺珠》由上海中法文化出版委員會出版。

　　　　　李旦丘《鐵雲藏龜零拾》由上海中法文化出版委員會出版。

　　　　　黃濬《鄴中片羽》第三集二卷由北平尊古齋出版。

　　11 月，曾毅公《甲骨綴存》、《殷虛書契續編校記》、《甲骨地名通檢》，均
　　　　　 由齊魯大學國學研究所出版。

1940 年

　　2 月，孫海波《誠齋殷虛文字》由北京修文堂出版。

　　5 月，著名甲骨學家「甲骨四堂」之首羅振玉病逝於旅順。

　　8 月，李孝定《中央大學所藏甲骨文字》出版。

　　　　　于省吾《雙劍誃古器物圖錄》由北京函雅堂出版。

　　10 月，于省吾《雙劍誃殷契駢枝》初編由北京大業書店出版。

　　　　　 日本梅原末治《河南安陽遺寶》出版。

1941 年

　　1 月，李旦丘《殷契摭佚》由北京來薰閣書店出版。

　　4 月，于省吾《雙劍誃殷契駢枝續編》由北京大業書店出版。

1942 年

　　2 月，丁樹聲、胡厚宣《甲骨文四方風名補正》發表於《責善》半月刊第
　　　　　 二卷第二十二期。

　　8 月，董作賓《殷代的羌與蜀》發表於《說文月刊》第三卷第七期。

　　　　　郭沫若《甲骨文辯證序》發表於《說文月刊》第二卷合訂本。

　　9 月，張政烺《六書古義》發表於《中央研究院歷史語言研究所集刊》
　　　　　 第十本第一分冊。

1943 年

　　5 月，于省吾《雙劍誃殷契駢枝三編》由北京大業印刷書局出版。

1944 年

3 月，胡厚宣《甲骨學商史論叢》初集（一、二、三、四冊）由成都齊魯
大學國學研究所出版。

梅原末治《河南安陽遺物之研究》由日本京都出版。

1945 年

4 月，董作賓《殷曆譜》由中央研究院歷史語言研究所出版。

同月，胡厚宣《甲骨學商史論叢》二集（二冊）由成都齊魯大學國
學研究所出版。

7 月，胡厚宣《甲骨六錄》出版，收入《甲骨學商史論叢》三集，由成都
齊魯大學國學研究所出版。

該年，懷履光《骨的文化》摹本一冊由加拿大多倫多大學出版社出版。

1946 年

7 月，胡厚宣《戰後平津新獲甲骨集》出版，收入《甲骨學商史論叢》四
集，由成都齊魯大學國學研究所出版。

1947 年

2 月，朱芳圃《殷卜辭中所見先公先王三續考》發表於《新中華》復刊第
五卷第四期。

3 月，石璋如《殷墟最近之重要發現，附論小屯地層》發表於《田野考古
報告》第二冊。

9 月，胡厚宣《卜辭同文例》發表於《中央研究院歷史語言研究所集刊》
第七本第一冊。

1948 年

1 月，金祖同《龜卜》綫裝一冊由上海溫故知新書店出版。

4 月，董作賓《殷虛文字甲編》精裝一冊由商務印書館出版。

10 月，董作賓《殷虛文字乙編》（上輯）一冊由商務印書館出版。

1949 年

3 月，董作賓《殷虛文字乙編》上、中輯由商務印書館出版。

5 月，吳澤《中國歷史大系——古代史》由棠棣出版社出版。

12 月，《中國考古學報》第四冊出版。

1950 年

春，中國科學院考古研究所恢復中斷多年的殷墟科學發掘工作，此後歷年不斷。在四盤磨發掘時於墓中出土習刻牛肩胛骨一片。

6 月，曾毅公《甲骨綴合編》由北京修文堂書店出版。

9 月，李亞農《殷契摭佚續編》由商務印書館出版。

同年，《文物參考資料》創刊（1959 年改名為《文物》）。

1951 年

3 月，胡厚宣《五十年甲骨文發現的總結》由商務印書館出版。

4 月，胡厚宣《戰後寧滬新獲甲骨集》由上海來薰閣書店出版。

10 月，日本《甲骨學》雜誌第一號出版，是為國外第一家專門發表甲骨學論著的刊物。

11 月，胡厚宣《戰後南北所見甲骨錄》由上海來薰閣書店出版。

是年，《中國考古學報》復刊（後改名《考古學報》）。

1952 年

1 月，胡厚宣《五十年甲骨學論著目》由中華書局出版。

5 月，貝塚茂樹《中國的古代國家》由東京弘文堂書店出版。

6 月，郭沫若《奴隸制時代》由新文藝出版社出版。

10 月，日本《甲骨學》第二號出版。

當年秋，考古工作者在河南省鄭州市二里岡遺址發掘出無字占卜甲骨 386 版。

1953 年

1 月，郭若愚《殷契拾掇二編》由來薰閣出版。

3 月，日本貝塚茂樹、伊藤道治《甲骨文斷代研究法的再檢討》發表。

4 月，考古工作者在河南省鄭州市二里岡遺址發掘出三百多版占卜甲骨，其中一片牛肋骨上有習刻文字。

10 月，管燮初《殷虛甲骨刻辭的語法研究》由中國科學院出版。

12 月，董作賓《殷虛文字乙編》下輯由臺灣藝文印書館出版。

1954 年

3 月，胡厚宣《戰後京津新獲甲骨集》由群聯出版社出版。

魯實先《殷曆譜糾譑》由臺灣中央書局出版。

5 月，楊樹達《積微居甲文說‧卜辭瑣記》由科學出版社出版。

6 月，李亞農《中國的封建制與奴隸制》由上海人民出版社出版。

7 月，屈萬里《中國歷史地理——殷國篇》由臺灣中華文化出版事業委
員會出版。

10 月，日本《甲骨學》第三號出版。

11 月，楊樹達《耐林廎甲文說‧卜辭求義》由科學出版社出版。
山西省文物管理委員會考古工作隊在洪趙縣坊堆村出土兩片有字
西周甲骨。

1955 年

1 月，《考古通訊》創刊（自 1959 年改名《考古》）。

4 月，郭若愚、曾毅公、李學勤《殷墟文字綴合》由科學出版社出版。

5 月，胡厚宣《殷墟發掘》由生活學習出版社出版。

6 月，李亞農《殷代社會生活》由上海人民出版社出版。

7 月，董作賓《甲骨學五十年》出版。

10 月，嚴一萍《續殷曆譜》由臺灣藝文印書館出版。

12 月，胡厚宣《甲骨續存》出版。
饒宗頤《巴黎所見甲骨錄》由香港大學出版社出版。

當年秋，河南省鄭州市發現商代城址。

當年秋，河南省文物工作隊在殷墟小屯村進行考古發掘，出土有字甲骨
一片。

1956 年

1 月，中國科學院考古研究所在陝西長安縣張家坡西周遺址中發掘到一
片刻有數目字的卜骨。

4 月，陝西長安縣灃河西岸西周遺址進行大規模科學發掘工作，發現有
字西周甲骨。

6 月，饒宗頤《日本所見甲骨錄》由香港大學出版社出版。

7 月，陳夢家《殷虛卜辭綜述》由科學出版社出版。
董作賓、嚴一萍《殷虛文字外編》由臺灣藝文印書館出版。

9 月，丁山《甲骨文所見氏族及其制度》由科學出版社出版。

10 月，日本《甲骨學》第四、五號合刊出版。

12 月，周谷城《古史零證》出版。

　　　董作賓《卜辭之時代區分》由香港大學出版社出版。

該年中國科學院歷史研究所第一、第二所上報《甲骨文合集》（當時稱《甲骨文字全集》和《甲骨文資料彙編》），被中國科學院列入正式計劃綱要。

1957 年

3 月，甲骨學家明義士逝世。

8 月，張秉權《殷虛文字丙編》上輯一出版（全書共上、中、下三輯六冊，至 1992 年出齊）。

12 月，貝塚茂樹《古代殷帝國》由日本京都**みすず**書房出版。

　　　饒宗頤《海外甲骨錄遺》刊於香港《東方研究》第一、二期。

1958 年

3 月，日本《甲骨學》第六號出版。

7 月，日本島邦男《殷墟卜辭研究》出版。

9 月，嚴一萍《中國書畫·殷商篇》由臺灣藝文印書館出版。

10 月，許順湛《商代社會經濟基礎初探》由河南人民出版社出版。

11 月，周鴻翔《商殷帝王本紀》出版。

該年，中國科學院歷史研究所一所大型科研項目——郭沫若主編《甲骨文合集》編輯組成立，胡厚宣任組長。

1959 年

1 月，李學勤《殷代地理簡論》由科學出版社出版。

2 月，梁東漢《漢字的結構及其流變》由上海教育出版社出版。

3 月，日本貝塚茂樹《京都大學人文科學研究所藏甲骨文字》圖版篇由日本京都同朋社出版。

　　　日本《甲骨學》第七號出版。

9 月，陳邦懷《甲骨文零拾》由天津人民出版社出版。

　　　陳邦懷《殷代社會史料徵存》由天津人民出版社出版。

10 月，張秉權《殷虛文字丙編》上輯二冊由中央研究院歷史語言研究所出版。

　　　金祥**恒**《續甲骨文編》由臺灣藝文印書館出版。

11 月，董作賓《國立歷史博物館所藏甲骨文字》刊於臺灣《教育與文化》

第 223、224 期。

饒宗頤《殷代貞卜人物通考》出版。

是年，石璋如《建築遺存》（小屯乙編：遺址的發現與發掘）出版。

該年郭沫若主編《甲骨文合集》綴合工作開始，其他編纂籌備工作繼續進行。

當年秋，在安陽北郊大司空村考古發掘出土占卜甲骨數十片，有字甲骨二片。

中國科學院考古研究所在殷墟所在的安陽小屯村設立「殷墟工作站」，並建立「殷墟出土文物陳列室」。

1960 年

1 月，董作賓《中國年曆總譜》上、下出版。

3 月，丁山《商周史料考證》由上海龍門出版社出版。

日本貝塚茂樹《京都大學人文科學研究所藏甲骨文字》本文篇出版。

日本《甲骨學》第八號出版。

10 月，河南偃師二里頭遺址發現大面積夯土建築遺存。

同月，臺灣《中國文字》雜誌創刊。

中央研究院歷史語言研究所《慶祝董作賓六十五歲論文集》上冊出版。

該年郭沫若主編《甲骨文合集》籌備工作繼續進行，開始在北京和周邊城市了解和搜集資料。

1961 年

2 月，丁山《中國古代宗教與神話考》由上海龍門聯合書店出版。

4 月，郭沫若主編《甲骨文合集》校對、選拓工作由中國科學院歷史研究所先秦史研究室《甲骨文合集》編輯組全面展開。

8 月，日本《甲骨學》第九號出版。

11 月，屈萬里《殷虛文字甲編考釋》作為《慶祝董作賓先生六十五歲論文集》下冊由中央研究院歷史語言研究所出版。

12 月，《新中國考古收穫》由文物出版社出版。

1962 年

4 月，張秉權《殷虛文字丙編》中輯第一冊由中央研究院歷史語言研究

所出版。

10 月，梁思永、高去尋《第一○○一號大墓》出版。

11 月，朱芳圃《殷周文字釋叢》由中華書局出版。

12 月，美國錢存訓《書於竹帛──中國書契的起源》由芝加哥大學出版
社出版。

1963 年

3 月，唐蘭《古文字學導論》由臺灣商務印書館出版。

7 月，郭寶鈞《中國青銅器時代》由三聯書店出版。
日本《甲骨學》第十號出版。

8 月，日本白川靜《殷‧甲骨文集》出版。

11 月，甲骨學一代宗師董作賓逝世。

1964 年

10 月，陳夢家《殷虛卜辭綜述》在日本東京大安書店影印出版。

12 月，日本池田末利《殷虛書契後編釋文稿》由廣島創元社出版。

1965 年

1 月，梅原末治《殷墟》由日本朝日新聞社出版。

4 月，張秉權《殷虛文字丙編》中輯第二冊由中央研究院歷史語言研究
所出版。

5 月，郭沫若《殷契粹編》由科學出版社重印出版。

6 月，董作賓《甲骨學六十年》由臺灣藝文印書館出版。
同月，李孝定《甲骨文字集釋》出版。

7 月，梁思永、高去尋《第一○○二號大墓》出版。

9 月，中國科學院考古研究所編輯《甲骨文編》（以孫海波原本爲基礎修
訂）由中華書局出版。

1966 年

4 月，梁思永、高去尋《第一○○三號大墓》出版。

5 月，因文化大革命興起，由中國科學院歷史研究所先秦史研究室具體編
輯、郭沫若主編的《甲骨文合集》工作中斷。

6 月，嚴一萍《方法斂摹甲骨卜辭三種》由臺灣藝文印書館出版。

9 月，古文字學家陳夢家逝世。

1967 年

　　5 月，貝塚茂樹主編《古代殷帝國》重印。

　　6 月，張秉權《冬飲廬舊藏甲骨文字》發表於《中央研究院歷史語言研究
　　　　所集刊》第三十七本下冊。

　　7 月，伊藤道治《古代殷王朝之謎》由日本東京角川書店出版。

　　11 月，日本島邦男《殷墟卜辭綜類》由日本東京汲古書院出版。

　　12 月，張秉權《殷虛文字丙編》附考釋下輯第一冊由中央研究院歷史語
　　　　言研究所出版。

1968 年

　　1 月，伊藤道治《大原美術館藏甲骨文字考釋》發表於《倉敷考古館研究
　　　　集報》第四號。

　　3 月，貝塚茂樹《京都大學人文科學研究所藏甲骨文字》（索引）由京都
　　　　大學人文科學研究所出版。

　　6 月，許進雄《殷卜辭中五種祭祀的研究》出版。
　　　　李棪《聯合書院圖書館新獲束崀鄧氏甲骨簡介》發表於香港《聯合
　　　　書院學報》第七期。

　　7 月，梁思永、高去尋《第一二一七號大墓》出版。

　　10 月，《中央研究院歷史語言研究所集刊》第四十本上冊收入多篇甲骨文
　　　　考釋論文。

1969 年

　　7 月，日本白川靜《說文新義》開始陸續出版。

　　是年，周鴻翔《卜辭對貞述例》由香港萬有書局出版。

1970 年

　　3 月，梁思永、高去尋《第一〇〇四號大墓》由中央研究院歷史語言研究
　　　　所出版。

　　4 月，日本白川靜《漢字》由岩波書店出版。

　　是年，石璋如、高去尋《殷墟墓葬之一》（小屯丙編：遺址的發現與發掘）
　　出版。殷墟墓葬之一至五（北組墓葬、中組墓葬、南組墓葬、乙區基址
　　上下的墓葬、丙組墓葬上、下）分別於 1970 年、1972 年、1973 年、1976
　　年、1980 年出版。

1971 年

　　3 月，島邦男《五行思想和禮記月令之研究》由東京汲古書院出版。

　　　　伊藤道治《藤井有鄰館所藏甲骨文字》由《東方學報》42 冊發表，
　　　　京都大學人文科學研究所出版

　　4 月，馬薇頒《薇頒甲骨文原》上下卷由臺灣藝文印書館出版。

　　　　嚴一萍重印《燕京大學所藏甲骨卜辭》由臺灣藝文印書館出版。

　　5 月，貝塚茂樹《中國的神話》由日本東京築摩書房出版。

　　7 月，島邦男《殷墟卜辭綜類》修訂版由日本東京汲古書院出版。

　　9 月，馬宗薌《甲骨地名通檢》由臺灣文海出版社出版。

　　12 月，中國科學院考古研究所安陽工作隊在小屯西地發現牛胛骨卜骨 20
　　　　版，有文字的 10 版。

1972 年

　　1 月，郭沫若《安陽新出土的牛肩胛骨及其刻辭》發表於《考古》第二
　　　　期。

　　　　伊藤道治《檜桓元吉氏藏甲骨文字》由神戶大學文學部紀要發表。

　　2 月，日本白川靜《甲骨文的世界——古代殷王朝的構造》由東京平凡社
　　　　出版。

　　3 月，許進雄編《殷虛卜辭後編》由臺灣藝文印書館出版。

　　7 月，嚴一萍重印《鄴中片羽甲骨編》由臺灣藝文印書館出版。

　　同年，許進雄編《明義士收藏甲骨文集》出版。

　　張秉權《殷虛文字丙編》下輯第二冊由中央研究院歷史語言研究所出版。

　　李達良《龜版文例研究》出版。

1973 年

　　1 月，嚴一萍《美國納爾遜美術博物館藏甲骨卜辭考釋》由臺灣藝文印書
　　　　館出版。

　　3 月，中國科學院考古研所安陽工作隊在安陽小屯南地發現甲骨 7150 餘
　　　　片，其中有字甲骨 4829 片，爲解放後出土最多的一批。

　　8 月，許進雄《卜骨上的鑽鑿形態》由臺灣藝文印書館出版。

　　11 月，河北藁城臺西商代遺址發現一把鐵刃銅鉞。

　　12 月，日本白川靜《甲骨金文學論集》出版。

1974 年

2 月，董作賓《中國年曆總譜》由臺灣藝文印書館再版。

5 月，許進雄《骨卜技術與卜辭斷代》作爲加拿大多倫多大學哲學博士論文發表。

10 月，美國門羅《禮節和適應——商代占卜初探》由美國安亞伯出版。

12 月，嚴一萍合編《殷契遺珠新編》由臺灣藝文印書館出版。

是年，梁思永、高去尋《第一五○○號大墓》出版。

1975 年

1 月，中國科學院考古研究所安陽工作隊《一九七三年小屯南地發掘報告》發表於《考古》第一期。

3 月，北京市文物工作隊在北京昌平縣白浮村西周墓出土有字甲骨 4 片。
伊藤道治《中國古代王朝的形成——以出土資料爲中心的殷周史的研究》由東京創文社出版。

6 月，嚴一萍《甲骨綴合新編》由臺灣藝文印書館出版。

7 月，嚴一萍重印《鐵雲藏龜新編》由臺灣藝文印書館出版。

12 月，嚴一萍《甲骨集成》第一集第一冊由臺灣藝文印書館出版。

1976 年

1 月，白川靜《漢字的世界——中國文化的原點》二冊由東京平凡社出版。

4 月，李實《由甲骨文詮證三代科技財經與管理》由臺灣藝文印書館出版。

5 月，周鴻翔《美國所藏甲骨錄》由加利福尼亞大學出版社出版。

6 月，嚴一萍《甲骨古文字研究》第一輯由臺灣藝文印書館出版。
日本《甲骨學》第十一號出版。

7 月，河南安陽殷墟發現「婦好墓」，出土大批銅器、玉器等珍貴文物。

12 月，衛聚賢《堯舜禹出現於甲骨文考》由臺灣藝文印書館出版。

是年，梁思永、高去尋《第一五五○號大墓》出版。

1977 年

3 月，日本赤塚忠《中國古代的宗教與文化——殷王朝的祭祀》由角川書店出版。

4 月，陝西岐山縣京當公社鳳雛村宮殿基址西廂二號房內窖穴出土西周甲骨 1.7 萬多片，有字甲骨 300 餘片。

7 月，中國社會科學院考古研究所與中國歷史博物館聯合召開關於殷墟五號墓（即婦好墓）的座談會。

9 月，白川靜《甲骨文的世界——古殷王朝的構造》由蔡哲茂、溫天河中譯，臺灣巨流圖書公司出版。

10 月，伊藤道治《日本所見甲骨錄》（附於重印《卜辭通纂》之後）由日本京都朋友書店出版。

11 月，李學勤發表《論「婦好」墓的年代及有關問題》一文，提出「歷組」卜辭時代的爭論。

同月，《董作賓全集》甲、乙編共 12 冊出版。此書是甲骨學史上的重要文獻。

是年，李濟《安陽》（英文版）出版。

1978 年

2 月，嚴一萍《甲骨學》上、下冊由臺灣藝文印書館出版。

3 月，嚴一萍《柏根氏舊藏甲骨文字考釋》由臺灣藝文印書館出版。

6 月，甲骨學一代宗師郭沫若逝世。

10 月，中國古文字學術研討會在長春市舉行，中國古文字學術研究會成立。

美國吉德煒《商代史料——中國青銅時代的甲骨文》出版。

嚴一萍《殷虛書契續編研究》上下冊由臺灣藝文印書館出版。

該年 10 月、12 月，郭沫若主編、胡厚宣總編輯《甲骨文合集》第二冊和第三冊由中華書局出版。全書共 13 冊，至 1982 年出齊，是甲骨學史上里程碑式的著作。

1979 年

1 月，古文字學家唐蘭逝世。

3 月，渡邊兼庸《東洋文庫所藏甲骨文字》由日本東洋文庫古代史研究會出版。

4 月，貝塚茂樹《中國古代再發現》由日本岩波書店出版。

6 月，于省吾《甲骨文字釋林》由中華書局出版。

7 月，松丸道雄《謝氏瓠廬殷墟遺文》由日本東京汲古書院出版。

王獻堂《古文字中所見的火燭》由齊魯書社出版。

8 月，《古文字研究》創刊。

10 月，《文物》開始公佈陝西岐山鳳雛出土有字西周甲骨。

11 月，中國古文字學術研究會第二屆年會在廣州舉行。

12 月，許進雄《懷特氏等收藏甲骨文集》由加拿大多倫多皇家安大略博物館出版。

冬，陝西周原考古隊在陝西扶風黃推鄉齊家村發現有字西周甲骨 5 片。

是年，著雜卜等。這是對科學名考古學家李濟逝世。

本年 8 月、10 月、12 月，郭沫若主編《甲骨文合集》第四冊、第五冊、第六冊由中華書局出版。

1980 年

8 月，郭沫若主編《甲骨文合集》第七冊由中華書局出版。

日本《甲骨學》第十二號出版。

松丸道雄《日本散見甲骨文字蒐彙》（一至六）發表於日本《甲骨學》第十一號（自 1959 年 3 月起陸續刊登，至本年刊畢）。

9 月，中國古文字學術研究會第三屆年會於山西太原召開。

嚴一萍《北京大學研究所國學門所藏甲骨文字考釋》一冊、《殷墟第一次發掘所得甲骨考釋》一冊均由臺灣藝文印書館出版。

10 月，中國社會科學院考古研究所編《小屯南地甲骨》上冊一、二本及附錄由中華書局出版。

11 月，孟世凱《殷墟甲骨文簡述》由文物出版社出版。

許進雄《明義士收藏甲骨釋文篇》發表於日本《甲骨學》第七至十二號。

12 月，嚴一萍重印《戩壽堂所藏殷虛文字考釋》一冊由臺灣藝文印書館出版。

貝塚茂樹、伊藤道治《內藤湖南先生舊藏甲骨文字》一冊由京都同朋社出版。

1981 年

3 月，王宇信《建國以來甲骨文研究》由中國社會科學出版社出版。

5 月，唐蘭《殷虛文字記》增訂本由中華書局出版。

9 月，中國古文字學術研究會第四屆年會於四川成都召開。

同月，《文物》公佈陝西扶風齊家出土有字西周甲骨。

1982 年

5 月，陳全方《陝西岐山鳳雛村西周甲骨文概論》全部公佈了有字西周甲骨 289 片，促進了西周甲骨的深入研究。

9 月，商文明國際討論會在美國夏威夷召開。

是月，石璋如《殷虛文字甲編的五種分析》發表，公佈了《甲編》所收甲骨的坑位。

《郭沫若全集》（考古編）、《甲骨文字研究》、《卜辭通纂》均由科學出版社出版。

12 月，郭沫若主編《甲骨文合集》第十三冊由中華書局出版，至此《甲骨文合集》圖版十三冊全部出齊。

1983 年

3 月，日本松丸道雄《東京大學東洋文化研究所藏甲骨文字》圖版篇出版。

同月，古文字學家容庚逝世。

同月，《甲骨文與殷商史》出版。

7 月，著名考古學家尹達逝世。

9 月，美國張光直《中國青銅時代》由三聯書店出版。

同月，國際中國古文字研討會在香港召開。

10 月，中國社會科學院考古研究所編《小屯南地甲骨》下冊一、二、三本由中華書局出版。

1984 年

4 月，王宇信《西周甲骨探論》出版。

5 月，中國社會科學院考古研究所編著《新中國的考古發現與研究》由文物出版社出版。

7 月，古文字學家于省吾逝世。

8 月，中國古文字學術研究會第五屆年會於陝西西安召開。

嚴一萍《商周甲骨文總集》（影印本共 16 冊）由臺灣藝文印書館出版。

10 月，全國商史學術討論會於河南安陽召開。

　　同月，《殷都學刊》公開發行，闢有《殷商文化研究》專欄。

1985 年

1 月，武漢大學將甲骨文輸入電子計算機。

6 月，著名考古學家夏鼐逝世。

　　同月，《出土文獻研究》出版。

8 月，姚孝遂、肖丁《小屯南地甲骨考釋》出版。

9 月，李民《夏商史探索》出版。

　　李學勤、齊文心、艾蘭《英國所藏甲骨集》（上編）由中華書局出版。

10 月，楊育彬《河南考古》出版。

12 月，吳浩坤、潘悠《中國甲骨學史》出上海人民出版社出版。

該年，張政烺先生在中華書局《文史》第 24 期上，發表《殷墟甲骨文中所見的一種筮卦》。

1986 年

4 月，沈之瑜《甲骨卜辭新獲》發表於《上海博物館集刊》第三輯。

5 月，《人民日報》報導陝西西安出土一批原始時期甲骨文。

　　胡厚宣主編《甲骨文與殷商史》第二輯由上海古籍出版社出版。

7 月，孟世凱《夏商史話》由中國青年出版社出版。

8 月 2 日，《人民日報》報導巢湖發現一批西周甲骨。

　　同月，《中國大百科全書》考古學卷出版。

9 月，中國古文字學術研究會第六屆年會於山東煙臺地區長島縣召開。

　　同月，林澐《古文字研究簡論》由吉林大學出版社出版。

1987 年

2 月，伊藤道治《天理大學附屬天理參考館甲骨文字》出版。

9 月，中國殷商文化國際討論會在安陽召開，國內外學者 120 名參加會議，提交論交 107 篇。中國殷商文化學會宣告成立。會長胡厚宣，副會長田昌五、李學勤、李民、鄒衡、鄭振香。秘書長田昌五，副秘書長王宇信（常務）、楊升南、李紹連、聶玉海。

　　常玉芝《商代周祭制度》由中國社會科學出版社出版。

12 月，孟世凱《甲骨學小詞典》由上海辭書出版社出版。

孫淼《夏商史稿》由文物出版社出版。

1988 年

1 月，趙誠《甲骨文簡明詞典——卜辭分類讀本》由中華書局出版。

2 月，姚孝遂等《殷墟甲骨刻辭摹釋總集》出版。

3 月，胡厚宣《蘇德美日所見甲骨集》出版。

5 月，彭邦炯《商史探微》由重慶出版社出版。

6 月，劉一曼等《北京圖書館藏甲骨文書籍提要》由書目文獻出版社出版。

8 月，「紀念殷墟發掘 60 週年座談會」在河南安陽市召開，出席會議的有 40 位學者。

9 月，張秉權《甲骨文與甲骨學》出版。

1989 年

1 月，姚孝遂等《殷墟甲骨刻辭類纂》出版。

6 月，王宇信《甲骨學通論》出版。

8 月，《殷墟博物苑苑刊》出版。「紀念殷墟甲骨文發現 90 週年國際學術研討會」在河南安陽市召開，海內外 120 名學者出席。

是年，王貴民《商周制度考信》出版。

1990 年

5 月，《殷墟甲骨文發現 90 週年國際學術研討會專輯》（殷商史）（《史學月刊》，1990 年第 3 期）出版。

8 月，朱鳳瀚《商周家族形態研究》出版。

9 月，《殷墟甲骨文發現 90 週年國際學術研討會專輯》（甲骨學）（《中原文物》，1990 年第 3 期）出版。

10 月，戴春陽《西北甲骨金文集錄》由蘭州古籍出版出版。

1991 年

1 月，著名古文字學家徐中舒逝世。

6 月，河北省邢臺市南小汪村一處周代遺址發現西周甲骨文。

8 月，《甲骨文與殷商史》第三輯出版。

同月，「夏商文明國際學術研討會」在河南洛陽市舉行，海內外 120

名著名學者出席，中國殷商文化學會增選高明、商志馥、王宇信爲理事。

段振美《殷墟考古史》由中州古籍出版社出版。

艾蘭《龜之謎——商代神話、祭祀、藝術和宇宙觀研究》由四川人民出版社出版。

9 月，河南安陽殷墟花園莊東地窖穴 H3，內有大批甲骨發現，其中有刻辭者 579 片，是繼 1936 年 YH127 甲骨窖藏之後的又一次重大發現。

10 月，宋新潮《殷商文化區域研究》由陝西人民出版社出版。

12 月，黃孕祺《甲骨文與書法藝術》由香港文德文化事業有限公司出版。

1992 年

1 月，胡厚宣《〈瓠廬謝氏殷墟遺文〉的藏家》發表於《華夏考古》第一期。

3 月，崔恒升《簡明甲骨文詞典》由安徽教育出版社出版。

4 月，李學勤、齊文心、艾蘭編著《英國所藏甲骨集》（下編）由中華書局出版。

6 月，劉桓《殷契存稿》由黑龍江教育出版社出版。

7 月，方述鑫《殷虛卜辭斷代研究》由臺灣文津出版社出版。

8 月，河北省文研所、邢臺市文管處《邢臺南小汪周代遺址西周遺存的發掘》發表於《文物春秋》增刊，公佈了邢臺南小汪有字西周甲骨材料。

裘錫圭《古文字論集》由中華書局出版。

9 月，《殷都學刊》編輯部編輯《甲骨文與殷商文化研究》，由中州古籍出版社出版。

10 月，楊升南《商代經濟史》由貴州人民出版社出版。

1993 年

1 月，劉興隆《新編甲骨文字典》由中國國際文化出版公司出版。

4 月，馬如森《殷墟甲骨文引論》由東北師範大學出版社出版。

8 月，「鄭州商城與殷商文明國際學術研討會」在河南鄭州召開。

「中國南方青銅器暨殷商文明國際學術研討會」在江西南昌召開。

　　　　李民主編《殷商社會生活史》出版。

　　　　常正光、方述鑫、林小安、彭裕商《甲骨金文字典》由巴蜀書社出版。

9 月，劉玉建《中國古代龜卜文化》由廣西師範大學出版社出版。

10 月，「第二屆國際中國古文字學研討會」在香港中文大學召開。

12 月，蔡運章《甲骨金文與古史研究》由中州古籍出版社出版。

1994 年

3 月，張玉金《甲骨文虛詞詞典》由中華書局出版。

5 月，彭裕商《殷墟甲骨斷代》由中國社會科學出版社出版。

6 月，鄭傑祥《商代地理概論》由中州古籍出版社出版。

9 月，「紀念甲骨文發現 95 週年國際學術研討會」在河南安陽召開。

　　　　中國社會科學院考古研究所編著《殷墟的發掘與研究》由科學出版社出版。

　　　　宋鎮豪《夏商社會生活史》出版。

11 月，何光岳《商史源流》由江西教育出版社出版。

是年，松丸道雄、高島謙一《甲骨文字字釋綜覽》出版。

《中國南方青銅器暨殷商文明國際學術研討會專輯》（《南方文物》，1994 年第 1、2 期）出版。

1995 年

1 月，李圃《甲骨文文字學》由學林出版社出版。

4 月，著名甲骨學家胡厚宣逝世。

　　　　陳煒湛《甲骨文田獵刻辭研究》由廣西教育出版社出版。

5 月，鍾柏生主編《殷虛文字乙編補編》由中央研究院歷史語言研究所出版。

8 月，由中國殷商文化學會主辦的「北京建城 3040 年暨燕文明國際學術研討會」在北京房山召開，110 名海內外學者出席。

　　　　中國殷商文化學會增選李伯謙、雷從雲、楊升南、李紹連、楊育彬、齊文心為理事。推選田昌五為會長，推選王宇信為秘書長，楊升南為常務副秘書長。

　　　　《夏商文明研究——'91 洛陽夏商文明國際學術研討會專集》出版。

9 月，姚孝遂主編《中國文字學史》由吉林教育出版社出版。

10 月，張之恒、周裕興《夏商周考古》由南京大學出版社出版。

12 月，中國社會科學院考古研究所編著《1973 年小屯南地發掘報告》由
科學出版社出版。

呂偉達《甲骨文之父——王懿榮》由山東畫報出版社出版。

鄭慧生《古代天文曆法研究》由河南大學出社出版。

1996 年

1 月，曹定雲《殷商文化論叢》由臺灣藝文印書館出版。

5 月，于省吾主編《甲骨文字詁林》由中華書局出版。

6 月，「國際甲骨學學術討論會」在韓國漢城淑明女子大學召開。中國學
者裘錫圭、王宇信、蔡哲茂，加拿大學者許進雄應邀出席。

韓國中國古文字學會成立。

《古文字學論集》（第一輯，甲骨學特輯），韓國東文選出版。王宇信
《近百年來甲骨學研究》在延世大學校《人文科學》（75 輯）發表。

胡厚宣《甲骨續存補編》由天津古籍出版社出版。

7 月，鄭慧生《中國文字的發展》由河南人民出版社出版。

9 月，《于省吾教授百年誕辰論文集》由吉林大學出版社出版。

10 月，裘錫圭《古文字學簡史》由上海遠東出版社出版。

蔡運章《甲骨金文與古史新探》由中國社會科學出版社出版。

11 月，北京房山琉璃河燕都城址內發現三片有字西周甲骨，其中一片刻
有「成周」二字。

著名甲骨學家姚孝遂逝世。

《盡心集——張政烺先生八十慶壽論文集》由中國社會科學出版
社出版。

12 月，荒木日呂子《中島玉振舊藏甲骨》出版。

李學勤、彭裕商《殷墟甲骨分期研究》由上海古籍出版社出版。

羅琨、張永山《羅振玉評傳》由百花洲文藝出版社出版。

孟世凱《中國文字發展史》由臺北文津出版社出版。

1997 年

3 月，《北京建城 3040 年暨燕文明國際學術研討會議專輯》出版。

張之《安陽考釋》由新華出版社出版。

王世恩等編《中外學者論安陽》由新華出版社出版。

6 月，李實《甲骨文字叢考》由甘肅人民出版社出版。

8 月，「97 山東桓臺中國殷商文明國際學術研討會」召開，近百名海內外學者出席。

中國殷商文化學會增選高英民、高大倫為理事。

10 月，《第三屆國際中國古文字學術研討會論文集》由香港中文大學出版社出版。

11 月，「第三屆國際中國古文字學研討會」在香港中文大學召開。

是年，雷煥章《德荷瑞比所見一些甲骨錄》出版。

12 月，彭邦炯《甲骨文農業資料考辨與研究》由吉林文史出版社出版。

1998 年

3 月，劉敬亭《山東省博物館珍藏甲骨墨拓集》由齊魯書社出版。

中國社會科學院考古研究所編著《中國商文化國際學術討論會論文集》由中國大百科全書出版社出版。

4 月，鄭慧生《甲骨卜辭研究》由河南大學出版社出版。

5 月，「甲骨文發現一百週年學術討論會」在臺灣臺北召開，《甲骨文發現一百週年學術討論會論文集》由中央研究院歷史語言研究所出版發行。

8 月，「98 河北邢臺中國商周文明國際學術研討會」召開，120 名海內外學者出席。

中國殷商文化學會增選王巍、宋鎮豪、尹盛平、秦文生、欒豐實、孫敬明為理事。增選王宇信為學會副會長，推選楊升南為學會秘書長。

常玉芝《殷商曆法研究》由吉林文史出版社出版。

裘錫圭《文字學概要》由商務印書館出版。

9 月，「殷墟發掘 70 週年國際學術研討會」在河南安陽召開，120 名國內外學者出席。

10 月，《徐中舒先生百年誕辰紀念文集》由巴蜀書社出版。

王立新《早商文化研究》由高等教育出版社出版。

11 月，《胡厚宣先生紀念文集》由科學出版社出版。

　　　　朱歧祥《甲骨文研究——中國古文字與文化論稿》由臺灣里仁書局
　　　　出版。

1999 年

　3 月，羅振玉《雪堂自述》由江蘇人民出版社出版。
　　　　呂偉達編《王懿榮集》由齊魯書社出版。
　4 月，「甲骨文發現 100 週年學術研討會」在南京召開。
　5 月，劉志偉《百年話甲骨》由海潮出版社出版。
　6 月，「王懿榮發現甲骨文 100 週年學術研討會」在山東煙臺市召開。
　　　　《甲骨探秘》（電視片）首播。中國殷商文化學會增補葛英會、朱鳳
　　　　瀚、劉一曼、杜金鵬、王震中、蔡運章為理事。
　　　　河南省紀念甲骨文發現 100 週年學術座談會在鄭州召開。
　　　　李學勤、艾蘭、齊文心編著《瑞典斯德哥爾摩遠東古物博物館藏甲
　　　　骨文字》由中華書局出版。
　7 月，彭邦炯、謝濟、馬季凡編著《甲骨文合集補編》由語文出版社出
　　　　版。
　　　　王宇信、孟世凱、楊升南、宋鎮豪、常玉芝編著《甲骨學一百年》
　　　　由社會科學文獻出版社出版。
　　　　宋鎮豪、常耀華《百年甲骨學論著目》由語文出版社出版。
　8 月，「紀念甲骨文發現 100 週年國際學術研討會」在河南安陽市召開。
　　　　中國社會科學院歷史研究所、考古研究所、中國殷商文化學會、香
　　　　港中文大學中國文化研究所、安陽高等師範專科學校、安陽市人民
　　　　政府等單位發起。
　　　　蕭良瓊、謝濟、顧潮、牛繼斌《甲骨文合集來源表》由中國社會科
　　　　學出版社出版。
　　　　胡厚宣主編《甲骨文合集釋文》出版。
　9 月，鄒曉麗等《甲骨文字學述要》由學林出版社出版。
　10 月，《夏商周文明研究——'97 山東桓臺中國殷商文明國際學術研討會文
　　　　集》出版。
　　　　《夏商周文明研究——'98 河北邢臺中國商周文明國際學術研討會
　　　　論文集》出版。
　　　　王宇信《甲骨學通論》（增訂本）由中國社會科學出版社出版。

蔡哲茂《甲骨綴合集》由臺北文淵閣文化事業有限公司出版。

白玉崢《殷契佚存校釋》由臺北文史哲出版社出版。

潘岳《三千未釋甲骨文集解》由中州古籍出版社出版。

2000 年

1 月，趙誠《甲骨文與商代文化》由遼寧人民出版社出版。

6 月，方輝《明義士和他的藏品》由山東大學出版社出版。

7 月，中國殷商文化學會等單位舉辦的「殷商文明暨三星堆遺址發現七十週年國際學術研討會」在四川廣漢市召開。

王玉哲《中華遠古史》由上海人民出版社出版。

8 月，曾毅公《論甲骨綴合》，載饒宗頤主編《華學》（第四輯）由紫禁城出版社出版。

10 月，第十一屆中國文字學研討會在臺灣臺南召開。

12 月，《紀念王懿榮發現甲骨文一百週年論文集》由齊魯書社出版。

2001 年

1 月，王仲孚《中國上古史論文集》創刊號由蘭臺出版社（臺北）出版。

5 月，朱彥民《巫史重光——殷墟甲骨文發現記》由百花文藝出版社出版。

7 月，著名考古學家、中國殷商文化學會理事安金槐教授逝世。

9 月，著名史學家、原中國殷商文化學會會長、山東大學教授田昌五逝世。

張玉金《甲骨文語法學》由學林出版社出版。

陳年福《甲骨文動詞詞彙研究》由巴蜀書社出版。

11 月，《歷史研究所集刊》（第一集）由社會科學文獻出版社出版。

《古文字研究》（第二十一輯）由中華書局出版。

12 月，饒宗頤主編《華學》（第五輯）由紫禁城出版社出版。

沈建華、曹錦炎《新編甲骨文字形總表》由中文大學出版社在香港出版。

2002 年

是年，陝西扶風齊家村發現西周甲骨 11 片，其中一片三行筮數與三行刻辭交錯排列，共 37 字。

2 月，楊寶成《殷墟文化研究》由武漢大學出版社出版。

　　　　邵東方、倪德衛主編《今本竹書紀年論集》由唐山出版社（臺北）
　　　　出版。
5 月，張永山主編《揖芬集——張政烺先生九十華誕紀念文集》由社會
　　　　科學文獻出版社出版。
　　　　羅琨《甲骨文解謎》由長江文藝出版社出版。
6 月，《古文字研究》（第二十二輯）由中華書局出版。
　　　　張玉金《甲骨卜辭語法研究》由廣東高等教育出版社出版。
7 月，《古文字研究》（第二十三輯）由中華書局出版。
8 月，河南安陽小屯南地又出土甲骨八百餘片，其中有字者 228 片，即有
　　　　字卜甲 106 片，有字卜骨 122 片。
9 月，「明義士學術研討會」在濟南山東大學召開。
10 月，曹瑋《周原甲骨文》由世界圖書出版公司出版。
　　　　沈之瑜《甲骨文講疏》由上海書店出版社出版。
　　　　伊藤道治《中國古代王朝的形成》由中華書局出版。
11 月，劉桓《甲骨徵文》由黑龍江教育出版社出版。
　　　　胡厚宣《甲骨學商史論叢》（外一種）上、下由河北教育出版社出
　　　　版。
　　　　顧音海《甲骨文發現與研究》由上海書店出版社出版。
12 月，喻遂生《甲金語言文字研究論集》由巴蜀書社出版。
　　　　沈長雲《古史探微》由中華書局出版。

2003 年
2 月，張玉金《20 世紀甲骨語言學》由學林出版社出版。
3 月，在山東濟南大辛莊遺址發現商代有字卜甲四版，其中最大卜龜共
　　　　34 字。
　　　　王宇信、宋鎮豪主編《紀念殷墟甲骨文發現一百週年國際學術研討
　　　　會論文集》由社會科學文獻出版社出版。
　　　　郭勝強《河南大學與甲骨學》由河南大學出社出版。
　　　　郭旭東《青銅王國》由浙江文藝出版社出版。
4 月，胡厚宣《殷商史》由上海人民出版社出版。
8 月，宋鎮豪、蕭先進主編《殷商文明暨紀念三星堆遺址發現七十週年
　　　　國際學術研討會論文集》由社會科學文獻出版社出版。

陳全方等《西周甲文注》由學林出版社出版。

9月，《商承祚教授百年誕辰紀念文集》由文物出版社出版。

李伯謙主編《商文化論集》（上、下）由文物出版社出版。

10月，杜金鵬《偃師商城初探》由中國社會科學出版社出版。

12月，陝西岐山周公廟遺址發現有字西周卜甲兩版，共有文字56個。

《中國考古學》（夏商卷）由中國社會科學出版社出版。

《殷墟花園莊東地甲骨》由雲南人民出版社出版。

王暉《古文字與商周史新證》由中華書局出版。

陳煒湛《甲骨文論集》由上海古籍出版社出版。

2004年

1月，韓國李宰碩譯《甲骨學通論》（王宇信著，1989年版）由韓國首爾東文選出版。

3月，文字學學術研討會在臺灣東海大學召開。

4月，《歷史研究所集刊》（第二集）由商務印書館出版。

5月，王宇信等《甲骨文精粹釋譯》由雲南人民出版社出版。

當年夏，陝西岐山周公廟遺址考古發掘更有西周甲骨重大發現，在四個地點共出土卜甲、卜骨700多片，有字卜骨上共有文字480個左右，已知人名有「周公」等，地名有「新邑」、「唐」等，材料尚未公佈。

7月，曹兆蘭《金文與殷周女性文化》由北京大學出版社出版。

8月，中國殷商文化學會等聯合舉辦安陽「殷商文明國際學術研討會」在河南安陽召開。

李雪山《商代分封制度研究》由中國社會科學出版社出版。

任偉《西周封國考疑》由社會科學文獻出版社出版。

郭青萍《走進甲骨文》由中國文聯出版社出版。

9月，王宇信、宋鎮豪等《2004年安陽殷商文明國際學術研討會論文集》由社會科學文獻出版社出版。

王蘊智《字學論集》由河南美術出版社出版。

10月，《歷史研究所集刊》（第三集）由商務印書館出版。

劉源《商周祭祖禮研究》由商務印書館出版

12月，白于蘭《殷墟甲骨刻辭摹釋總集校訂》由福建人民出版社出版。

王仲孚《中國上古史論文集》第二本由蘭臺出版社（臺北）出版。

是年，蔡哲茂《甲骨綴合續集》在臺灣出版。

2005 年

1 月，唐石父、王巨儒整理《王襄著作選集》（上、中、下）由天津古籍
　　　出版社出版。

2 月，夏含夷《古史異觀》由上海古籍出版社出版。

3 月，加拿大溫哥華哥倫比亞大學召開中國早期文明研討會。

5 月，著名史學家、中國殷商文化學會理事、南開大學教授王玉哲逝世。
　　　《李學勤文集》由上海辭書出版社出版。

6 月，郭若愚《殷契拾掇》由上海辭書出版社出版。
　　　《黃盛璋先生八十秩華誕紀念文集》由中國教育出版社出版。
　　　沙鷗《甲骨文書法創作導論》由中國文史出版社出版。

7 月，彭明瀚《吳城文化研究》由文物出版社出版。

8 月，中國殷商文化學會、平谷區人民政府舉辦的「05 北京平谷與華夏
　　　文明國際學術研討會」在北京平谷區金海賓館召開。

9 月，陳智勇《先秦社會文化論叢》由中州古籍出版社出版。
　　　饒宗頤《新出土文獻論證》由上海古籍出版社出版。

10 月，鄭州商城發現五十週年紀念座談會在河南鄭州召開。
　　　　王震中《中國古代文明的探索》由雲南人民出版社出版。
　　　　郭青萍《解讀甲骨文》由中國文聯出版社出版。

11 月，甲骨學國際學術研討會在臺灣東海大學召開。
　　　　王建生、朱歧祥主編《二○○四年文字學學術研討會論文集》由臺
　　　　灣里仁書局出版。

12 月，商周考古第一人、中國殷商文化學會副會長、北京大學教授鄒衡於
　　　　當月 28 日逝世。
　　　　楊郁彥《甲骨文合集分組分類總表》由臺灣藝文印書館出版。

2006 年

4 月，胡澱咸《甲骨文金文釋林》由安徽人民出版社出版。

5 月，宋鎮豪、劉源《甲骨學與殷商史研究》由福建人民出版社出版。
　　　岳洪彬《殷墟青銅禮器研究》由中國社會科學出版社出版。

6 月，《尹達集》由中國社會科學出版社出版。

7月，聯合國科教文組織在十三日於立陶宛首都維爾紐斯召開的第三十
屆世界文化遺產大會上，中國殷墟這一聞名中外的古代文化遺產以
高票通過列入「世界文化遺產名錄」。中國殷商文化學會在 1999 年
甲骨學百年紀念國際會議及 2004 年殷商文明國際學術會議上，曾
以全體出席會議的學者簽名呼籲殷墟申報世界文化遺產並做了許
多工作。幾代學者保護、弘揚殷墟文化的追求和努力終於實現。
王宇信、徐義華《商周甲骨文》由文物出版社出版。
陳夢家《中國文字學》由中華書局出版。
史昌友《燦爛的殷商文化》由中國社會科學出版社出版。
王建生、朱歧祥主編《花園莊東地甲骨論叢》由臺灣聖環圖書公司
出版。
郭青萍《洹寶齋所藏甲骨》由內蒙古人民出版社出版。
8月，中國殷商文化學會等單位聯合召開的「慶祝殷墟申遺成功暨紀念
YH127 坑發現七十週年國際學術研討會」在安陽召開。
楊善清、杜久明編著《中國殷墟》由上海大學出版社出版。
劉慶俄《漢字新論》由同心出版社出版。
9月，王宇信、秦剛、王雲峰主編《北京平谷與華夏文明國際學術研討會
論文集（二○○五）》由社會科學文獻出版社出版。
10月，紀念 YH127 甲骨窖藏坑南京室內發掘七十週年學術研討會在江蘇
南京召開。
《楊希枚集》由中國社會科學出版社出版。
11月，姚萱《殷墟花園莊東地甲骨卜辭的初步研究》、喻遂生《殷墟花園
莊東地甲骨語言文字研究》、常耀華《殷墟甲骨非王卜辭研究》由
綫裝書局出版。
韓國林仁順《殷商甲骨文形義關係研究》由中國社會科學出版社
出版。
12月，饒宗頤《甲骨文校釋總集》（全二十卷）由上海辭書出版社出版。

2007 年

1月，《中國國家博物館館藏文物研究·甲骨卷》由上海古籍出版社出版。
馬如森《殷墟甲骨學》由上海大學出版社出版。
2月，中國殷商文化學會在北京召開「殷墟保護、利用、管理與構建和諧

社會資源」文物考古專家座談會。

胡慶鈞等《早期奴隸制社會比較研究》由中國社會科學出版社出版。

3月，王震中等《中國古代文明與國家形成研究》由中國社會科學出版社出版。

4月，陳劍《甲骨金文考釋論叢》、韓江蘇《殷墟花東H3卜辭主人「子」研究》、趙鵬《殷墟甲骨文人名與斷代的初步研究》、楊升南《甲骨文商史叢考》由綫裝書局出版。

孟世凱《商史與商代文明》由上海科學技術文獻出版社出版。

曹定雲《殷墟婦好墓銘文研究》由雲南人民出版社出版。

6月，晁福林《先秦社會思想研究》由商務印書館出版。

鄭繼娥《甲骨文祭祀卜辭語言研究》由巴蜀書社出版。

陳絜《商周姓氏制度研究》由商務印書館出版。

7月，「陳夢家先生九十五歲誕辰座談會」在北京召開。

陳年福《甲骨文詞義論稿》由上海古籍出版社出版。

8月，中國殷商文化學會與有關單位聯合舉辦「甲骨學暨甲骨文書法國際研討會」在山東煙臺召開。

《歷史研究所集刊》（第四集）由商務印書館出版。

朱彥民《商族的起源、遷徙與發展》由商務印書館出版。

10月，黃天樹《殷墟王卜辭的分類與斷代》由科學出版社出版。

11月，朱鳳瀚、趙伯雄主編《仰止集》由天津人民出版社出版。

王平、顧彬《甲骨文與殷商人祭》由大象出版社出版。

12月，董敏等《走近甲骨學大師董作賓》由上海大學出版社出版。

郭青萍《〈洹寶齋所藏甲骨〉解讀》由北京藝術與科學電子出版社出版。

李雪山主編《董作賓與甲骨學研究續編》由中國社會科學出版社出版。

是年，彭邦炯：《甲骨文醫學資料考證與研究》由人民衛生出版社出版。

2008年

1月，中國殷商文化學會在京理事會於北京召開。

李學勤《李學勤早期文集》由河北教育出版社出版。

郭旭東主編《殷商文明論集》由中國社會科學出版社出版。

4 月，商承祚《甲骨文字研究》由天津古籍出版社出版。

《歷史研究所集刊》（第五集）由商務印書館出版。

魏建震《先秦社祀研究》由人民出版社出版。

馬如森《殷墟甲骨文常用字典》由上海大學出版社出版。

5 月，中國殷商文化學會發起的「盛世收藏：鑒定與市場高層論壇」在廣
州召開。

5 月，商志䕊《殷虛書契考釋原稿信札》由文物出版社出版。

6 月，河南洛陽西周有字甲骨出土，共 14 字。

《甲骨文研究資料彙編》由北京圖書館出版社。

8 月，沈建華《初學集——沈建華甲骨學論文選》由文物出版社出版。

裘燮君《商周虛詞研究》由中華書局出版。

嚴志斌、洪梅《殷墟青銅器》，由上海大學出版社出版。

9 月，段振美、焦智勤、党相魁、党寧《殷墟甲骨輯佚》由文物出版社出
版。

《古文字研究》（第二十七輯）由中華書局出版。

常青林、常曉雷《殷墟玉器》由上海大學出版社出版。

10 月，臺灣「中央研究院」召開的「紀念殷墟發掘八十週年大會」於 13
日在臺北召開。

中國社會科學院考古研究所、中國殷商文化學會等單位召開的「世
界文化遺產殷墟考古發掘 80 週年紀念活動暨考古與文化遺產論
壇」在安陽於 10 月 30 日至 31 日舉行。

《紀念殷墟 YH127 甲骨坑南京室內發掘 70 週年論文集》由文物出
版社出版。

劉桓《甲骨集史》由中華書局出版。

葉正渤《葉玉森甲骨學論著整理與研究》由線綫裝書局出版。

楊曉能《另一種古史——青銅器紋飾、圖形文字與圖像銘文的解
讀》由三聯書店出版。

劉青《甲骨卜辭神話資料整理與研究》由雲南人民出版社出版。

11 月，沈建華、曹錦炎編著《甲骨文字形表》由上海辭書出版社出版。

12 月，黃奇逸《商周研究之批判》由巴蜀書社出版。

2009 年

1 月，孟世凱《甲骨學辭典》由上海人民出版社出版。

　　唐際根《殷墟——一個王朝的背影》由科學出版社出版。

　　荊志淳、唐際根、高島謙一主編《多維視域——商王朝與中國早期文明研究》由科學出版社出版。

　　南京文物局、江蘇省甲骨文學會等編《甲骨文與南京》由南京出版社出版。

5 月，劉釗等《新甲骨文編》由福建人民出版社出版。

　　趙誠《甲骨文字學綱要》由中華書局出版。

6 月 28 日，由天津市國學研究會舉辦「紀念殷墟甲骨文發現 110 週年」活動，朱彥民做了《甲骨學在天津》的講座。

8 月 13 日～16 日，中國殷商文化學會、山東省大舜文化研究會、山東省甲骨文書法藝術交流中心和煙臺市政府聯合舉辦的「紀念王懿榮發現甲骨文 110 週年國際學術研討會」和「紀念王懿榮發現甲骨文 110 週年國際甲骨文書法藝術大展」等系列紀念活動在山東煙臺舉行。

　　《夏商周文明研究・八——紀念王懿榮發現甲骨文 110 週年國際學術研討會論文集》（2009 福山），社會科學文獻出版社出版。

　　王宇信《中國甲骨學》由上海人民出版社出版。

9 月，殷傑、殷誠凱《中國殷墟骨文化》由上海大學出版社出版。

　　蕭東發《從甲骨文到 Epublications——跨越三千年的出版》由外文出版社出版。

11 月 16 日，中國文字博物館開館，由中國殷商文化學會等單位主辦的「首屆中國文字發展論壇暨紀念甲骨文發現 110 週年學術研討會」在安陽舉行。

同月，《甲骨學 110 年：回顧與展望——王宇信教授師友國際學術研討會論文集》由中國社會科學出版社出版。

　　劉佳《話說甲骨文》由山東出版集團、山東友誼出版社出版。

11 月 28 日，由天津市社會科學界聯合會、天津市國學研究會、南開大學歷史學院和天津師範大學文學院共同主辦的「建國六十年來甲骨學研究暨天津市甲骨學專業委員會成立」高層學術論壇在天津市社會

科學界聯合會召開，李學勤先生作了題爲《建國六十年來甲骨學研究的回顧與展望》的主題報告。

12 月 18 日，由天津市政協文史資料委員會和市文史館共同舉辦「紀念王襄發現甲骨文 110 週年暨馬家店遺址保護座談會」在天津文史館舉行。

是年，劉一曼、馮時主編《中國書法全集 1·商周編·甲骨文卷》由榮寶齋出版。

2010 年

1 月，郭勝強《董作賓傳》由江蘇文藝出版社出版。

2 月，黃懿陸《商族源流史》由雲南出版集團有限責任公司出版。

3 月，王蘊智《殷商甲骨文研究》由科學出版社出版。

5 月 15 日至 16 日在北京師範大學舉行的「商周文明學術研討會」。

6 月，王宇信、魏建震《甲骨學導論》由中國社會科學出版社出版。

7 月，蕭楠《甲骨學論文集》由中華書局出版。

8 月，黃天樹《甲骨拼合集》由學苑出版社出版。

11 月 28 日，京師大學堂甲骨文書法研究院在北京成立。

12 月，張政烺著，李零等整理《張政烺論易叢稿》由中華書局出版。

附錄二 甲骨文著錄目及簡稱

劉　鶚：《鐵雲藏龜》，抱殘守缺齋石印本六冊，1903 年 10 月。又 1931 年蟬
　　　　隱廬石印本合《鐵雲藏龜之餘》共六冊。　《鐵》
羅振玉：《殷虛書契》，《國學叢刊》石印本三期三卷，1911 年。又 1913 年影
　　　　印本四冊。1932 年重印本四冊。　《前》
羅振玉：《殷虛書契菁華》，1914 年 10 月。又重印本一冊。　《菁》
羅振玉：《鐵雲藏龜之餘》，《眘古叢編》影印本一冊，1915 年 1 月。又 1927
　　　　年重印本。又 1931 年蟬隱廬石印本附《鐵雲藏龜》書後共六冊。　《鐵
　　　　餘》
羅振玉：《殷虛書契後編》，影印本一冊，1916 年 3 月又《藝術叢編》第一集
　　　　本。又重印本。　《後》
羅振玉：《殷虛古器物圖錄》，影印本一冊，1916 年 4 月。又《藝術叢編》第
　　　　一集本。又翻印本。　《殷圖》
明義士：《殷虛卜辭》，上海別發洋行石印本一冊，1917 年 3 月。　《明》
姬佛佗：《戩壽堂所藏殷虛文字》，《藝術叢編》第三集石印本，1917 年 5 月。
　　　　又單行本與王國維《戩壽堂所藏殷虛文字考釋》合三冊。　《戩》
林泰輔：《龜甲獸骨文字》，日本商周遺文會影印本二冊，1921 年 12 月。又北
　　　　京富晉書社翻印本一冊。　《龜》
葉玉森：《鐵雲藏龜拾遺》，影印本一冊，1925 年 5 月。又翻印本一冊。　《鐵
　　　　遺》
王　襄：《簠室殷契徵文》，天津博物院石印本四冊，1925 年 5 月。　《簠》
董作賓：《新獲卜辭寫本》，石印本與《新獲卜辭寫本後記》合一冊，1928 年

11 月。又載《安陽發掘報告》第一期。　《新》

羅福頤：《傳古別錄》第二集，影印本一冊，1928 年出版。　《傳古》

董作賓：《大龜四版考釋》，《安陽發掘報告》第三期，1931 年 6 月。　《四版》

中村不折：《書道》第一卷，日本書道院，1931 年。　《書》

關百益：《殷虛文字存眞》，河南省博物館拓本一至八集各一冊，1931 年 6 月。　《眞》

原田淑人：《周漢遺寶》，日本帝室博物館出版，1932 年。　《周漢》

商承祚：《福氏所藏甲骨文字》，金陵大學中國文化研究所，1933 年 4 月。　《福》

容庚、瞿潤緡：《殷契卜辭》，哈佛燕京學社石印本，1933 年 5 月。　《契》

郭沫若：《卜辭通纂》，日本東京文求堂石印本，1933 年 5 月。又日本朋友書店 1977 年重印。又科學出版社 1983 年 6 月版。　《通》

董作賓：《釋後岡出土的一片卜辭》，《安陽發掘報告》第四期，1933 年 6 月。　《後岡》

王子玉：《甲骨文》，載《續安陽縣志》，1933 年 8 月。

羅振玉：《殷虛書契續編》，影印本六冊，1933 年 9 月。　《續》

商承祚：《殷契佚存》，金陵大學中國文化研究所影印本，1933 年 10 月。　《佚》

吉卜生：《上海亞洲文會博物館藏甲骨卜辭》，1934 年《中國雜誌》二十一卷六號，《商代之象形文字》一文所附，　《滬亞》

黃　濬：《鄴中片羽初集》，北京尊古齋影印本二冊，1935 年 2 月。　《鄴初》

金祖同：《鄴齋藏甲骨拓本》，上海中國書店石印本，與《殷墟卜辭講話》合冊‧1935 年 2 月。　《鄴》

方法斂、白瑞華：《庫方二氏藏甲骨卜辭》，商務印書館，1935 年 12 月。　《庫》

黃　濬：《衡齋金石識小錄》，北京尊古齋影印本二冊，1935 年。　《衡齋》

白瑞華：《殷墟甲骨相片》，美國紐約影印單行本，1935 年。　《相》

明義士：《柏根氏舊藏甲骨文字》，《齊大季刊》六十七期，1935 年。又齊魯大學國學研究所單行本一冊，1935 年。　《柏》

顧立雅：《中國的誕生》，1936 年。　《誕》

董作賓：《安陽侯家莊出土之甲骨文字》，《田野考古報告》第一冊附摹本拓本，1936 年 8 月。　《侯》

郭沫若：《殷契粹編》，日本東京文求堂石印本，1937 年 5 月。又科學出版社，1965 年 5 月。　《粹》

白瑞華：《殷墟甲骨拓片》，美國紐約影印單行本一冊，1937 年。　《拓》

黃　濬：《鄴中片羽二集》，北京尊古齋影印本二冊，1937 年 8 月。　《鄴二》

孫海波：《甲骨文錄》，河南通志館出版，1938 年 1 月。又藝文印書館，1958 年重印本。　《錄》

方法斂、白瑞華：《甲骨卜辭七集》，美國紐約影印單行本，1938 年。　《七》

唐　蘭：《天壤閣甲骨文存》，北京輔仁大學出版，1939 年 4 月。　《天》

李旦丘：《鐵雲藏龜零拾》，上海中法出版委員會出版，1939 年 5 月。　《鐵零》

金祖同：《殷契遺珠》，上海中法出版委員會出版，1939 年 5 月。　《珠》

曾毅公：《殷契綴存》，齊魯大學國學研究所出版，1939 年 11 月。　《綴存》

方法斂、白瑞華：《金璋所藏甲骨卜辭》，美國紐約影印單行本一冊，1939 年。　《金》

孫海波：《誠齋殷虛文字》，北京修文堂書店影印本，1940 年 2 月。　《誠》

李孝定：《中央大學藏甲骨文字》，石印摹寫本，1940 年 8 月。　《中》

于省吾：《雙劍誃古器物圖錄》，影印本二冊，1940 年 11 月。　《雙圖》

梅原末治：《河南安陽遺寶》，日本影印本一冊，1940 年。　《寶》

李旦丘：《殷契摭佚》，來薰閣書店影印本，1941 年 1 月。　《摭》

何　遂：《敘圃甲骨釋要》，影印本一冊，1941 年。　《敘圃》

黃　濬：《鄴中片羽三集》，北京通古齋影印本，1942 年 1 月。　《鄴三》

胡厚宣：《廈門大學所藏甲骨文字》，載《甲骨學商史論叢》初集四冊．1944 年 3 月。　《廈》

于省吾：《雙劍誃殷契駢枝三編》附圖，1944 年 5 月。　《駢三》

胡厚宣：《甲骨六錄》，成都齊魯大學國學研究所專刊之一，1945 年 7 月。又收入《甲骨學商史論叢》第三集。　《六》

懷履光：《骨的文化》，石印本，1945 年。　《骨》

胡厚宣：《戰後平津新獲甲骨集》，成都齊魯大學國學研究所專刊之一、二冊，1946 年 5 月、7 月。　《平》

胡厚宣：《戰後殷虛出土的新大龜七版》，上海《中央日報》《文物》周刊二十二至三十期，1947 年 2 月。　《七版》

金祖同：《龜卜》，上海溫知書店影印本一冊，1948 年 1 月。　《龜卜》

董作賓：《殷虛文字甲編》，商務印書館，1948 年 4 月。　《甲》

董作賓：《殷虛文字乙編》上、中輯，商務印書館，上輯 1948 年 10 月，中輯 1949 年 3 月。（下輯，臺灣中研院史語所出版，1953 年 12 月。又科學出版社，1956 年 3 月）　《乙》

李旦丘：《殷契摭佚續編》，中國科學院，1950 年 9 月。　《摭續》

曾毅公：《甲骨綴合編》，修文堂書店，1950 年。　《綴》

胡厚宣：《戰後寧滬新獲甲骨集》，北京來薰閣書店，1951 年 4 月。　《寧》

郭若愚：《殷契拾掇》，上海出版公司，1951 年 8 月。　《掇一》

胡厚宣：《戰後南北所見甲骨錄》，北京來薰閣書店，1951 年 11 月。　《南》

郭寶鈞：《1950 年春殷墟發掘報告》，《中國考古學報》第五冊，1951 年。《50》

郭若愚：《殷契拾掇二編》，上海出版公司，1953 年 3 月。　《掇二》

郭若愚：《河南鄭州二里岡又發掘出「俯身葬」人骨二具和有鑿痕龜甲一片》，《文物參考資料》，1953 年第 10 期。　《鄭二》

胡厚宣：《戰後京津新獲甲骨集》，群聯出版社，1954 年 3 月。　《京》

郭若愚、曾毅公、李學勤：《殷墟文字綴合》，科學出版社，1955 年 4 月。　《綴合》

胡厚宣：《甲骨續存》，群聯出版社，1955 年 12 月。　《續存》

董作賓、嚴一萍：《殷虛文字外編》，藝文印書館，1956 年 6 月。　《外》

饒宗頤：《日本所見甲骨錄》，《東方文化》三卷一期，1956 年 6 月。　《日見》

陳夢家：《殷虛卜辭綜述》附圖，科學出版社，1956 年 7 月。　《綜述》

饒宗頤：《巴黎所見甲骨錄》，香港大宏雕刻印刷公司，1956 年 12 月。　《巴》

董作賓：《漢城大學所藏大胛骨刻辭考釋》，（《中央研究院歷史語言研究所集刊》二十八本下冊，1957 年 5 月。　《漢城》

張秉權：《殷虛文字丙編》上輯一，臺灣中研院歷史語言所出版，1958 年 8 月。上輯二，1959 年 10 月；中輯，1962 年。中輯二，1965 年；下輯一，1967 年；下輯二，1972 年。　《丙》

河南省文化局文物工作隊第一隊：《1955 年秋安陽小屯殷墟的發掘》，《考古學報》，1958 年第一期。　《55》

饒宗頤：《海外甲骨錄遺》，香港大學《東方文化》四卷一至二期，1957～1958

年。 《海》

嚴一萍：《中國畫譜殷商編》，藝文印書館，1958 年 9 月。 《畫譜》

青木木菟哉：《書道博物館所藏甲骨文字》，載日本《甲骨學》第六、七、八、九、十號，1958～1964 年。 《書博》

貝塚茂樹：《京都大學人文科學研究所藏甲骨文字》圖版篇，京都大學人文科學研究所，1959 年 3 月。 《京人》

陳邦懷：《甲骨文零拾》，天津人民出版社，1959 年 9 月。 《甲零》

松丸道雄：《日本散見甲骨文字蒐彙》一、一、三、四、五、六，載日本《甲骨學》第七、八、九、十、十一、十二號，1959～1980 年。（中譯本第一至五部分發表在《古文字研究》第三輯，中華書局，1980 年 11 月。第六部分發表在《古文字研究》第八輯，中華書局，1983 年 2 月。劉明輝譯）。 《日彙》

中國科學院考古研究所安陽發掘隊：《1958～1959 年殷墟發掘簡報》，《考古》，1961 年第二期。 《58》

屈萬里：《殷虛文字甲編考釋》附圖，中央研究院歷史語言研究所，1961 年 6 月。 《甲釋》

姚孝遂：《吉林大學所藏甲骨選釋》，《吉林大學社會科學學報》，1963 年第 4 期。 《吉大》

金祥恒：《國立中央圖書館所藏甲骨文字》，《中國文字》第十九、二十冊，1966 年。 《中圖》

伊藤道治：《故小川睦之輔氏藏甲骨文字》，日本京都《東方學報》第二、三、十七冊，1966 年 3 月。 《小川》

白瑞華校：《方法斂摹甲骨卜辭三種》（《庫》、《金》、《七》），藝文印書館，1966 年。 《方摹》

李 棪：《棪齋甲骨展覽》，《香港中文大學聯合書院十週年校慶》，1966 年。 《棪齋》

伊藤道治：《大原美術館所藏甲骨文字》，日本倉敷考古館《研究集報》第四號，1968 年 1 月。 《大原》

李 棪：《卜辭貞人何在同版中之異體》，香港中文大學《聯合書院學報》，1969 年第五期。 《何異》

李 棪：《聯合書院圖書館所獲東莞鄧氏舊藏甲骨》，香港中文大學《聯合書

院學報》第七期，1969 年。　　《鄧聯》

李　棪：《北美所見甲骨選粹》，香港中文大學《中國文化研究所學報》第二卷第二期，1970 年。　　《北美》

劉體智輯：《善齋藏契萃編》，藝文印書館，1970 年 10 月。　　《善齋》

饒宗頤：《歐美亞所見甲骨文存》，《南洋大學學報》第四期，1970 年。　　《歐美亞》

伊藤道治：《藤井有鄰館所藏甲骨文字》，日本京都《東方學報》第四十二冊，1971 年 3 月。　　《藤井》

伊藤道治：《檜垣元吉氏藏甲骨文字》，《神戶大學文學部紀要》I，1972 年 1 月。　　《檜垣》

中國社會科學院考古研究所：《1971 年安陽後岡發掘簡報》，《考古》，1972 年第 3 期。　　《71》

郭沫若：《安陽新出土的牛胛骨及其刻辭》，《考古》，1972 年第二期。　　《安新》

許進雄：《明義士收藏甲骨文集》，加拿大皇家安大略博物館，1972 年。　　《安明》

許進雄：《殷虛卜辭後編》，藝文印書館，1972 年。　　《明後》

嚴一萍：《美國納爾森美術館藏甲骨刻辭考釋》，藝文印書館，1973 年 1 月。　　《納爾森》

胡厚宣：《臨淄孫氏舊藏甲骨文字考辨》，《文物》，1973 年第九期。　　《臨孫》

沈之瑜《介紹一片伐人方的卜辭》，《考古》，1974 年第四期。　　《人方》

中國社會科學院考古研究所安陽工作隊：《1973 年安陽小屯南地發掘簡報》，《考古》，1975 年第一期。　　《七三安》

嚴一萍：《甲骨綴合新編》，藝文印書館，1975 年 6 月。　　《綴新》

嚴一萍：《鐵雲藏龜新編》，藝文印書館，1975 年 7 月。　　《鐵新》

周鴻翔：《美國所藏甲骨錄》，美國加利福尼亞大學，1976 年。　　《美藏》

李孝定：《李光前文物館所藏甲骨文字簡釋》，南洋大學李光前文物館《文物彙刊》第一號，1976 年。　　《李》

嚴一萍：《甲骨綴合新編補》，藝文印書館，1976 年。　　《綴補》

伊藤道治：《關西大學考古學資料室藏甲骨文字》，《史泉》五十一號，1977 年。　　《關西》

郭沫若主編：《甲骨文合集》第二冊，中華書局，1978 年 10 月。(第三冊，1978
　　　　年 12 月。第四冊，1979 年 8 月。第五冊，1979 年 10 月。第六冊，
　　　　1979 年 12 月。第七冊，1980 年 8 月。第八冊，1981 年 1 月。第九
　　　　冊，1981 年 6 月。第十冊，1981 年 12 月。第十一冊，1982 年 1 月。
　　　　第十二冊，1982 年 12 月。第一冊，1982 年 10 月)。　　《合集》

渡邊兼庸：《東洋文庫所藏甲骨文字》，東洋文庫中國史研究委員會，1979 年
　　　　3 月。　《束文》

許進雄：《懷特氏等收藏甲骨文集》，加拿大皇家安大略博物館，1979 年。
　　　　《懷特》

胡厚宣：《釋流散到德國的一片卜辭》，《鄭州大學學報》，1980 年第二期。
　　　　《德一》

徐錫臺：《西德瑞士藏我國殷墟出土的甲骨文》，《人文雜誌》，1980 年，第四
　　　　期。　《西瑞》

中國社會科學院考古研究所：《小屯南地甲骨》上冊一、二，中華書局，1980
　　　　年。(下冊一、二、三，中華書局，1983 年)　《屯南》

安陽市博物館：《安陽博物館館藏卜辭選》，《中原文物》，1981 年第 1 期。　《安
　　　　博》

李先登：《孟廣慧舊藏甲骨選介》，《古文字研究》第八輯，中華書局，1983 年
　　　　2 月。　《孟》

胡振祺等：《山西省文物工作委員會收藏的甲骨》，《古文字研究》第八輯，中
　　　　華書局，1983 年 2 月。　《山西》

松丸道雄：《東京大學東洋文化研究所藏甲骨文字》圖版篇，東京大學東洋文
　　　　化研究所，1983 年 3 月。　《東京》

伊藤道治：《國立京都博物館藏甲骨文字》，神戶大學《文化學年報》第三號，
　　　　1984 年。　《京都博》

伊藤道治：《黑川古文化研究所藏甲骨文字》，神戶大學《文化學年報》第二
　　　　號，1984 年。　《黑川》

嚴一萍：《商周甲骨文總集》，藝文印書館，1985 年。　《總集》

雷煥章：《法國所藏甲骨錄》，臺北光啓出版社，1985 年。　《法藏》

李學勤、齊文心、艾蘭：《英國所藏甲骨集》，中華書局，1986 年。　《英藏》

蕭　楠：《小屯南地甲骨綴合篇》，《考古學報》，1986 年第 3 期。　《屯綴》

沈之瑜：《甲骨卜辭新獲》，《上海博物館刊》第三輯，上海古籍出版社，1986
　　　年 4 月。　《上新》

伊藤道治：《天理大學附屬天理參考館甲骨文字》，天理時報社出版，1987 年
　　　2 月。　《天理》

胡厚宣：《蘇德美日所見甲骨集》，四川辭書出版社，1988 年。　《蘇德美日》

胡厚宣：《蘇聯國立愛米塔什博物館藏甲骨文字》（《甲骨文與殷商史》第三
　　　輯），上海古籍出版社，1991 年。　《愛米塔什》

鍾柏生：《殷虛文字乙編補遺》，臺灣中央研究院歷史語言研究所，1995 年。
　　　《乙補》

胡厚宣輯（王宏、胡振宇整理）：《甲骨續存補編》，天津古籍出版社，1996 年。
　　　《續補》

荒木日呂子：《中島玉振舊藏甲骨》，創榮出版（株），1996 年。　《中島》

雷煥章：《德荷瑞比所藏一些甲骨錄》，利氏學社，1997 年。　《德荷瑞比》

鍾柏生：《歷史語言研究所所購甲骨文選釋》，《第三屆國際中國古文字學研討
　　　會論文集》，1997 年。　《所選》1

劉敬亭：《山東省博物館精拓甲骨文》，齊魯書社，1998 年。　《山博》

鍾柏生：《歷史語言研究所所購甲骨文選釋》（二），《甲骨文發現一百週年學
　　　術研討會論文集》，1998 年。　《所選》2

蔡哲茂：《甲骨綴合集》，臺灣樂學書局，1999 年 9 月。　《綴集》

彭邦炯、謝濟、馬季凡：《甲骨文合集補編》，語文出版社，1999 年。　《合
　　　補》

李學勤、齊文心、艾蘭：《瑞典斯德哥爾摩古物陳列館藏甲骨文字》，中華書
　　　局，1999 年。　《瑞斯》

史樹青主編：《中國歷史博物館藏法書大觀》，第一卷「甲骨文」，上海教育出
　　　版社 2001 年 3 月。　《中歷博》

方輝：《濟南大辛莊遺址出土商代甲骨文》，《中國歷史文物》2003 年第 3 期。

中國社會科學院考古研究所編著：《殷墟花園莊東地甲骨》，雲南人民出版社，
　　　2003 年 12 月。　《花東》

王宇信等：《甲骨文精粹釋譯》，雲南人民出版社，2004 年 5 月。　《精粹》

蔡哲茂：《甲骨綴合續集》，臺灣文津出版社 2004 年 8 月。　《綴續》

郭若愚：《殷契拾掇》，上海古籍出版社，2005 年 6 月。　《掇》

周原考古隊：《岐山周公廟遺址去年出土大量西周甲骨材料》，《中國文物報》
　　　　2009 年 2 月 20 日第 5 版。

郭青萍：《洹寶齋所藏甲骨》，內蒙古人民出版社，2006 年 7 月。　　《洹寶》

李宗焜：《當甲骨遇上考古——導覽 YH127 坑》，臺灣中央研究院歷史語言研
　　　　究所 2006 出版，2008 第二次印刷。　　《導覽》

中國國家博物館：《中國國家博物館館藏文物研究‧甲骨卷》，上海古籍出版
　　　　社，2007 年 1 月。　　《國博》

段振美、焦智勤、党相魁、党寧：《殷墟甲骨輯佚》，文物出版社，2008 年 9
　　　　月。　　《輯佚》

李鐘淑、葛英會合著：《北京大學珍藏甲骨文字》，上海古籍出版社，2008 年
　　　　11 月。　　《北珍》

蔡運章：《洛陽新獲西周卜骨文字略論》，《文物》2008 年第 11 期。

濮茅左：《上海博物館藏甲骨文字》，上海辭書出版社 2009 年 1 月。　　《上博》

臺灣中央研究院歷史語言研究所編：《史語所購藏甲骨集》，臺灣中央研究院
　　　　歷史語言研究所 2009 年 11 月。　　《史購》

宋鎮豪主編：《張世放所藏殷墟甲骨集》，線裝書局，2009 年 12 月。

宋鎮豪、朱德人編集：《雲間朱孔陽藏戩壽堂殷虛文字舊拓》，線裝書局 2009
　　　　年 12 月。

黃大樹主編：《甲骨文拼合集》，學苑出版社 2010 年 8 月。　　《拼合》

附錄三　本書主要參考書目

1. 劉鶚：《鐵雲藏龜》，抱殘守缺齋石印本 1903 年版。

2. 孫詒讓：《契文舉例》，吉石菴叢書 1917 年石印本；上海蟬隱廬石印本 1927 年版。

3. 羅振玉：《殷商貞卜文字考》，玉簡齋石印本 1910 年版；《殷虛書契前編》，1913 年影印本；《殷虛書契菁華》，1914 年影印本；《殷虛書契後編》，1916 年影印本；《殷虛書契考釋》，王國維手寫本 1914 年版；《雪堂自述》，江蘇人民出版社 1999 年版。

4. 羅振常：《洹洛訪古遊記》，上海蟬隱廬石印本 1936 年版，河南人民出版社 1987 年重印再版。

5. 王國維：《戩壽堂所藏殷虛文字》，《藝術叢編》1917 年石印本；《觀堂集林》，中華書局 1959 年版；《古史新證》，清華大學出版社 1994 年版。

6. 明義士：《殷虛卜辭》，上海別發洋行 1917 年石印本；《殷虛研究》，齊魯書社 1996 年版。

7. 董作賓：《新獲卜辭寫本》，《安陽發掘報告》第一期，1928 年 11 月；《甲骨文斷代研究例》，《慶祝蔡元培先生六十五歲論文集》，商務印書館 1933 年版；《甲骨年表》（與胡厚宣合作），商務印書館 1937 年版；《殷虛文字甲編》自序，《中國考古學報》第四冊，1949 年 12 月；《殷虛文字乙編》自序，《中國考古學報》第四冊，1949 年 12 月。

8. 王襄：《題所錄貞卜文冊》，《河北第一博物院畫刊》32 期，1933 年 1 月 10 日；《題易穭園殷契拓冊》，《河北第一博物館畫刊》85 期，1935 年 3 月 5 日；《王襄著作選集》（上中下），天津古籍出版社 2005 年 1 月。

9. 郭沫若：《甲骨文字研究》，人民出版社 1955 年版；《卜辭通纂》，科學出版社 1983 年版；《殷契萃編》，科學出版社 1965 年版。

10. 胡厚宣：《五十年甲骨文發現的總結》，（上海）商務印書館 1952 年版；《五十年甲骨學論著目》，中華書局 1952 年版；《殷墟發掘》，學習生活出版社 1955 年版。

11. 陳夢家：《殷虛卜辭綜述》，科學出版社 1956 年版。

12. 于省吾：《甲骨文字釋林》，中華書局 1979 年版。

13. 唐蘭：《古文字學導論》，齊魯書社 1981 年版；《殷虛文字記》，中華書局 1981 年版。

14. 島邦男：《殷墟卜辭綜類》，汲古書院 1971 年版；《殷墟卜辭研究》，臺灣鼎文書局 1975 年版。

15. 李濟：《安陽》（英文版），華盛頓大學 1977 年版。

16. 丁山：《甲骨文所見氏族及其制度》，科學出版社 1956 年版；《商周史料考證》，龍門聯合書局 1960 年版。

17. 李學勤：《殷代地理簡論》，科學出版社 1957 年版；《古文字初階》，中華書局 1985 年版。

18. 郭沫若主編、胡厚宣總編輯：《甲骨文合集》（第 1～13 冊），中華書局 1978～1982 年版。

19. 中國社會科學院考古研究所編：《小屯南地甲骨》（上下），中華書局 1980 年版；《殷墟婦好墓》，文物出版社 1980 年版；《殷墟發掘報告》（1958～1961），文物出版社 1987 年版；《殷墟的發現與研究》，科學出版社 1994 年版。

20. 胡厚宣主編：《甲骨探史錄》，三聯書店 1982 年版；《甲骨文與殷商史》第一、二、三輯，上海古籍出版社 1983 年、1986 年、1991 年版；《全國商史學術討論會論文集》，《殷都學刊》增刊，1985 年版。

21. 王宇信《建國以來甲骨文研究》，中國社會科學出版社 1981 年版；《西周甲骨探論》，中國社會科學出版社 1984 年版；《甲骨學通論》，中國社會科學出版社 1989 年版；《甲骨學一百年》（與楊升南共同主編），社會科學文獻出版社 1999 年版；《中國甲骨學》上海人民出版社 2009 年版；《甲骨學導論》（與魏建震合著），中國社會科學出版社 2010 年。

22. 陳煒湛：《甲骨文簡論》，上海古籍出版社 1987 年版。

23. 孟世凱：《殷墟甲骨文簡述》，文物出版社 1980 年版；《甲骨學小辭典》，上海辭書出版社 1987 年版，《甲骨學辭典》上海人民出版社 2009 年版。

24. 蕭艾：《甲骨文史話》，文物出版社 1980 年版。

25. 吳浩坤、潘悠：《中國甲骨學史》，上海人民出版社 1985 年版。

26. 王明閣：《甲骨學初論》，黑龍江人民出版社 1986 年版。

27. 范毓周：《甲骨文》，人民出版社 1986 年版。

28. 王越：《甲骨文之謎》，廣東教育出版社 1989 年版。

29. 濮茅左編：《甲骨學與商史論著目錄》，上海古籍出版社 1991 年版。

30. 馬如森：《殷墟甲骨文引論》，東北師範大學出版社 1993 年版。

31. 呂偉達：《甲骨文之父——王懿榮》，山東畫報出版社 1995 年版。

32. 陳頌華：《甲骨文概說》，江蘇古籍出版社 1996 年版。

33. 宋鎮豪：《百年甲骨學論著目》，語文出版社 1999 年版。

34. 劉志偉：《百年話甲骨》，海潮出版社 1999 年版。

35. 重要報刊：《考古》、《文物》、《歷史研究》、《考古學報》、《中國文物報》、《中原文物》、《文物天地》、《史學月刊》、《中國史研究》、《殷都學刊》、《安陽史志通訊》、《天津文史資料選集》、《中國考古學年鑑》、《甲骨學研究》、《古文字研究》、《安陽日報》等。

附　表

表一　商王室先公世系表

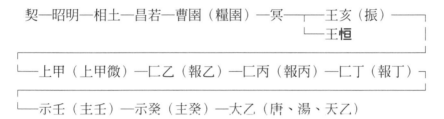

契—昭明—相土—昌若—曹圉（糧圉）—冥┬王亥（振）┐
　　　　　　　　　　　　　　　　　　└王恒　　│

┌上甲（上甲微）—匚乙（報乙）—匚丙（報丙）—匚丁（報丁）┐

└示壬（主壬）—示癸（主癸）—大乙（唐、湯、天乙）

注：表內橫線爲父子關係，豎直線爲兄弟關係；自王亥以下，括號外的爲甲骨卜中的名字，括號內的爲文獻中這些先公的稱呼。

表二　商王室先王世系表

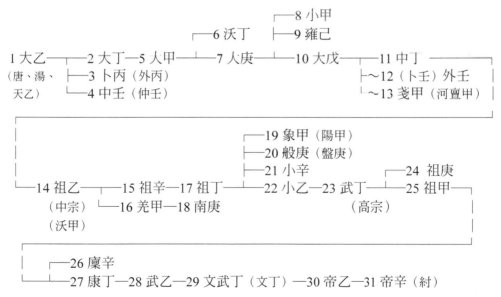

注：表中商王名前面的數字是王位繼承順序。表內橫線爲父子關係，豎直線爲兄弟關係；括號外的是甲骨卜辭中的商王名號，括號內爲文獻中的稱呼。

表三　盤庚至帝辛歷代帝王在位年數

	殷墟甲骨卜辭周祭	《尚書·無逸》	《竹書紀年》	《太平御覽》	陳夢家《殷虛卜辭綜述》
盤庚					60
小辛					
小乙					
武丁					59
祖庚		59		7	
祖甲		33			33
廩辛			12		
康丁					
武乙			35		35
文丁	32		11	3	11
帝乙	37		2		20
帝辛	34		6		20

表四　殷墟甲骨文分期表之一：董作賓與陳夢家的異同

董作賓分期		陳夢家分期			
期別	分王卜辭	分王卜辭	期別	王世	大分期
一	武丁卜辭	武丁卜辭	1	一世	早期
二	祖庚祖甲卜辭	祖庚卜辭	2	二世	
		祖甲卜辭	3		
三	廩辛康丁卜辭	廩辛卜辭	4	三世	中期
		康丁卜辭	5		
四	武乙文丁卜辭	武乙卜辭	6	四世	
		文丁卜辭	7	五世	晚期
五	帝乙帝辛卜辭	帝乙卜辭	8	六世	
		帝辛卜辭	9	七世	

殷墟甲骨文分期表之二：殷墟文化分期與甲骨文分期對照表

項　目 分期代表者 王名	殷墟文化分期		甲骨文分期	
	鄒　衡	考古研究所	胡厚宣	董作賓
盤庚 小辛 小乙	第一期	第一期	第一期	第一期
武丁 祖庚 祖甲	第二期	第二期	第二期	第二期
廩辛 康丁 武乙 文丁	第三期	第三期	第三期	第三期 第四期
帝乙 帝辛	第四期	第四期	第四期	第五期

殷墟甲骨文分期之三：董作賓、陳夢家與李學勤的分歧

董作賓	一期	四期　文武丁卜辭	二期　四期　　三期　　　五期
陳夢家	賓組 武丁 卜辭	自組　子組　午組 武丁晚期卜辭	出組　　　　　　　何組 庚甲　武文　康丁　廩辛　乙辛 卜辭　卜辭　卜辭　卜辭　卜辭
李學勤	賓組	自組　子組　午組	出組　　　　　　　何組　黃組 歷組　無名組

表五　1928～1937 年考古發掘所獲甲骨統計表

次序	發 掘 日 期	主持人	出土甲骨地 點	所獲甲骨			備　　注
				字甲	字骨	合計	
1	1928.10.13～10.30	董作賓	小屯村北、東北、村中	555	299	854	
2	1929.3.17～5.10	李濟	小屯村中、村南、村北	55	685	740	
3	1929.10.7～12.12	李濟	小屯村北	2050	962	3012	其中有大龜四版、牛頭刻辭與鹿頭刻辭
4	1931.3.21～5.12	李濟	小屯村北、後岡	751	31	782	其中有鹿頭刻辭
5	1931.11.7～12.9	董作賓	小屯村中、村北	275	106	381	
6	1932.4.1～5.31	李濟	小屯村北		1	1	
7	1932.10.19～12.15	董作賓	小屯村北	23	6	29	又在白陶殘片上發現有毛筆墨書「祀」字
8	1933.10.20～12.25	郭寶鈞	小屯村北	256	1	257	
9	1934.3.9～5.30	董作賓	小屯村北、侯家莊	446	11	457	其中有大龜七版。前9 次所獲墨拓選編爲《殷虛文字甲編》
13	1936.3.18～6.24	郭寶鈞石璋如	小屯村北	17756	48	17804	其中 YH127 坑出甲骨 17096 片
14	1936.9.20～12.31	梁思永石璋如	小屯村北	2		2	
15	1937.3.16～6.19	石璋如	小屯村北	549	50	599	13～15 次所獲墨拓選編爲《殷虛文字乙編》
※	1929.10～12 1930.2.20～3.9	何日章	小屯村北	983	3656	4639	墨拓選編爲《殷虛文字存眞》《甲骨文錄》

注：第 10～12 次殷墟發掘，工作集中在侯家莊西北岡發掘王陵大墓，沒有出土甲骨　　文，故此表中空列。

※此乃河南省民族博物館派人前往殷墟的發掘，時當中央研究院史語所考古組進行第　　二次發掘。

表六　中央研究院歷史語言研究所考古組進行的殷墟十五次發掘情況簡表

發掘次序	發掘日期	發掘地點	主要發掘所獲		主持人	參加人員
			遺址遺物	甲骨		
一	1928.10.13～10.30	小屯村北、東北、村中	古器物十餘種	854	董作賓	李春昱、趙芝庭、王湘、張錫晉、郭寶鈞
二	1929.3.17～5.10	小屯村北、村中、村南	獸骨、蚌殼、陶片	740	李濟	董作賓、董光忠、王慶昌、王湘、裴文中
三	1929.10.7～12.12 1929.11.15～12.19	小屯村北、西北	古器物	3012	李濟	董作賓、董光忠、張蔚然、王湘
四	1931.2.21～5.12	小屯村北、後岡、四盤磨	後岡發現仰韶（彩陶）、龍山（黑陶）、殷商（灰陶）文化三疊層	782	李濟	董作賓、梁思永、郭寶鈞、吳金鼎、劉嶼霞、李光宇、王湘、周英學、關百益、許敬參、馬元材、谷重輪、馮進賢、石璋如、劉燿
五	1931.11.7～12.9	小屯村北、村中、後岡	居住或儲藏窖穴、建築基址等	381	董作賓	梁思永、郭寶鈞、劉嶼霞、王湘、馬元材、李英伯、郝升霖、張善、石璋如、劉燿
六	1932.4.1～5.31	小屯村北、侯家莊、高井臺子、王裕口、霍家莊	宮殿建築基址、墓葬，陶片	1	李濟	董作賓、吳金鼎、劉嶼霞、王湘、李光宇、周英學、石璋如
七	1932.10.19～12.15	小屯村北	宮殿基址、窖穴	29	李濟	董作賓、石璋如、李光宇、馬元材
八	1933.10.20～12.25	小屯村北、四盤磨、後岡	宮殿基址、墓葬	257	郭寶鈞	石璋如、劉燿、李景聃、李光宇、馬元材
九	1934.3.9～5.30	小屯村北、侯家莊、南霸臺	侯家莊發現「大龜七版」	457	董作賓	石璋如、劉燿、李景聃、祁延霈、尹煥章、馮進賢
十	1934.10.3～12.30	侯家莊西北岡、同樂寨	王陵墓，同樂寨發現三疊層		梁思永	石璋如、劉燿、祁延霈、胡厚宣、尹煥章、馬元材
十一	1935.3.15～6.15	侯家莊西北岡	王陵、車馬坑、殉葬坑，銅、骨、石器		梁思永	石璋如、劉燿、李光宇、祁延霈、王湘、胡厚宣、尹煥章、馬元材、夏鼐

十二	1935.9.5～12.16	侯家莊西北岡、大司空村、范家莊	王陵、殉葬墓、小墓，銅器、石器、骨器、玉器		梁思永	石璋如、劉燿、李景聃、李光宇、祁延霈、高去尋、尹煥章、潘愨、王建勳、董培憲、李春岩
十三	1936.3.18～6.24	小屯村北	宮殿基址、窖穴、灰坑等遺跡	17804	郭寶鈞	石璋如、李景聃、祁延霈、王湘、高去尋、尹煥章、潘愨、孫文清
十四	1936.9.20～12.31	小屯村北、大司空村	墓葬、居住建築遺址，銅器、玉器等	2	梁思永	石璋如、王湘、高去尋、尹煥章、潘愨、王建勳、魏鴻純、李永淦、石偉、王思睿
十五	1937.3.16～6.19	小屯村北	墓葬、居住建築遺址，銅、玉、骨器	599	石璋如	王湘、高去尋、尹煥章、潘愨、王建勳、魏鴻純、李永淦、石偉、張光毅

表七　抗日戰爭期間殷墟出土甲骨的著錄情況表

序號	作者	著錄書名	書名簡稱	出版單位及出版時間	著錄片數
1	于省吾	雙劍誃古器物圖錄	雙圖	1940 年影印本二冊	4
2	黃濬	鄴中片羽三集	鄴三	1942 年通古齋影印本	215
3	李旦丘	殷契摭佚	摭	1941 年來薰閣書店影印本	118
4	胡厚宣	元嘉造像室所藏甲骨文字		1946 年*	270
5	胡厚宣	頌齋所藏甲骨文字		1946 年*	13
6	胡厚宣	雙劍誃所藏甲骨文字		1946 年*	254
7	李亞農	殷契摭佚續編	摭續	1950 年中國科學院出版	343
8	胡厚宣	戰後寧滬新獲甲骨集	寧	1951 年來薰閣書店出版	1145
9	胡厚宣	戰後南北所見甲骨錄	南	1951 年來薰閣書店出版	3276
10	郭若愚	殷契拾綴	綴一	1951 年上海出版公司出版	560
11	郭如愚	殷契拾綴二編	綴二	1953 年上海出版公司出版	495
12	胡厚宣	戰後京津新獲甲骨集	京	1954 年群聯出版社出版	5642

※據胡厚宣《五十年甲骨文發現的總結》，商務印書館 1951 年版；《殷墟發掘》，學習生活出版社 1955 年版。

表八　1949 年以後殷墟刻辭甲骨出土情況統計表

（以《殷墟的發現與研究》等書核實）

發掘單位	出土時間	發掘地點	埋藏坑位	甲	骨	共計
中國科學院考古所	1950 年春	四盤磨	小探坑 SP11		1	1
中國科學院考古所	1953 年	大司空村		2		2
河南省文物工作隊	1955 年秋	小屯村東南	H1		1	1
河南省文物工作隊	1957 年秋	辞家莊南地		1		1
中國科學院考古所	1958 年	小屯村西	H215	1		1
中國科學院考古所	1959 年	大司空村	灰坑		2	2
中國科學院考古所	1959~1960	苗圃北地	T17④		1	1
中國科學院考古所	1961 年冬	苗圃北地	T216④	1		1
中國科學院考古所	1962~1964	苗圃北地	T246⑥、T263③		2	2
中國科學院考古所	1971 年	後岡	M48		1	1
中國科學院考古所	1971 年冬	小屯西地	T1		10	10
中國科學院考古所	1972 年	小屯西地	探方、灰坑	1	3	4
中國科學院考古所	1973 年春	小屯南地	灰坑與墓葬塡土	70	4971	5041
中國科學院考古所	1974 年	苗圃北地			1	1
中國科學院考古所	1967~1977	小屯村北中南	地面或土中採集	4	10	14
中國社科院考古所	1985 年	苗圃北地	M8 塡土		1	1
中國社科院考古所	1985 年秋	小屯西北地	H150	2		2
中國社科院考古所	1986 年春	小屯村中	探方、灰坑		8	8
中國社科院考古所	1989 年秋	小屯村中		1	292	293
中國社科院考古所	1989 年	小屯村中	張學獻家菜地		300	300
中國社科院考古所	1991 年	花園莊南地	墓上灰土層		5	5
中國社科院考古所	1991 年	花園莊東地	91 花東 H3	684	5	689
總計	1950~1991	14 處地點	窖藏或散埋	768	5613	6381

註：1991 年以後，殷墟陸續有零散甲骨出土，比如 2002~2004 年，中國社會科學院考古研究所安陽工作隊考古學家在小屯村南地發掘了 14 個商代晚期遺址單位，共出土甲骨約 600 餘片，其中刻字甲骨 233 片，綴合後爲 207 片，編爲 221 號。但是這批甲骨未見公佈與著錄，此略。

表九　殷墟以外殷商時代的無字占卜甲骨出土統計表

發現時間	發 掘 地 點	出土坑位	卜甲	卜骨	鑽鑿形態	所屬時代
1952	河南省鄭州二里岡		29	375 片	鑽法特殊	早期
1953	河南省鄭州二里岡		1		有鑿痕	早期
1954	河南省鄭州南關外			卜骨若干		早期
1955	河南省鄭州南關外	第 2、4 層（二里岡下層）	卜骨卜甲共 130 餘枚			早期
1956	河南省鄭州洛達廟	T14 、 T17 、 T18、T26		3	有灼痕無鑽鑿	早於二里岡下層
1956	河南省鄭州旮旯王	殷文化層		20	有鑽有鑿	商代中晚期
1956	河南省陝縣七里鋪	商代遺址	1	24 片	無鑽無鑿無灼痕	商代早期
1959	河南省南陽十里廟	商代遺址		卜骨若干		商代晚期殷墟期
1959	河南省偃師灰堆	洛達廟期地層		3	有灼痕	商代早期
1960	河南省新鄉潞王墳	上層、下層		4		商代早期
1964	河南省澠池鹿寺	商代遺址		4		商代早期
1956 1958	河北省邢臺	曹演莊、賈村等遺址	若干	若干		商代中期
1957	河北省邯鄲	澗溝村、龜山寺等遺址	若干	若干		先商時期
1972 1973	河北省藁城臺西村	商代遺址	若干	若干		商代中期
1959	山東省濟南大辛莊	商代遺址	若干	若干		商代晚期

表十　殷墟以外殷商時代有字甲骨的出土情況表

發掘時間	發掘單位	發掘地點	埋藏坑位所屬時代	片數	甲骨質料	字　　數
1953.3	河南省文物工作隊	鄭州二里岡	商代早期地層〔註1〕	1	牛肋骨	「……又土羊乙丑貞從受……七月」共 10 字，習刻

〔註 1〕 見《文物參考資料》1953 年第 1 期和 1954 年第 4 期報道。

1953.9	河南省文物工作隊	鄭州二里岡	商代早期地層〔註2〕※	1	殘骨器片	1字「屮」
1955	河南省文物工作隊	鄭州南關外	地層不明#	1	骨片	
		洛陽東關泰山廟	地層不明#		甲骨	有字
1989.12 ～ 1990.12	河南省文物工作隊	鄭州電力學校	二里岡上層晚期灰坑〔註3〕	1	骨版	2字，難以辨識
1996.4 ～ 1997.5	山東省淄博地區文物局考古工作隊	山東桓臺田莊鎮史家、唐山遺址	商代晚期窖穴〔註4〕	5	龜甲殼	
1982	山東德州文化局文物組	濟陽曲堤劉臺遺址	商代地層	3	牛肩胛骨	「祖丁、尹、父、二十、十、五」等字
2003.3 ～ 2003.6	山東大學東方文化考古中心等	濟南大辛莊遺址	商代晚期	7	龜腹甲	「御母豗豕豕豕」等34字

注：※裘錫圭《解放以來骨文字資料的發現和整理》，《文物》1979年第10期
　　#李學勤《談安陽小屯以外出土的有字甲骨》，《文物參考資料》1956年第11期。

表十一　西周甲骨出土情況統計表

出　土　時　間	出　土　地　點		片數	字數	備注（筮數一組6爻為一字）
1954年	山西省	洪趙坊堆村	1	8	
1956年		豐鎬	3	4	3片5字
1977年		岐山鳳雛	292	915	5片共5字
1979年	陝西省	扶風齊家	5	68	3字
採集時間不明		扶風強家	1	3	
2003年12月		岐山縣周公廟	2	55	後來陸續又有發現
1991年	河北省	邢臺南小汪	1	11	
1975年		昌平白浮村	5	13	
1996年	北京市	房山琉璃河	3	8	
80年代末		房山鎮江營	1	2	2字
總計	4省份	9處	312	1033	

〔註2〕見《鄭州發現商代文化遺址》，《歷史教學》1955年第1期。
〔註3〕見《鄭州商城考古新發現與研究》，第177頁，中州古籍出版社1993年版。
〔註4〕見《桓臺史家遺址發掘獲重大成果》，《中國文物報》1997年5月18日。

表十二　甲骨學主要入門書

作　者	入門書書名	出版單位	出版時間	備　　注
郭沫若	卜辭通纂	日本文求堂書店	1933	科學出版社 1983 年再版
董作賓	甲骨學五十年	臺北藝文印書館	1950	
董作賓	甲骨學六十年	臺北藝文印書館	1965	1993 年出韓文譯本
胡厚宣	甲骨學緒論	齊魯大學國學研究所	1943	甲骨學商史論叢二集下
胡厚宣	五十年甲骨文發現的總結	商務印書館	1951	
陳夢家	殷虛卜辭綜述	科學出版社	1956	1988 年中華書局再版
吳璵	甲骨學導論	臺北文史哲出版社	1973	
嚴一萍	甲骨學	臺北藝文印書館	1978	1990 年收入全集
孟世凱	殷墟甲骨文簡述	文物出版社	1980	1984 年日文再版
蕭艾	甲骨史話	文物出版社	1980	
王宇信	建國以來甲骨文研究	中國社會科學出版社	1981	1982 年再版
王宇信	西周甲骨探論	中國社會科學出版社	1984	
李學勤	古文字研究初階	中華書局	1985	1988 年再版
范毓周	甲骨文	人民出版社	1986	
王明閣	甲骨文初論	黑龍江人民出版社	1986	
吳浩坤 潘悠	中國甲骨學史	上海人民出版社	1987	
陳煒湛	甲骨文簡論	上海古籍出版社	1987	
張秉權	甲骨文與甲骨學	國立編譯館	1988	
王越	甲骨文之謎	廣東教育出版社	1989	
王宇信	甲骨學通論	中國社會科學出版社	1989	1999 年再版
王宇信 等編	甲骨文精萃選讀	語文出版社	1990	1996 年再版 2000 年三版
馬如森	甲骨學引論	東北師大出版社	1993	
王宇信 楊升南	甲骨學一百年	社會科學文獻出版社	1999	
王宇信 等編	甲骨精粹譯釋	雲南人民出版社	2004	

表十三　甲骨學主要工具書

作　者	工具書名	出版單位	出版時間	備　注
商承祚	殷虛文字類編	石印本	1923	1927 年刪校
朱芳圃	甲骨學文字編	商務印書館	1933	
郭沫若	卜辭通纂	日本文求堂書店	1933	科學出版社 1983 年再版
孫海波	甲骨文編	哈佛燕京學社石印本	1934	中華書局 1965 年重版
金祥恒	續甲骨文編	藝文印書館	1959	
李孝定	甲骨文字集釋	中央研究院專刊	1965	
島邦男	殷墟卜辭綜類			
高　明	古文字類編	中華書局	1980	
徐中舒	漢語古文字字形表	四川人民出版社	1980	
孟世凱	甲骨學小詞典	上海辭書出版社	1987	
趙　誠	甲骨文簡明詞典	中華書局	1988	
徐中舒	甲骨文字典	四川辭書出版社	1988	
姚孝遂	殷墟甲骨刻辭類纂	中華書局	1989	
崔恒升	簡明甲骨文詞典	安徽教育出版社	1992	
張玉金	甲骨文虛詞詞典	中華書局	1994	
于省吾	甲骨文字詁林	中華書局	1996	
宋鎮豪	百年甲骨學論著目	語文出版社	1999	
孟世凱	甲骨學辭典	上海人民出版社	2009	
劉釗	新甲骨文編	福建人民出版社	2009	

後　記

此書的寫作與出版過程，可謂一波三折，頗不順利。在書後跋語中，請容作者略言曲衷。

那是在十多年前，大約是 1998 年，爲了紀念殷墟甲骨文發現一百周年，要出一套關於甲骨文研究的叢書，共計十本。李學勤先生任主編、張永山先生任副主編，組織相關學者參與寫作。眾多周知，李學勤先生是學術界最忙的人，書稿的具體編寫組織工作由副主編張永山先生來做。當時任職中國歷史博物館館長的大師兄朱鳳瀚教授向李、張推薦我參加，寫作其中的一本《殷墟考古發掘與甲骨文研究》。

我自知殊不足以勝任此事，但我對寫作此書很是重視，且頗下了一番功夫。雖然此時我還沒有擺脫繁重的學校行政工作，每天都有冗雜之事纏身，但是接到任務後，就馬上動手寫作，不久就有一個大致的提綱，隨後就有部分書稿出爐。

記得那時還是我在教育部社科司科研處借調半年工作期間，所以當張先生召集叢書作者開座談會時，我正在北京，就趕到中國社會科學院歷史研究所出席座談會。當時還是歷史所所長的李學勤先生也出席了。李先生講了叢書的體例要求和內容分工，強調了著作的學術意義，並部署了工作計劃。因爲我有提綱和部分樣稿呈交，所以李先生還表揚了我的工作成績，認爲我的寫作提綱可以給大家作參考。後來張先生將我的寫作提綱提供給諸位作者以爲體例範本。

爲了這部書稿的寫作，我通過張先生在社科院歷史所圖書館查閱了一些資料，張先生還借給我他的一些藏書和往年的學術手抄本。由於有張先生的

資料幫助和學術指導，我較早地完成了寫作任務，第一個交稿了。張先生誇我進度快，寫得好，通過審閱，還給我提出了一些修改意見。後來全部書稿補充修改之後，送到了張先生那裡。

原以為此書不久就可以出版了。然而沒有想到的是，這部書真可謂是命途多舛，磨難連連。

後來張先生來信說，其他作者有的完成了，有的還沒有完成，也有一個字還沒有寫出來的。張先生為此憂心忡忡，苦口婆心，又是催促，又是勸解。編寫叢書就怕這樣，有的動手了，有的不動手，讓主編乾著急。後來張先生想出了一個辦法，不等那些沒有動手或沒有完稿的，先出那些完稿的，一本一本地出。出版社同意這樣做，並且簽了出版協議。張先生還與出版社討價還價，為作者們爭取到了較為滿意的稿費標準。

但是後來又有變卦，原來定的是雲南人民出版社給出。因為我們遲遲交不齊書稿，出版一事一直拖延。後來該出版社換了領導，原來領導定下來的事情，新領導一概推翻不算。這套書的出版只好泡湯了。

張先生是個做事頗有韌性的人，並不氣餒。後來幾經轉折，他於幾年前找到了新近成立而且專門出版文字學書籍的綫裝書局，並且已與書局編輯達成了出版協定。張先生又是來信，興奮地告知此利好消息，要我根據出版社的要求，再做修改。於是我又是一番補充修改，並給張先生寄去改正的書稿。

但是此後，就再也與張先生聯繫不上了。與綫裝書局相關編輯聯繫，纔知道張先生已經因病住院了，編輯也聯繫不上他。我知道張先生歷來體質較差，羸弱多病，就感覺有些不妙。果然，去年年底時，在中國社會科學院歷史研究所先秦史研究室網頁上，看到了張先生已於 2010 年 10 月 28 日去世的噩耗，令人悲痛萬分。為了這套叢書，張先生付出了大量心血，最終也沒有看到它的出版，真是惋惜呀！願張先生在天堂一路走好！

因為是張先生與綫裝書局聯繫的出版手續，張先生這一去世，自然這套書的出版計劃又成了風中雲煙。

正當我對此書出版已經不抱希望之時，事情竟然又有了轉機。2011 年 12 月 9 日，突然接到張永山先生的遺孀——羅琨女史的電子郵件。羅先生是「甲骨四堂」之首羅振玉孫女，也是一位著名甲骨學者。她對張先生生前未竟此事，深表遺憾，並願意繼續推動這套叢書的編輯出版。

張、羅兩位學者志同道合，伉儷情深。張先生生前就曾多次對已故著名

學者相關著作的出版盡心盡力，比如主編《胡厚宣先生紀念論文集》，主編《張政烺先生紀念論文集》等，爲弘揚傳統文化和學術事業不遺餘力，令人欽佩。而今羅先生此舉也頗有張先生的遺風，更是令人敬重。

因此，當羅先生告知我臺灣花木蘭文化出版社希望將叢書一起接過去，問我願不願意，我當即回覆，表示願意，並提供作者資訊和通訊方式。於是該書稿又輾轉到了臺灣花木蘭文化出版社，這纔使得拙稿終於有了出版的機會。

臺灣出版書籍使用繁體字，所以這次書稿校對的主要任務就是繁簡字的辨識。原來以爲，通過電腦中的繁簡轉換程式，一下子就能解決問題。但是後來的情況證明，這種想法太過簡單了。通過電腦轉換之後，雖然都已經是繁體字了，但是其中有許多意想不到的問題。現在中國漢字簡體字系統中，往往一字多義，這不同意義的同一字，往往在繁體字中寫法不一。比如「干」之對應於「乾」（乾燥，乾淨）、「幹」（樹幹，幹部、幹事）、「干」（干支、干沙）等。再如「复」之對應於「複」（複雜、重複）、「復」（復古、復原）、「覆」（答覆、反覆）等。也就是說，一個漢字簡體字，往往對應於不同的繁體字。然而電腦轉換程式的使用，往往只是一對一轉換出來，如「干」對「幹」，「复」對「複」。這樣的例子舉不勝舉。遇到這種情況，既然電腦中不能一一辨識出來，那麼只有乖乖的查閱字典，按照工具書上指定的規範用法進行改正。

不過，在此期間，翻檢臺灣出版的書籍，一些字的繁簡用法也並不完全如字詞典工具書所規範的那樣，令人納悶。寫信詢問花木蘭文化出版社的楊嘉樂女史，纔知道臺灣書籍中繁體字也有一些習慣用法。入鄉隨俗，在這些地方只好照顧出版界習慣性的做法了。

雖然這樣的工作佔用了較多的時間，但是個人認爲非常值得。因爲原來總覺得自己是讀古書的，辨識繁體字應該是沒有多大問題的。可是經過此事，纔知並非如此。對於繁體字，在讀古書時只是認識而已，而眞正當自己書寫使用時，往往就會搞錯。通過這次校對書稿，使自己學到了許多漢字與漢語知識，解決了不少原來看似簡單實則並不明瞭的問題。從這個意義上說，此書的出版，給了我一個很好的學習機會。

需要說明的是，因爲書稿長達十數年一直拖延出版時日，所以此書稿也是多次修訂。其間山川效靈，地不愛寶，總有補充不完的出土新材料發現需要介紹，也總有源源不斷的研究新成果需要綜述，這對於作者個人而言，眞

是有些不堪其苦。正因為此，致使書稿體例前後不一，行文文氣不大貫暢，一些資料不太系統，有些方面掛一漏萬。限於水準與時間，如今已經不能再做更多的修改與完善，自知亂頭粗服，也只能如此了。惟願讀者諸君能夠察而諒之，即使罪我怪我，個人都會虛心接受，對於能夠批謬指瑕者，作者更是感激不盡的。

最後還需要說的是非常必要的致謝話語。首先感謝臺灣花木蘭文化出版社的總編輯杜潔祥先生、聯絡人楊嘉樂博士、發行人高小娟女史。在與作者聯繫過程中，他們熱情、認真、積極、周到，其敬業精神與親和風格，令人如坐春風，極其愉快。真誠的感謝他們，感謝他們為了中華文化事業的繁榮所做出的種種努力和無私奉獻。非常有理由相信，有這樣的協作團隊共襄出版事業，他們的出版社會越做越好，影響會越來越大的。

在校對書稿過程中，我所欽敬的臺灣著名甲骨學家、中央研究院歷史語言研究所研究員蔡哲茂先生，為部分書稿做了審定，為修改書稿提供了極其有益的幫助與指導。在此，致以由衷的感激與謝忱！

另外，我所指導的博士研究生雷曉鵬、崔廣慶、王丁諸君，在校稿過程中也施以援手，減輕了我的工作量，對該書出版做出了貢獻，也一併向他們表示感謝。

作者朱彥民

2012 年 6 月 24 日晨

於津門南開園懷醞堂